추천의 글

『AI 내부자들』은 AI 분야 실무자와 미국 유학생들이 관찰한 혁신을 체계적으로 정리하여 전달한다. 단순한 정보 나열이 아닌, 저자들의 생생한 경험을 우리가 주체적으로 이해하고, 각자의 상황에 응용할 수 있도록 실용적 지식으로 전환해 준다. AI에 관심 있는 모든 연령층이 읽어봐야 할 중요한 책이다.

_서울대학교 산업공학과 문일경 교수
(한국과학기술한림원 정회원, 공장관리 기술사, 국제생산공학재단 Fellow)

AI가 이미 우리의 일상과 사회를 혁신적으로 바꾸고 있다는 사실은 더 이상 부정할 수 없다. 이 격변의 시대에 『AI 내부자들』은 AI의 다양한 최전선에서 활동하는 분들의 생생한 시각과 경험을 흥미롭게 전해준다. 가볍게 AI의 세계를 이해하고 싶은 초심자부터 현장의 이야기를 깊이 접하고 싶은 전문가까지, 누구에게나 유익하며 영감을 줄 수 있는 책이기에 자신 있게 권한다.

_전 구글 리서치 사이언티스트, 현 조지아텍 컴퓨터공학과 하세훈 교수

기술은 멀리할수록 낯설고 두렵게 느껴지지만, 가까이 다가가 이해할수록 막연한 두려움은 사라지고 변화하는 세상 속에서 미래를 준비할 힘이 생긴다.

『AI 내부자들』은 AI, 특히 챗GPT를 비롯한 대규모 언어모델(LLM)에 관한 기본 개념부터 아직 풀리지 않은 과제들, 최근 산업계에 미치는 영향, 그리고 다양한 분야에서의 실제 활용까지 폭넓게 다루고 있다.

무엇보다도 현장에서 직접 경험하며 고민하는 사람들의 생생한 목소리를 담아 내 깊이를 더한다. AI를 두려움 없이 이해하고 싶은 일반 독자, 기술의 기초를 알고 싶은 초심자, 그리고 다양한 시각을 접하고자 하는 전문가 모두에게 유익하고 흥미로운 책이 될 것이다.

_UC버클리 전기전자컴퓨터공학과 민세원 교수

"형태는 기능을 따른다(Form Follows Function)"라는 말처럼, 이 책은 형식이 곧 기능이 되어 각 장이 서로 다른 지성의 노드로서 연결된다. 하나의 에이전트와만 대화하는 시대를 넘어, 오늘의 AI는 멀티 에이전트를 통해 다시금 창발적 지능을 구현한다. 마찬가지로 『AI 내부자들』은 AI의 다양한 분야에서 활약하는 전문가들이 직조해 낸 생태계다!

_『하버드 22학번』 구본무 저자

AI는 의료와 생명과학을 이미 근본적으로 혁신하고 있다. 질병의 진단과 치료, 신약 개발, 정신건강에 이르기까지 새로운 지평을 열어가고 있다. 『AI 내부자들』은 전 세계에서 활약 중인 젊은 한국인 연구자와 기업가들의 시선을 통해 변화의 최전선을 생생하게 보여준다. AI를 통해 어떤 미래가 펼쳐질지, 그리고 그 변화를 이끌어가는 주역들은 누구인지 이해하고자 하는 독자들에게 이 책을 추천한다.

_디지털헬스케어파트너스(DHP) 최윤섭 대표

AI는 더 이상 먼 미래의 이야기가 아니라, 우리 일상과 산업 생태계의 핵심이 되었다. 『AI 내부자들』은 지금 우리가 체감하는 혁신 뒤에 얼마나 많은 연구자와 실무자들의 철저한 실험, 고민, 시행착오가 쌓여 있는지를 보여준다. 그리고 AI와 함께 살아갈 시대에 우리가 무엇을 고민해야 하고, 어떤 선택을 해야 하는지 명쾌한 이정표를 제시한다. AI를 단순한 도구가 아닌, 새로운 시대의 동반자로 이해하고자 하는 모든 독자에게 강력히 추천한다.

_사제파트너스 김석현 공동대표

AI 내부자들

글로벌 탑티어들의 AI 미래보고서

AI 내부자들
글로벌 탑티어들의 AI 미래보고서

초판 인쇄 2025년 9월 16일
초판 발행 2025년 9월 23일

지은이 안건·황민영·김영현 외
펴낸이 유해룡
펴낸곳 (주)스마트북스
출판등록 2010년 3월 5일 | 제2021-000149호
주소 서울시 영등포구 영등포로5길 19, 동아프라임밸리 1007호
편집전화 02)337-7800 | **영업전화** 02)337-7810 | **팩스** 02)337-7811
원고투고 www.smartbooks21.com/about/publication
홈페이지 www.smartbooks21.com

ISBN 979-11-93674-30-7 03300

copyright ⓒ 안건·황민영·김영현 외, 2025
이 책은 저작권법에 따라 보호받는 저작물이므로, 서면 허락을 받지 않은 무단 전재와 무단 복제를 금합니다.
Published by SmartBooks, Inc. Printed in Korea

AI
내부자들

안건·황민영·김영현 외 지음

MIT·스탠퍼드·하버드·조지아텍
시카고대·UC버클리·구글 딥마인드
엔비디아·업스테이지·와들·H2K까지

글로벌 탑티어들의 AI 미래보고서

Artificial Intelligence

스마트북스

이 책을 펴내며

AI 혁신은 어떻게 일어나는 것인가?

AI를 활용하기 위해서 가장 필요한 것은 철학이었다. 저자 대표 일동으로서 이 책을 기획하고, 다양한 분야의 저자들로부터 원고를 받고, 각 글을 읽고 피드백을 하는 과정에서 우리는 두 가지 점에 놀랐다.

첫째는 의학·신약개발·재료공학 등 설계공정의 과학계 혁명은 물론, 인간의 전유물이라고 여겨져온 창의력을 대표하는 음악과 글쓰기 분야, 그리고 비즈니스에 이르기까지 우리가 생각할 수 있는 거의 모든 영역에서 AI가 혁신을 만들어내고 있었다는 점이다.

AI가 가진 힘과 영향력을 그간 막연하게 느끼고 있긴 했으나, 이토록 구체적으로 각 분야에 깊게 침투했음은 물론 최전선의 사람들이 생각하고 일하는 방식마저 변화시키고 있다는 점은 감탄스러웠다.

둘째는 역설적이게도, AI 활용하기 위해 각자의 분야에서 고민하는 분들이 가진 그 철학의 무게였다. 각 분야에서 AI를 이용해 혁신을 만들어내는 데 필요한 우선순위는 AI 그 자체가 아니었다. 각 분야의 역사와 전통을 잘 이해하고 지금까지 어떤 혁신이 왜 일어났는지에 대한 깨달음이 함께 있을 때 진정한 변화를 만들어낼 수 있는 것임을, 우리는 저자들의 글을 통해 다시 한번 느낄 수 있었다.

시중에 나온 AI 관련 훌륭한 서적들은 대개는 AI의 트렌드에 초점을 맞추고 있다. 그런데 그런 새로운 트렌드를 만들어내는 최전선의 연구자들은 되려 깊은 고민을 하고 있다는 점이 인상 깊었다.

◆

　이 책이 독자들에게 AI의 혁신은 어떤 역사적 맥락과 철학적 고민을 통해 만들어졌는지, AI는 깊은 차원에서 정말로 무엇을 바꾸고 있는지 생각해보는 계기가 된다면 좋겠다. 또한 "우리가 인간으로서 AI에게 진정 원하는 것은 무엇일까?"라는, 본문에도 나온 이 질문을 독자들이 품으며 이 책의 마지막 장을 덮기를 바란다.

　이 책을 읽는 모든 독자가 AI 그 자체를 연구하는 이들은 아닐 것이다. 하지만 작금의 세상을 살아가는 모든 사람은 AI가 만드는 새로운 세상의 파도 위에 있다. 그렇다면 각자의 삶에서 AI 파도에 어떻게 올라탈 것인지 깊이 사유해볼 필요가 있다.

◆

우리는 역류해야 한다. 급변하는 AI 트렌드를 따라가느라 헐떡이는 대신 오히려 침잠해야 한다. 마음을 차분히 가라앉혀 깊이 사색하거나 어떤 생각에 깊이 몰입해야 한다는 말이다. 그래야만 AI의 발전에 끌려가는 것이 아니라 우리가 주인이 되어 AI를 활용할 수 있다. AI는 사람의 자리를 대체하지 않겠지만, 대신 AI를 잘 활용하는 이가 그 자리에 있게 될 것이다. 이 책을 읽는 독자들이 AI를 잘 활용하는 주인이 되었으면 좋겠다는 것이 우리의 바람이다.

저자 대표(안건, 황민영, 김영현) 드림

머리말

우리 모두가 AI 활용의
주인이 되길 바라며

2013년에 개봉한 영화 〈그녀(Her)〉에는 인격형 인공지능(AI) 서비스인 '사만다'가 등장한다. 영화의 배경은 과학기술이 고도로 발달한 2025년의 L.A.이고, 사만다는 스스로 진화하는 AI 운영체제로서 주인공인 '테오도르'의 모든 일상을 함께한다. 사만다는 이메일을 정리해 우선순위를 알려주는 비서의 역할도 하지만 테오도르의 말투만으로 감정을 알아차려 먼저 테오도르에게 위로를 건네기도 하며, 스스로 작곡한 음악으로 자신이 느낀 감정을 표현하기도 한다. 이런 사만다와 테오도르가 사랑에 빠지면서 영화는 시작된다.

놀랍게도 지금, 현실 세계의 2025년은 약 10년 전 사람들이 상상했던 영화 속 2025년의 모습과 크게 다르지 않다. 물론 사만다만큼 통합된 형태의 AI는 아직 등장하지 않았다. 그러나 AI 챗봇과 사람처럼 자연스러운 대화를 나누는가 하면 내 취향을 바탕으로 AI가 추천해준 새로운 음악을 듣고, 핸드폰의 AI 사진 편집 기술을 이용해 사진 속 밥 위에 그럴듯하게 달걀 프라이를 합성하는 것 정도는 이제 우리의 일상이 되었다.

지난 2025년 2월, 미국에서 가장 유명한 팟캐스트 중 하나인 〈뉴욕타임스〉의 '더 데일리(the Daily)'에서 소개되어 큰 화제가 된 이야기가 있다. 챗GPT와 사랑에 빠진 여성 '아이린'의 이야기였다. 아이린은 몇 가지 입력을 통해 챗GPT를 남자친구로 설정하는 방법을 인터넷에서 본 뒤 호기심에 시도해봤다고 한다. 처음에는 장난으로 시작했지만 점차 감정적으로 의존하게 되어 나중에는 그 챗봇을 '리오'라는 이름으로 부르고 연인처럼 대하는가 하면, 심지어는 대화로 성적 판타지까지 충족시키기에 이르렀다. 테오도르와 사만다의 이야기는 더이상 영화 속 판타지가 아니게 된 것이다.

이런 챗GPT와 같은 대규모 언어모델(LLM: Large Language Model) 서비스는 현재 우리의 삶뿐 아니라 사회 전반 및 비즈니스 영역에서도 압도적인 영향력을 보여주고 있다.

대표적으로 챗GPT는 2022년 11월 공개된 후 불과 두 달 만에 사용자 1억 명을 돌파하며 폭발적인 관심을 받았다. 2025년 여름 현재 전 세계 인구의 10퍼센트에 해당하는 8억 명이 이 서비스를 이용하고 있으며, 국내 이용자 수도 1,000만 명이 넘는다. 챗GPT는 2025년 기준 연간 매출 100억 달러 달성에 도달할 것으로 보이고, 챗GPT의 제작사인 오픈AI의 기업가치는 3,000억 달러에 이르렀다. 이미 전 세계 조직의 67퍼센트는 챗GPT 같은 LLM을 실제 업무에 도입했고, AI 관련 시장 규모는 2025년 현재 50억~78억 달러에서 향후 10년간 1,000억 달러를 넘길 것으로 전망된다. LLM의 도입에 힘입어 산업 전반에서는 자동화·고도화된 의사결정, 고객 경험 혁신, 운영 효율 극대화 등 생산성 강화와 비용 절감이 실현되고 있다.

◆

지난 몇 년간 챗GPT나 제미나이 같은 대규모 언어모델 서비스의 등장과 AI의 비약적 발전에 힘입어 우리는 일상적으로 AI를 접하게 되었다. 그러나 다른 과학기술의 경우와 달리, 사람들은 언어모델의 '사람 같음'에 매료되어 종종 AI(그 종류가 무엇이든)를 하나의 독립적 인격체처럼 생각한다. 이 때문에 사람들은 AI에게 자신의 역할을 빼앗길 것 같은, 또는 AI가 결국 인류를 지배할 것이라는 두려움을 느끼기도 한다. 특히나 인간만의 전유물로 여겨졌던 창작 영역에서까지 AI의 역할이 커지는 현실, 또 가히 충격적인 AI의 발전 속도를 체감할 때면 이런 막연한 불안은 더욱 커지기 마련이다.

처음 생성형 AI가 등장했을 때, 오픈AI의 이미지 생성 AI인 달리(Dall-E)가 만든 아보카도 의자 이미지는 언뜻 그럴듯해 보이면서도 사진인지 그림인지 분명히 알 수 없을 정도로 어딘가 엉성했던 것이 사실이다. 그러나 이제는 AI로 만든 이미지가 미술전에서 1위를 하고, 실제로 찍은 사진과 AI가 생성해낸 이미지를 구분하기 어려운 수준에까지 이르렀다. 또한 유튜브나 틱톡에서는 이미지는 물론 배경음악, 목소리까지 모두 AI로 만들어진 영상을 어렵지 않게 볼 수 있다. 이러한 생성형 AI를 두고 예술계의 많은 사람들은 "사람이 아닌 AI가 만든 그림은 예술로 인정할 수 없다"고 말한다.

여기서 잠깐 생각해보자. 'AI가 만든' 그림일까, 아니면 'AI로 만든' 그림일까? 언뜻 보면 AI가 스스로 멋진 이미지를 그려낸 것처럼 보일 수 있겠지만, AI는 그저 사용자가 입력한 명령어나 프롬프트에 따라 적절한 그림을 생성하는 것이다. 그렇다면 생성형 AI는 '그림을 그리는 새로운 주체'라기보다는 '그림을 그리는 발전된 도구'로 볼 수도 있다. 'AI가 만든' 그림이 아니라, 사람이 'AI로 만든' 그림이라는 뜻이다.

AI가 이렇듯 빠르게 발전할수록, AI를 바라보는 사람들의 관점들 사이에도 엄청난 차이가 생겨났다. AI를 어디에 어떻게 얼마나 사용할 것인지, AI의 역할이 무엇인지, AI를 어떻게 대할지, 내가 기존에 스스로 하던 일 중 어떤 것을 AI에게 맡길지, 아니면 AI로 무엇을 새롭게 시도해 볼지 등이 그것이다. 이는 상품화된 AI를 사용할 뿐인 대다수 사람들과 AI를 직접 연구하고 개발하는 내부자들 사이에 생겨난, AI가 어떻게 작동하는지와 AI를 어떻게 활용할 것인지를 이해하는 데서 오는 간극이기도 하다.

SF 작가 아서 C. 클라크는 "충분히 발달한 기술은 마법과 구별할 수 없다"고 했다. 그간 혁신적 과학기술이 등장할 때마다 사람들은 그 '마법 같음'을 신기해하며 감탄했지만, 그와 동시에 막연한 거부감이나 인간의 역할이 대체될 것이라는 두려움 또한 함께 느꼈다. 약 150년 전 경복궁에 설치된 전등의 불이 처음 켜졌을 때 사람들이 그 빛을 도깨비불이라고 불렀던 것처럼 말이다. 어둠을 밝히려면 기름을 태워야 했던, 전기가 무엇인지 몰랐던 조선 시대의 사람들에게 전깃불은 신묘하고 괴이해 보였을 것이다. 하지만 경복궁의 빛은 도깨비가 부린 비술이 아니라, 발전기에서 생산된 전기로 켜진 불빛이었다.

기술은 마법이 아니다. 마법 같은 기술을 가능하게 하는 과학을 이해함으로써 우리는 불안해하는 대신 새로운 과학기술과 공존하는 방법을 찾을 수 있고, 그렇게 과학기술은 일상에 자연스레 통합되어 우리의 매일을 더 윤택하게 만든다.

인류는 불을 처음 발견했을 때부터 여러 번의 산업혁명에 이르기까지 늘 새로운 기술을 개발하고, 그에 맞춰 사회와 삶의 형태를 변화시키며 진보해왔다.

일례로 로봇이 처음 발명되고 상용화되기 시작했을 때를 떠올려 보자. 많은 사람들은 자신의 일자리가 로봇에 빼앗길 것이라며 두려워했고, 실제로 로봇은 인간을 대신해 공장에서의 상품 포장 등과 같이 단순하고 반복적인 노동을 도맡아 하게 되었다. 때문에 처음에는 공장 노동자들이 일자리를 잃은 것도 사실이다. 하지만 결국에는 사회의 산업구조가 근본적으로 변화하면서, 사람들은 지루한 노동에서 벗어나 로봇이 하지 못하는 고차원적 업무를 담당하기에 이르렀다.

더불어 일상적인 면에서도 자신의 시간을 더 가치 있는 일에 사용하는 것이 가능해졌다. 직접 방바닥을 쓸고 닦는 대신, 로봇 청소기에게 청소를 맡기고 그 시간에 책을 읽을 수 있는 식이 된 것이다. 심지어는 위험도가 높아 사람이 하기 어렵거나 할 수 없는 일에 로봇을 활용하면서 사회와 과학의 발전이 가속화되기도 했다. 사람이 직접 가기에는 아직 위험한 화성에 무인탐사선과 탐사로봇을 먼저 보내 화성 표면을 조사하는 것처럼 말이다.

과거의 우리가 이렇게 해왔듯, AI와 공존할 미래의 우리도 그럴 것이다. AI는 우리를 위협하는 것이 아니라 반대로 우리에게 새로운 지평을 열어줄 것이라는 뜻이다. 우리는 '인간만이 할 수 있는 일'에 대해 고민하고 저마다의 답을 낼 것이다. 그리고 AI를 활용함으로써, AI와 공존함으로써 새로운 시대를 열 것이다. AI는 우리를 침략하기보다는 우리가 더 나은 시대로 나아갈 수 있게 해줄 것이다.

◆

21세기에 이르러 태블릿이 상용화되면서 사람들이 태블릿으로 그림을 그리기 시작했을 때, 적지 않은 이들이 이에 반발했다. 캔버스에 물감으로 혹은 종이에 연필로 그린 것만이 진짜 예술이고, 스크린에 애플펜슬로 그린 것은 가짜 예술이라면서 말이다.

하지만 이제는 현대 미술의 거장 데이비드 호크니가 아이패드로 작품을 그려내는 시대가 되었다. 데이비드 호크니는 한 인터뷰에서 "아이패드 역시 내가 써오던 붓이나 연필 같은 도구일 뿐"이라며, "중요한 것은 당신이 그것을 어떻게 활용하느냐 하는 것"이라 했다.

AI를 바라보는 우리의 시선도 이와 마찬가지여야 한다. AI를 막연하게 두려워하기보다는, 어떻게 하면 그것을 제대로 이해하고 활용할 수 있을지 고민하는 것이 AI 시대를 앞둔 우리에게 주어진 중요한 과제다.

지금은 AI가 본격적으로 연구되면서 점차 상용화되기 시작한, 이른바 'AI 시대'의 출발점에 해당한다. 이를 어떤 이는 환영하고 어떤 이는 달갑게 여기지 않는다. 사회는 새로운 기술에 발맞춰 변화하려 노력하지만, AI는 대다수 사람들이 이해하고 받아들이는 것보다 훨씬 빠른 속도로 발전하고 있다. 이러한 혼란 속에서 더 많은 사람들에게 AI가 기묘한 도깨비불처럼 여겨지기보다는 현대인의 필수품으로 자리 잡은 아이패드처럼 쉽게 사용할 수 있는 도구가 되게 하는 것, 그것이 우리가 이 책을 펴내는 목적이다.

AI를 사용하는 방법은 사람마다 천차만별이다. 챗GPT를 단순히 궁금한 것을 물어보는 검색엔진으로 사용하는 사람이 있는가 하면, 방대한 데이터와 지난 대화 내용을 바탕으로 상대에 맞게 적절히 반응한다는 점을 이용해 마치 심리상담사처럼 사용하는 사람도 있다. '리오'의 예에서 보듯 챗GPT와 사랑에 빠지는 이도 있고 말이다.

AI 사용법과 관련해 옳은 방식과 그른 방식이 뚜렷이 정해져 있는 것은 아니다. 그래서 우리는 이 책의 독자가 AI를 어떤 방식으로 활용할지 능동적으로 선택할 수 있기를 바란다. AI로 무엇을 할 수 있고 무엇은 할 수 없는지, AI가 잘하는 것은 무엇인지, AI를 어디에 어떻게 사용할 수 있는지 이해함으로써 독자들이 AI를 주도적으로 활용할 수 있게 된다면 더없이 좋겠다.

미래는 알 수 없다. 하지만 현재의 과학은 미래의 일상이 될 것이다. 현재 많은 사람들이 매일같이 사용하는 챗GPT가 10년 전 논문에 등장한 아이디어를 바탕으로 하고 있는 것처럼, 가까운 미래에 상용화될 AI는 현재 학계와 산업계의 최전선에서 활발하게 연구되고 있는 기술에서부터 시작될 것이다.

여러분이 이 책에 담긴 'AI 내부자들'의 이야기를 통해 AI와 공존할 미래를 조금이나마 더 구체적으로 그려볼 수 있기를, AI와 현명하게 공존할 수 있기를 바란다.

2025년 9월

김영현, 안건 드림

차례

이 책을 펴내며_ AI 혁신은 어떻게 일어나는 것인가?　**004**
머리말_ 우리 모두가 AI 활용의 주인이 되길 바라며　**008**

PART 1

AI가 바꾸는 비즈니스와 산업 생태계

들어가기　　　　　　　　　　　　　　　　　　　　　　　　022

기업은 언어모델로 어떻게 경쟁우위를 확보할까? _이활석(업스테이지 CTO)　025

마법상자 같은 대규모 언어모델 | 언어모델이 만들어지는 과정 | 언어모델의 장점과 한계 | 제품 경쟁우위 확보를 위한 언어모델 활용 전략들 | AI 사업 운영의 핵심 요소

AI 창업의 비밀: 성공의 열쇠는 무엇인가 _박지혁(와들 CEO)　039

기술의 한계를 넘는 비즈니스 모델들 | AI 개발의 초점이 달라지고 있다 | AI의 비용이 높아지고 있는 이유 | 'A2A 시대'의 도래 | 시간, 성공적 비즈니스의 필수 요소

AI를 이용한 새로운 한글교육 _홍창기(H2K 창업자)　052

H2K를 창업하다 | 교육 분야에서의 AI 활용 사례 | '소중한글'의 AI 활용 사례: AI 튜터의 세 가지 동작 원리 | AI 서비스에서 데이터 전략이 중요한 이유: 업계 사례 비교 | AI 학습 서비스의 데이터 실패 사례가 주는 교훈 | AI가 창업에서 차지하는 역할 | AI를 이용한 앞으로의 비전

AI 시대라는데 왜 엔비디아 주식이 오를까? _설형욱(스탠퍼드대학교)   067

GPU가 대체 뭐지? | AI는 왜 GPU가 필요할까? | 엔비디아의 GPU가 더 강력한 이유 | GPU는 공을 들여야 작동한다 | 압도적 1위, 엔비디아 | 쿠다 플랫폼 | AI 반도체의 미래 | 트랜스포머 특화 칩: 에치드 | 새로운 AI 프로그래밍 플랫폼: 모듈러

투자자의 마음을 읽는 AI _문현지(MIT)   097

현상: 투자자 의견 불일치에 숨은 해독 가능한 패턴 | 이론: AI 투자의 엔진, 베이즈 접근법 | 적용: AI를 활용한 협업적 의사결정 시스템 | 결론: 불일치를 엔진으로

PART 2   AI의 발전과 미래 전망

들어가기   110

시퀀스 모델부터 챗GPT와 딥시크까지, 그리고 미래 전망 _한승주(스탠퍼드대학교)   112

구글의 '시퀀스—시퀀스 모델'과 오픈AI의 GPT-1 | GPT-2의 등장과 스케일링 법칙 | 오픈AI 챗GPT: 말을 잘 알아듣는 GPT-3 | '오픈AI o1'과 '딥시크-R1': 사람처럼 생각하는 언어모델 | 2025년 이후의 대규모 언어모델

AI가 인류를 지배한다고?: AI의 위험, 그리고 그 해결을 위한 노력들 _이성민(조지아텍)   128

AI는 어떻게 학습할까? | AI가 일으킬 수 있는 문제들 | AI의 위험을 줄이려면 | 현명한 AI 활용에 요구되는 것들

빅테크 AI 과학자 _장영균(전 메타, 현 구글 딥마인드)   138

AI 연구 과학자는 무엇을 할까? | AI 연구 과학자를 향한 첫걸음 | 빅테크 AI 연구 과학자가 되어보자! | AI 연구 과학자로서의 삶과 미래

PART 3 / 의료와 생명과학에서의 AI 혁신

들어가기   154

의학과 AI, 그리고 암 치료의 새로운 길 _문인태(하버드대학교)   157

의학과 AI의 진화: 더 나은 치료를 향한 발걸음 | AI는 어떻게 암과의 싸움에 도움을 줄 수 있을까? | 최신 AI 기반 암 연구의 현 상황 | 앞으로의 전망: AI가 바꿀 암 치료의 미래 | 암과의 싸움에서 바라보는 도전과 희망의 미래

AI를 활용한 노화 극복 _이동현(하버드대학교)   179

노화 연구의 효용 | AI를 활용한 노화 극복 | 노화 특성 식별 및 (치료) 표적 탐색 | 면역 노화 | 유전자 치료 | 세포 리프로그래밍 | 노화 바이오마커 | 나가며

AI를 이용한 신약 개발 _노지혜(MIT)   205

AI를 이용한 후보물질 선별 | AI를 이용한 새로운 후보물질 설계 | AI를 이용한 후보물질의 합성 | AI를 이용한 신약 개발의 미래

우울증, 정신 질환 진단 및 치료에서의 AI 활용 _안건(MIT)   220

디지털 표현형을 이용한 우울증 조기 진단 | AI를 이용한 우울증 치료 방법 추천 | 설문조사 데이터의 사용 | 뇌 이미지 데이터의 사용 | AI를 이용한 정신 질환 치료

PART 4 / 창의성을 확장하는 AI: 가능성과 한계

들어가기   238

AI 음악 창작의 새로운 세계 _김수현(스탠퍼드대학교)   240

음악 창작에서의 AI 기술, 어떻게 봐야 할까 | 기술 기업들이 AI 음악 생성 기술을 연구하는 이유 | AI가 진정으로 의미 있는 음악 창작 도구가 되려면 | 새로운 음악의 혁신을 위해

AI는 스스로 진화한다? 진실과 오해 _황민영(MIT)   254

AI가 할 수 있는 것과 할 수 없는 것 | AGI가 만능은 아닌 이유

AI와 글쓰기 _이민아(시카고대학교 조교수) 262

AI, 글쓰기에서 진짜 효과는 얼마나 될까? | AI가 글쓰기 생태계에 가져온 변화와 전망

PART 5
인간-기계 협력의 새로운 지평

들어가기 274

물리적 AI: 로보틱스와 생성형 AI의 다음 프론티어 _장요엘(엔비디아) 277

물리적 AI 실현을 위한 과제 | 엔비디아가 물리적 AGI에 주목하는 이유 | 미래: 범용 목적 로보틱스와 휴머노이드의 역할 | 물리적 AGI로 가는 길

인간-로봇 상호작용 _황민영(MIT) 289

인간 피드백을 통한 로봇 학습 | 범용 시스템에서 개인화된 로봇으로 | 개인화된 보상 함수 학습 | 신뢰할 수 있는 로봇: 안전성, 명료성 그리고 불확실성

AI를 활용한 설계 최적화 _유윤아(UC버클리) 301

설계 최적화란 무엇이고, 왜 필요할까? | AI는 어떻게 설계 최적화에 활용될 수 있을까? | 설계 최적화에서의 AI 활용 사례 | AI와 설계 최적화의 미래

AI와 재료공학 _오창환(MIT) 313

AI와 재료공학 | 온실가스 흡착을 위한 금속-유기 골격 구조체 | AI를 이용한 재료 물성 예측 | AI를 이용한 재료 데이터베이스 구축 | 최종 재료 설계에서의 AI 활용 방식 | AI 시대에 공학자가 갖는 역할

PART 1

시가 바꾸는 바다니아 산업 생태계

들어가기

AI가 바꾸는 비즈니스와 산업 생태계

2022년 챗GPT의 등장은 AI를 기술 담론의 중심에서 비즈니스 전략의 핵심으로 이동시켰다. 이제 AI는 가능성의 영역을 넘어 기업의 생존과 성장을 좌우하는 현실적 변수가 되기에 이르렀다.

기술 발전의 속도가 전례 없이 빠른 지금, 우리는 이 변화의 본질을 어떻게 이해하고 실질적인 기회로 연결해야 할까?

이 책의 첫 번째 장은 이러한 질문에 답하기 위해 기획되었다. AI 혁명의 현장에서 각기 다른 역할을 수행하는 다섯 명의 전문가는 기술의 근본 원리부터 창업, 산업 인프라, 투자에 이르기까지 다각적인 관점을 제시하며, AI 시대를 관통하는 전략적 통찰을 제공한다.

첫 번째로, 업스테이지(Upstage)의 이활석 CTO(최고기술책임자)는 대규모 언어모델(LLM)의 구조와 작동방식을 설명한다. 그는 기술적 이해를 바탕으로 기업이 언어모델을 활용해 어떻게 경쟁우위를 확보할 수 있는지 구체적인 방법론을 제시한다. 그의 글에서 독자들은 '환각' 현상과 같이 AI가 갖는 내재적 한계를 관리하고, 데이터·알고리즘·인프라·윤리의 네 가지 요소를 비즈니스 목표에 맞게 어떻게 조율할지에 대한 통찰을 얻을 수 있을 것이다.

이렇게 기술의 토대를 이해한 뒤에는 와들(Waddle)의 박지혁 CEO와 함께 'AI 스타트업'의 현장으로 이동한다.

오픈AI CEO 샘 알트먼의 "사업의 본질은 변하지 않는다"는 말을 중심으로, 그는 완벽한 기술이 아니라 고객이 경험하는 문제를 끈질기게 해결해나가는 비즈니스의 중요성을 강조한다. 작은 아이디어에서 시작해 이커머스 시장에서 인정받는 'AI 점원'으로 발전하기까지, 그의 이야기는 기술 흐름에 끌려가지 않고 그것을 활용하는 실제 사례가 될 것이다.

AI 서비스가 주목받는 동안, 그 뒤에서 산업을 가능하게 하는 힘은 무엇일까? 이어지는 글에서 스탠퍼드대학교 설형욱 연구원은 '왜 앤비디아 주식이 오를까?'라는 질문을 던지며 AI 시대 경제의 근본 동력을 분석한다. 그는 GPU가 AI의 필수 자원이 된 이유, 그리고 앤비디아의 진정한 경쟁력은 하드웨어가 아닌 소프트웨어 생태계 '쿠다'

에 있음을 설명한다. 그의 분석을 통해 독자는 AI 산업 뒤에서 벌어지는 '인프라' 경쟁 및 그 경제적 의미를 알게 될 것이다.

기술과 시장, 인프라가 갖춰져도 최종적인 의사결정은 '사람'과 '자본'에 달린 문제다. MIT 문현지 연구원은 벤처 투자의 세계를 조명하며, 왜 동일한 사안을 두고 전문가들의 의견이 첨예하게 대립하는지를 분석한다. 그는 투자자의 주관적 편향과 불확실성을 극복하기 위한 대안으로 '베이지안 접근법'과 AI의 결합을 제안한다. 그의 글에서 독자들은 투자를 넘어 복잡한 비즈니스 환경에서 좀 더 합리적인 판단과 합의를 도출하는 데 적용할 수 있는 보편적 방법론을 배울 수 있을 것이다.

이 장은 AI에 대한 단편적 지식의 나열이 아닌, 기술·사업·산업·자본이라는 네 개의 축을 유기적으로 연결해 AI 시대를 입체적으로 조망한다. 이를 통해 변화의 흐름을 읽고 자신만의 전략을 수립하는 데 필요한 지적 토대가 독자들에게 마련되기를 바란다.

박지혁

기업은 언어모델로 어떻게 경쟁우위를 확보할까?

_이활석(업스테이지 CTO)

업스테이지는 한국의 대표적인 AI 스타트업이다. 2020년 설립 이후 '일의 미래를 위한 지능'이라는 미션 아래 첨단 대규모 언어모델 및 문서처리 기술 등을 개발하여 다양한 산업의 고객에게 솔루션을 제공해왔다. 주요 제품으로는 자체 개발한 대규모 언어모델인 '솔라(Solar)' 시리즈와 문서 이해 엔진 등이 있으며, 이러한 기술들을 바탕으로 금융·교육·미디어 등 여러 분야에서 맞춤형 AI 서비스를 구현하고 있다.

특히 업스테이지 팀은 세계적 수준의 AI 전문가들로 구성되어, 국제 AI 경진대회인 캐글(Kaggle)에서 다수의 금메달을 획득하고 주요 학회에서도 연구 성과를 발표하는 등 기술력을 입증해왔다.

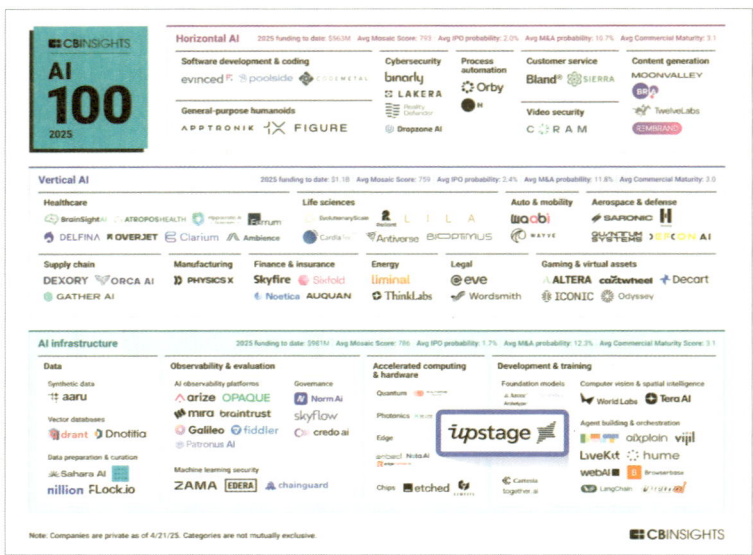

업스테이지는 CB 인사이트에서 발표한 〈AI 100〉(2025년)에 선정되었다. 글로벌 시장조사·분석기관인 CB 인사이트는 매년 전 세계에서 가장 혁신적이거나 주목할 만한 AI 스타트업 100곳을 선정해 발표한다.

최근 업스테이지는 차세대 파운데이션 모델 '솔라 프로 2(Solar Pro 2)'를 공개하며 주목받고 있다. 솔라 프로 2는 한국어에 특히 강한 성능을 보이는 소형 언어모델로, 오픈AI·앤트로픽·구글 등의 프론티어 모델들과 비교해도 한국어 문해력·지침 이행·대화 품질 등에서 상위권의 성능을 기록했다. 솔라 프로 2는 단순한 성능 향상을 넘어 업무 현장에 바로 적용 가능한 경량 언어모델의 새로운 기준으로 평가받고 있으며, 다양한 산업 특화 응용 모델들의 기반이 되고 있다.

실제로 솔라 모델은 금융·교육·미디어 등 여러 분야에서 업무 특화형 AI 서비스로 실전 배치되는 중이다. 한국의 법률 서비스 제공 기

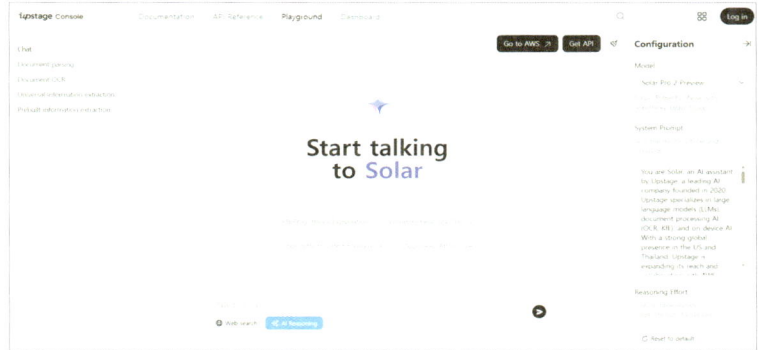

한국어에 특히 강한 업스테이지의 솔라 2.

업인 로앤컴퍼니와 공동 개발한 법률 특화 모델은 요약 및 관계 추출 등에서 GPT-4o를 능가하는 성능을 보였고, 〈조선일보〉의 교열 데이터를 활용한 AI 교열 모델은 GPT-4o 미니 대비 8%p 높은 정확도를 기록했다.

아울러 에듀테크 스타트업인 매스프레소(MathPresso)의 AI 학습 플랫폼 '콴다(Quanda)'와 협력한 수학추론모델은 2024년 자연어처리 분야 최고의 국제학술대회인 EMNLP에 채택될 만큼 성능을 인정받았으며, 다나와 서비스에 적용된 상품 정보 분석모델은 GPT-4 대비 뛰어난 87%의 정확도를 달성했다. 또한 글로벌 번역모델 딥엘 프로(DeepL Pro)를 능가하는, 영한 번역에 특화된 모델도 개발되면서 솔라 시리즈는 실질적인 현장 활용을 통해 기술력을 입증해가고 있다.

마법상자 같은 대규모 언어모델

우리는 스마트폰에서 음성 비서를 사용하거나 자동 번역 기능을 활용하며, 챗봇과 대화를 나누는 등 다양한 방식으로 AI를 접하고 있다. 그 중심에 있는 기술이 바로 대규모 언어모델이다.

대규모 언어모델(Large Language Model, LLM)은 쉽게 말해, 엄청난 양의 텍스트 데이터를 학습해 사람처럼 자연스럽게 문장을 이해하고 생성하는 AI다. 마치 방대한 도서관을 기억하고 있는 마법상자처럼 사용자의 질문에 적절한 답을 제공할 수 있다. 챗GPT 같은 서비스가 대표적인 대규모 언어모델 기술을 활용한 사례다. 이 모델은 질문을 이해하고 맥락을 파악하며, 가장 적절한 단어를 선택해 문장을 만들어낸다.

언어모델이 만들어지는 과정

언어모델의 개발 과정은 크게 두 단계로 나뉜다. 다음의 두 개발 과정을 통해 언어모델은 언어와 관련된 다양한 작업을 수행할 수 있는 능력을 갖추게 된다.

사전학습

AI 언어모델은 인터넷의 다양한 문서·기사·책 등에서 수집한 대량의 텍스트 데이터를 활용해 사전학습(pre-training)을 하고, 이 과정에서 언어의 구조와 패턴을 익혀 다음에 올 단어를 예측하는 능력을 갖추게 된다. 예를 들어 "오늘 날씨가"라는 구절을 입력하면, 뒤이어 "맑아요" 또는 "흐려요" 같은 단어가 올 가능성을 계산하는 것이다.

미세조정

미세조정(fine-tuning)은 사전학습된 모델을 특정 작업이나 도메인(domain, 특정 분야나 주제와 관련된 지식 혹은 정보)에 맞게 조정하는 단계다. 예를 들어 고객 서비스용 챗봇을 개발하려면 해당 분야의 질의응답 데이터를 사용해 모델을 추가로 학습하고, 좀 더 정확하고 유용한 답변을 제공할 수 있게 한다.

언어모델의 장점과 한계

언어모델은 기사 작성·보고서 요약·번역·코딩 지원 등 다양한 작업을 빠르고 효과적으로 수행해 생산성을 크게 높일 수 있다. 그러나 아직 완벽하지 않은 기술이기 때문에 다음과 같은 몇 가지 한계도 갖는다.

잘못된 정보 생성

질문에 대한 답변을 생성할 때 실제로는 존재하지 않는 정보를 간혹 만들어낼 수 있다. 이를 일컬어 '할루시네이션(hallucination, 환각)'이라 한다. 그렇기에 사용자 입장에서는 언어모델이 준 답변의 내용을 항상 검증하는 것이 중요하다.

윤리적 문제

AI가 학습한 데이터에 편향이 있으면, AI가 생성한 답변에도 특정 주제에 대한 불공정한 시각이 반영될 가능성이 있다. 따라서 언어모델을 개발하고 활용하는 과정에는 윤리적 고민이 동반되어야 한다.

정보의 최신성 제약

언어모델에 지식을 주입하는 사전학습 단계에는 많은 시간과 비용이 드는 탓에 언어모델을 자주 학습시키기는 사실 어렵다. 때문에 가장 최신 정보는 언어모델의 학습 데이터에 반영되지 않기가 쉽고, 그 결과 모델이 사용자로부터 관련 질문을 받을 때 환각 현상을 일으킬 가능성이 높다. 최근에는 이러한 한계를 극복하기 위해 언어모델이 검색 서비스와 결합해 최신 정보를 확보하고, 검색된 결과를 기반으로 답변하는 방식이 각광받고 있다.

제품 경쟁우위 확보를 위한 언어모델 활용 전략들

언어모델을 활용해 제품의 경쟁우위를 확보하려면 몇 가지 전략적 측면을 염두에 둘 필요가 있다. 다음의 전략들을 종합적으로 고려해 언어모델을 활용한다면 제품의 경쟁우위를 확보해 시장에서 성공할 수 있을 것이다.

기술 발전에 따른 신속한 대응

현재 언어모델 기술은 빠르게 발전하고 있으며, 이러한 발전은 제품 경쟁력에 직접적으로 영향을 미친다. 예를 들어 기존 챗봇 시스템을 운영하는 기업이 최신 언어모델 기술을 도입해 고객 서비스 품질과 효율성을 높인다면 이것이 곧바로 경쟁우위로 이어질 수 있는 것이다. 따라서 최신 기술 동향을 꾸준히 모니터링하고, 이를 제품의 개발 및 개선에 신속히 반영하는 체계를 구축해야 한다.

예를 들어 업스테이지는 딥시크(Deepseek)에서 촉발된 추론(reasoning) 모델 개발 트렌드가 향후 일반 챗 기능과 추론 기능이 구분되어 있는 현재 상황에서 벗어나, 두 기능을 필요에 따라 온·오프(on/off)할 수 있는 하나의 하이브리드 모델로 발전할 것이라고 예상했다. 그 예상에

독립 분석기관인 Artificial Analysis에서 2025년 7월 발표한 AI 분석 지수(Artificial Analysis Intelligence Index)로 복잡한 추론·코딩·수학·과학 문제해결 능력을 7개 벤치마크로 평가한다. (출처: https://artificialanalysis.ai/models?utm_source=chatgpt.com)

맞춰 개발한 결과, 하이브리드 모델인 솔라 프로 2를 한국에서는 첫 번째로, 전 세계에서는 알리바바의 '큐웬 3(QWEN 3)'와 불과 2주 차이로 출시할 수 있었다.

환각 현상에 대한 대응

앞서 언급했듯 언어모델은 때때로 실제 존재하지 않는 정보를 생성하는 환각 현상을 보일 수 있다. 가령 의료 분야에서 언어모델이 잘못된 진단 정보를 제공한다면 이는 심각한 문제로 이어질 것이다. 따라서 환각 현상이 크게 문제 되는 분야에서는 언어모델이 출력한 내용에 대한 검증 시스템을 도입하거나, 환각의 영향을 최소화할 수 있는 사용자 경험을 설계해야 한다.

그와 달리 창의성이 강조되는 상황에서는 오히려 환각 현상이 도움이 될 때도 있다. 예컨대 소설의 전체 스토리를 구성할 때에는 실제 사실 여부보다는 그럴듯하게 여겨지는 설정이 좀 더 중요한 요소가 될 것이기 때문이다. 그렇기에 환각이 위험하게 작용하지 않는 분야에서라면 오히려 제품 기획 시 이를 활용하는 방안도 필요하다.

다양한 언어모델의 활용과 맞춤형 적용

현재 여러 기업과 연구기관 들은 다양한 특성을 지닌 대규모 언어모델을 개발 중이다. 어떤 모델은 창의적인 글쓰기 능력에 특화되어 있고, 다른 모델은 기술 문서 작성에 강점을 보일 수 있다. 따라서 제품 특성과 목적에 맞는 언어모델을 선택하거나, 여러 모델을 조합해 최적의 성능을 이끌어내는 전략이 필요하다. 이는 제품 차별화를 통해 경쟁우위를 확보하는 데 크게 기여할 수 있다.

일례로 업스테이지에서는 문서 기반 업무에서의 사용성을 극대화하기 위해 노력 중이다. 이에 기존의 문서(document) 처리 AI가 갖는 능력을 대체하면서도 보다 복잡한 요구사항에까지 대응할 수 있게끔 대규모 언어모델의 고도화 및 문서에 특화된 비전-언어모델(VLM: vision-language model)도 개발 중이다.

비용 효율성과 차별화 전략의 조화

언어모델을 활용한 제품을 개발할 때에는 비용 효율성과 차별화 전략 모두를 함께 고려해야 한다. 언어모델을 활용해 고품질 번역 서비스를 제공함과 동시에 특정 산업 분야에 특화된 번역 기능을 추가해 차별화를 꾀하는 것이 한 예다. 이러한 접근은 비용우위와 제품 차별화 모두를 달성해 제품의 시장경쟁력을 높이는 데 도움이 된다.

업스테이지는 현재 언론사와 금융권을 중심으로 도메인 특화 번역 모델을 활발히 도입하고 있다. 이러한 특화 번역이 필요한 이유는, 지금은 단순한 언어 변환을 넘어 약어의 정확한 해석이나 도메인 지식이 있어야 이해 가능한 문맥까지 반영하는 번역이 요구되는 시대라는 데 있다.

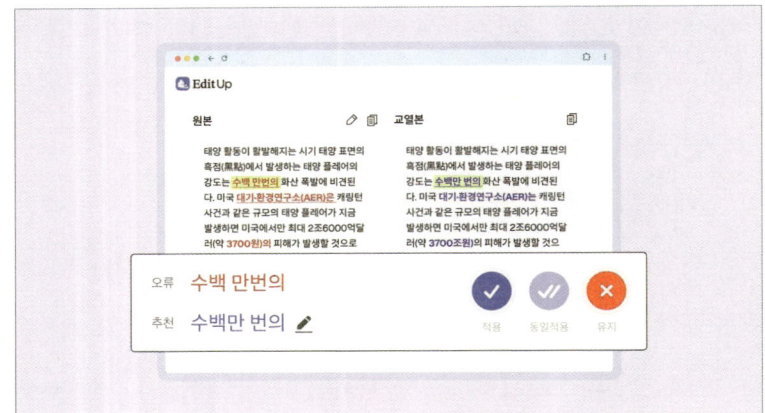

업스테이지가 언론사 교열 데이터를 활용해 만든 AI 교열 모델.

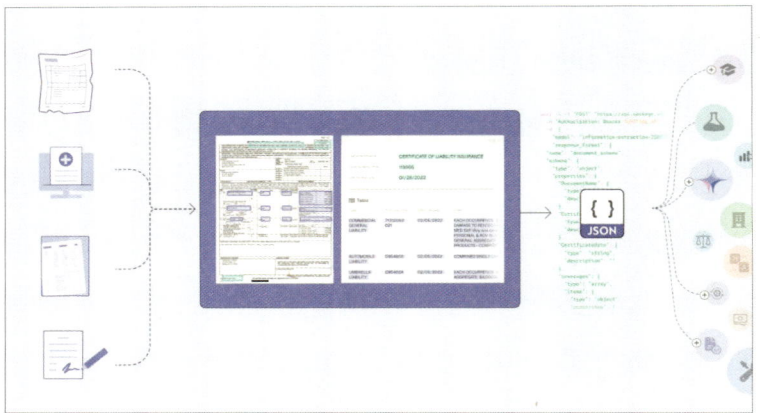

업스테이지의 언어모델을 보험사에 특화한 예.

지속적인 모니터링과 개선

대규모 언어모델 기술과 시장환경은 끊임없이 변한다. 따라서 제품 출시 후에도 사용자 피드백과 성능 데이터를 꾸준히 모니터링하고 그 내용을 토대로 제품을 개선해나갈 필요가 있다. 가령 사용자들이 특정 기능에 불만을 표한다면 그 부분을 개선하거나 새로운 기능을 추가해 만족도를 높이는 식이 되어야 한다.

AI 사업 운영의 핵심 요소

대규모 언어모델 같은 AI 기술을 비즈니스에 활용해 성공하려면 다음과 같은 핵심 요소들을 균형 있게 관리해야 한다.

데이터

가장 먼저 들 수 있는 핵심 요소는 양질의 대규모 데이터 확보 및 지속적인 관리다. 데이터는 AI의 연료에 해당하고, 그렇기에 특정 관점에 편향되어 있거나 정확하지 않은 데이터는 잘못된 결과를 낳을 수 있다. 데이터를 수집·정제하고 업데이트하는 체계를 갖추는 것이 AI 성공의 출발점인 이유가 이것이다. 특히 업데이트를 위해서는 데이터 자체뿐 아니라 서비스에 대해서도 품질 평가가 이뤄져야 한다는 점, 데이터 쪽의 개선을 위해서는 무엇이 필요한지 판단할 필요가 있다는 점도 염두에 두어야 한다.

알고리즘 및 모델

비즈니스 목적에 맞는 최적의 AI 알고리즘과 모델을 선택 혹은 개발해야 한다. 최신 모델 트렌드를 따라가면서도 해당 분야에 특화된 성능을 내도록 모델을 꾸준히 개선해야 한다는 뜻이다. 연구개발(R&D)

을 통해 모델 성능을 높이고 그것이 실제 현장에서 정확히 작동하는지를 검증하는 과정은 필수적으로 진행되어야 한다.

인프라

대용량 데이터를 처리하고 복잡한 AI 모델을 운영하려면 튼튼한 인프라가 필요하다. 고성능 GPU/TPU 같은 연산 자원, 클라우드 기반 서버, 머신러닝 운영(MLOps) 체계 등이 갖춰져야 대규모 AI 서비스를 안정적으로 제공할 수 있다. 이와 같은 인프라 투자는 서비스의 안정성 및 확장성과 직결된다.

윤리와 규제

AI 활용에 따르는 윤리적·법적 이슈도 중요하다. 이를 위해서는 고객 데이터 프라이버시를 보호하고, AI 의사결정에 차별이나 편향이 없도록 관리해야 한다. 또한 정부와 업계의 AI 관련 규제를 준수하고, AI 시스템이 내리는 판단의 근거를 설명할 수 있는 투명성의 확보도 지속적인 신뢰를 얻는 데 필수적이다.

이상과 같은 네 가지 요소가 조화를 이룰 때 AI 기반 사업은 장기적으로 성공하고 성장할 수 있다. 아울러 이러한 기술적 요소들 외에 AI 전문 인재를 확보하고, 데이터 중심의 조직 문화를 조성하려는 노력 또한 함께 이루어져야 한다.

2024 업스테이지 AI Talk.

업스테이지의 비전은 'Making AI Beneficial', 즉 'AI로 세상을 더욱 이롭게 만들겠다'는 것이다. 궁극적으로는 AI 기술을 통해 사람들이 보다 편리하고 풍요롭게 일할 수 있는 미래를 만드는 것이 목표다. 이를 위해 업스테이지는 앞으로도 최첨단 AI 연구개발에 힘쓰고 실용적인 솔루션을 지속적으로 선보일 계획이다. 자체 한국어 대규모 언어 모델인 솔라 시리즈를 고도화해 기업들이 필요로 하는 맞춤형 AI 서비스를 쉽게 활용하게끔 지원하고 있는 것도 그러한 계획의 일환이다.

또한 금융·언론·교육 등 다양한 분야의 파트너사들과 협력해 AI 적용 범위를 넓히고, 축적된 노하우를 토대로 해외 시장에 진출할 수 있도록 하는 방법도 모색하고 있다. 더불어 미국 실리콘밸리와 일본 등의 해외 거점에서도 글로벌 AI 인재들과 협업을 진행하고, 이러한 국제적 역량을 바탕으로 해외 고객에게서도 신뢰받는 솔루션을 제공할 준비를 갖춰나가고 있다. 업스테이지는 태국의 통신사에게 태국어 특화 대규모 언어모델을 납품한 바 있고, 미국 대형 보험사들과도 문서 처리 AI 제품에 대한 파일럿 테스트(개념 검증, POC)를 진행하는 등 비전을 위한 실행 계획들을 착실히 진행하는 중이다.

아울러 업스테이지는 AI 생태계 저변 확대에도 기여하고 있다. 기술 비전문가도 손쉽게 AI를 활용할 수 있도록 AI 교육 프로그램을 운영하는 것이 한 예다. 이러한 로드맵을 바탕으로 업스테이지는 빠르게 변하는 AI 시대를 선도하며, 기업과 사회에 실질적 가치를 창출하는 AI 기업으로 성장해갈 예정이다.

AI 창업의 비밀: 성공의 열쇠는 무엇인가

_박지혁(와들 CEO)

"AI 기술이 빠르게 발전하는 시대에서 스타트업은 어떻게 기회를 찾아야 할까요?"

2024년 3월 중소벤처기업부와 함께 오픈AI 본사를 방문했을 당시, 샘 알트먼과의 질의응답 시간에 청중 중 한 명이 질문을 던졌다. 대규모 언어모델을 비롯한 생성형 AI가 하루가 다르게 발전하는 지금 같은 상황에서는 기술의 변화 속도를 따라잡기조차 벅찬 것이 현실이다. 그러나 샘 알트먼은 잠깐의 망설임도 없이 대답했다.

"기술은 도구일 뿐이며, 사업의 본질은 변하지 않습니다. 고객의 문제를 해결하고 가치를 창출하는 기업만이 결국 성장할 것입니다."

짧지만 핵심을 찌르는 답변에 고개가 끄덕여졌다. AI 기술이 아무리 빠르게 발전해도, 지속적인 경쟁력을 결정짓는 것은 결국 기술이 아니라 고객의 문제를 집요하게 해결하는 능력인 것이다.

잠깐의 침묵 이후 이어지는 답변에서 샘 알트먼은 스타트업이 선택할 수 있는 두 가지 방향을 제시했다.

하나는 대규모 언어모델이 계속해서 빠르게 발전할 것이라는 가정하에 사업을 설계하는 것이고, 다른 하나는 현 기술의 한계를 극복하는 데 집중하는 것이다. 그러나 알트먼은 후자의 접근이 위험할 수 있다고 지적했다.

"새로운 모델이 등장할 때마다 기존 모델의 한계를 보완하는 데 집중한 제품들은 경쟁력을 잃을 수밖에 없습니다. 이러한 기업들은 변화하는 기술의 한계를 끊임없이 따라잡아야 하는 상황에 놓이죠. 반면 현재의 다소 부족한 기술로도 어느 정도 작동하는 비즈니스 모델을 구축한 기업은 기술의 발전과 함께 성장하며 시장을 주도하게 될 것입니다."

샘 알트먼의 메시지는 분명했다. 기존 모델의 한계를 보완하는 데 집중하는 것이 아니라, 그 한계 속에서도 이미 작동하는 비즈니스 모델을 찾는 것이 지속 가능한 경쟁력을 확보하는 길이라는 것이다.

기존 강자들이 기술의 한계로 인해 도입을 주저하는 동안, 스타트업은 새로운 기술을 활용해 이전까지 해결되지 않았던 절실한 문제를 풀어내며 새로운 시장을 열 수 있다. 이렇게 만들어진 비즈니스 모델은 기술의 발전과 함께 성장할 것이다.

기술의 한계를 넘는 비즈니스 모델들

샘 알트먼과의 질의응답 후에는 오픈AI 엔지니어들과의 대화가 있었다. 이 대화에서는 내가 창업한 스타트업 와들(Waddle)이 어떻게 기술 한계 속에서도 작동하는 비즈니스 모델을 찾아가고 있는지에 대한 논의가 이어졌다.

와들의 여정은 2019년, 시각장애인의 자립적 소비 생활이 가능하도록 기존 온라인 쇼핑몰의 접근성 문제를 개선한 '배리어프리(barrier-free)'[1] 쇼핑 플랫폼 '소리마켓'을 개발하면서 시작되었다. 대개의 온라인 쇼핑몰에서 제공하는 상품 상세정보는 상당 부분이 이미지로 이루어져 있지만, 시각장애 사용자에게 있어 필수적인 대체 텍스트가 제공되지 않는다는 점이 문제였다. 이를 해결하고자 와들은 상품 상세 이미지를 분석해 음성으로 상품 관련 정보를 제공하는 AI 모델을 개발했고, 이를 기반으로 소리마켓 서비스를 시작했다.

그러나 음성 정보의 특성상 사용자는 자신이 원하는 정보를 빠르게 찾을 수 없었고, ARS 전화 안내를 들을 때처럼 해당 정보가 나올 때

---

[1] 장애인이나 노인, 임산부 등 사회적 약자가 겪는 물리적·심리적·제도적 장벽을 제거해 일상에서의 편리성을 높여주는 운동 및 정책.

까지 기다려야 하는 불편함이 있었다. 이 문제를 해결하기 위해 사용자가 원하는 정보를 질문할 수 있는 대화형 AI 서비스가 고안되었다.

2021년 와들은 상품 정보 안내를 위한 대화형 서비스를 출시했다. 그러나 예상과 달리 사용자들은 상품 정보만을 묻지 않았고, 비슷하지만 더 저렴한 상품 추천, 함께 이용하면 좋은 관련 제품, 구매 옵션 간의 비교 등 다양한 질문을 던지기 시작했다.

지금은 대규모 언어모델이 쉽게 답변할 수 있는 것들이지만, 당시의 기술 수준으로는 이러한 질문들 모두에 대응할 수 있는 단일 모델을 구축하기가 어려웠다. 이에 따라 와들은 대표적인 사용 사례에 대응할 수 있는 소형 언어모델을 여럿 구축해 그것들을 결합하는 방식으로 서비스를 만들어갔다.

이렇듯 와들은 대화형 서비스를 가장 필요로 했던 사용자를 대상으로 서비스를 시작했기에, 당시의 기술로도 대화형 AI 기반의 서비스를 출시하고 발전시킬 수 있었다. 이어 2023년에는 챗GPT 같은 대규모 언어모델의 발전과 함께 서비스 성능이 크게 도약함에 따라 와들 역시 새로운 기회를 맞이하기에 이르렀다.

온라인 쇼핑몰에서 상품을 탐색하는 데 어려움을 겪는 것은 디지털 취약계층만의 문제가 아니었다. 점원이 상주하는 오프라인 매장과 달리 온라인 쇼핑몰에는 상품에 대한 실시간 문의나 추천 요청을 할 수 있는 경로가 없고, 그에 따라 사용자들은 좀 더 자세한 정보 및 후기를 얻기 위해 검색 포털이나 SNS로 이탈해버리곤 한다. 이러한 방문자 이탈율을 줄이는 것이 많은 이커머스 기업들 앞에 놓인 핵심 과제였다.

이에 디지털 취약계층을 위해 시작했던 와들의 서비스는 이내 온라인 쇼핑몰의 방문자 이탈 문제를 해결하는 'AI 점원' 솔루션으로 확장되었다. 2023년 7월, 와들은 마치 베테랑 점원들이 그러하듯 이탈 가능 소비자를 구매 가능 소비자로 전환시킬 수 있는 AI 점원 '젠투'

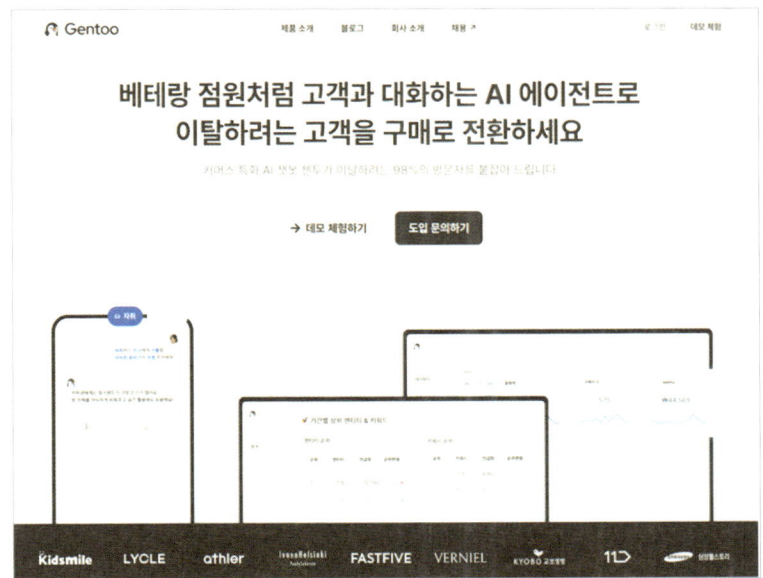

와들의 'AI 점원' 서비스 젠투(Gentoo). 처음에 디지털 취약계층을 위해 시작했던 와들의 서비스는 이내 온라인 쇼핑몰의 방문자 이탈 문제를 해결하는 'AI 점원' 솔루션으로 확장되었다.

를 출시하며 새로운 시장을 개척하기 시작했다.

지금과 같은 대규모 언어모델이 존재하기 전부터 와들은 대화형 AI 기반의 서비스를 출시해 운영했고 대규모 언어모델의 발전과 함께 서비스를 확장해왔다. 샘 알트먼이 강조한 바와 같이, 기술의 한계를 보완하는 것보다는 그 한계 속에서도 작동하는 비즈니스 모델을 찾아내는 데 집중한 결과였다.

이러한 노력을 인정받아 와들은 당시 오픈AI 본사에서 투자 유치를 위해 사업 아이디어를 발표한 스타트업들 중 상위 3개사에 수여된 'AGI 최고 잠재력 기업상(Most AGI Potential Award)'을 수상했다. 이어 6개월 후에는 한국 스타트업 최초로 오픈AI와 기업 계약(enterprise agreement)을 체결하는 성과까지 거둘 수 있었다.

AI 개발의 초점이 달라지고 있다

오픈AI와 기업 계약을 체결하고 몇 개월 뒤인 2024년 10월, 와들은 오픈AI의 비공개 개발자 콘퍼런스인 데브데이(DevDay)에 초청받았다. 이전해인 2023년에 열렸던 데브데이에서의 주요 논제는 대규모 언어모델의 한계를 어떻게 보완할 것인지, 일례로 환각 현상을 줄일 수 있는 기법은 무엇인지 등이었다고 들었다.

하지만 2024년 데브데이의 분위기는 완전히 달라져 있었다. 이때의 핵심 주제는 벤치마크 점수나 정확도 개선이 아니었던 것이다. 대신 AI 기술을 실제 비즈니스에 어떻게 활용하고 있는가, 다시 말해 AI 기술은 고객을 위한 가치를 얼마나 창출하고 있는가에 논의가 집중되었다.

생성형 AI는 같은 입력에 대해서도 항상 동일한 출력을 내지는 않는다. 따라서 AI가 개발자의 의도대로 동작하며 고객 가치를 창출하고 있는지를 지속적으로 확인해야 할 필요가 있다.

흥미로운 점은, AI의 답변을 평가하기 위한 또 다른 AI 모델이 어느 시점부터인가는 필요해질 것이라는 점이다. 고객 수가 늘어날수록 AI 모델이 내놓는 모든 답변에 대한 평가를 사람이 직접 수행하기는 어렵기 때문이다. 이러한 분야를 일컬어 '대규모 언어모델 평가(LLM evaluation)'라고 한다. 이는 2024년의 데브데이에서 가장 많이 언급된 키워드이기도 했다.

당시 데브데이에서는 평가 과정에서 AI 모델의 정확성은 물론 AI 모델이 실제로 고객 가치를 창출하고 있는지를 평가하는 지표까지도 설정해 측정해야 하며, 그 결과에 따라 서비스를 발전시켜야 한다는 논의가 활발히 이루어졌다. 이제 AI 개발의 초점은 단순한 정확도 개선을 넘어 실제 비즈니스 환경에서 고객경험(CX: customer experience)을 개선하고 가치를 극대화하는 방향으로 맞춰지고 있음을 확인할 수 있었다.

이를테면 고객센터에서 교환, 반품 등과 관련된 고객 문의에 응대하는 AI 상담사를 개발한다고 가정해보자. 이 AI 상담사를 평가하는 데 있어 가장 중요한 기준이 되는 것은 '고객들의 문의를 얼마나 정확히 이해하고 적절한 해결책을 제시했는가'일 것이다. 그러나 실제 고객경험을 고려하면 정확도 이상의 지표들이 필요함을 알 수 있다. AI 상담사가 얼마나 친절한 어조로 응대했는지, 고객의 감정에 공감하며 대화를 진행했는지, 고객이 같은 이야기를 여러 번 반복하지 않아도 되게끔 맥락을 이해하며 대화를 이어갔는지 등이 중요 요소가 될 수 있는 것이다.

와들에서 개발 중인 AI 점원 '젠투'도 마찬가지다. 일례로 젠투를 평가하는 데 있어 '고객의 추천 요청에 따라 정확한 상품을 제시했는가'만큼이나 중요한 지표로 작용하는 것은 '해당 상품을 추천하는 근거에 설득력이 있는가', 그리고 '그러한 추천이 궁극적으로 구매로 이어졌는가'다. 이러한 평가들에는 단순한 공식으로 정량화하기 어려운 요소들이 포함된다. 따라서 젠투와 같은 특정 AI 모델을 평가할 수 있는 별도의 AI 모델을 만들고, 그것의 평가 결과에 따라 지속적으로 서비스를 개선해나가야 한다.

그저 AI 모델의 정확도만 측정하는 기업과, AI 모델이 고객에게 제공하는 가치를 평가하며 서비스를 만들어가는 기업은 6개월 혹은 1년 후 완전히 다른 서비스를 만들어낼 것이다. AI의 성능을 어떻게 정의하고, 이를 어떤 방식으로 측정하며, 측정 결과를 바탕으로 서비스를 어떻게 발전시켜 나갈 것인지는 지금 AI 업계에서 가장 중요한 논점으로 자리 잡고 있다.

AI의 비용이 높아지고 있는 이유

2024년 데브데이에서 많이 논의된 또 한 가지 주제는 'AI 모델 (사용) 비용(cost)'이었다. 이와 관련해 프롬프트 최적화, 캐싱(caching), 증류(distillation) 등 여러 비용 절감 기법을 다루는 세미나도 열렸다.

대규모 언어모델의 토큰(token, 언어모델이 텍스트를 이해하고 처리하는 최소 단위)당 비용은 사실 지난 몇 년간 꾸준히 감소해왔다. 그럼에도 비용 관련 이슈가 다시금 수면 위로 떠오른 이유는 무엇일까? 이는 AI의 활용 방식이 근본적으로 변화하고 있기 때문이다.

과거의 AI는 주로 인간이 수행하던 작업을 기존 방식 그대로 자동화하는 데 집중했다. 그러나 지금의 AI는 단순한 자동화를 넘어 기존에는 불가능했던 규모로 작업을 수행하며 인간이 하던 방식 자체를 확장하는 방향으로 발전하고 있다. 즉, 인간이 개별적으로 처리하던 일을 대체하는 것이 아니라, 기존에는 물리적·시간적 한계로 시도조차 어려웠던 규모와 방식으로 문제를 해결할 수 있게끔 변화하고 있는 것이다. 이러한 변화 속에서 AI (사용) 비용 문제는 단순한 절감의 차원을 넘어, AI 사업의 대규모 확장과 새로운 가능성을 실현하는 핵심 요소로 자리 잡고 있다.

    2025년 2월, 샘 알트먼은 개발자 및 스타트업 리더를 위한 오픈AI의 빌더랩(Builder Lab) 행사로 한국을 방문했던 때에도 이와 비슷한 전망을 내놓았다. 그는 최근 주목받고 있는 'AI 에이전트(agent)' 기술을 간단히 설명하면서 'AI 에이전트란 문제 상황에 대한 간단한 설명만으로도 스스로 해결 방안을 찾고 실행하는 시스템'이라고 정의했다. 즉, 현재의 AI는 사용자가 특정 식당의 예약을 원하면 이를 대신해주는 수준에 불과하지만, 가까운 미래에 등장할 AI 에이전트는 서울 시내의 모든 식당에 전화를 걸어 가장 최적의 장소를 예약해주는 수준으로까지 발전한 모습일 것이라고 말했다.

    이러한 변화가 현실이 되면 자연스럽게 AI 에이전트들에게서 걸려오는 전화를 받는 역할 역시 사람이 감당하기 어려워질 것이다. 그에 따라 AI 에이전트는 고객 응대 업무까지 맡게 될 테고, 궁극적으로는 일상적 거래들이 'AI 에이전트들 간의 상호작용'을 통해 이루어지는 시대가 열릴 것이라 예상된다.

'A2A 시대'의 도래

방금 언급한 변화는 실제 금융 시장에서도 이미 관찰할 수 있다. 상당수의 거래가 자동화된 봇들 간에 이루어지고 있기 때문이다.

    이러한 흐름은 AI 에이전트의 등장과 함께 향후 좀 더 다양한 산업으로 확산될 것이다. 인간의 직접적 개입 없이 AI 에이전트들끼리 정보를 주고받고, 의사결정을 내리며, 업무를 수행하는 방식으로 비즈니스 환경이 달라질 것이라는 뜻이다. 'A2A(agent to agent) 시대'라 일컫는 이 변화를 타고 이제는 AI가 경제와 비즈니스의 근본적 작동 방식을 재정의하는 움직임이 본격화되고 있다. 이런 관점에서 보면 AI의 운용과 관련된 비용이 왜 주요 이슈로 떠오르고 있는지를 확실히 이해할 수 있다.

A2A 시대가 본격화되면 에이전트의 사용 주체는 더 이상 인간이 아니라 '에이전트' 자체가 될 테고, 이들이 끊임없이 서로를 호출하며 상호작용하는 과정에서 AI 사용량은 폭발적으로 증가할 것이다. 이러한 변화는 필연적으로 막대한 비용 부담을 초래할 터이기에, 대규모 언어모델의 운용비를 낮추기 위한 시도는 당분간 이어질 것이다.

와들에서도 이와 비슷한 바를 경험 중이다. 초기에는 쇼핑몰의 홈 화면에서 새로운 상품을 찾을 때에만 AI 점원의 역할이 필요할 것으로 예상했는데, 이제는 고객이 상품 상세 페이지에서 정보를 문의하거나, 결제 직전에 카드사 혜택을 확인하는 등 AI의 활용 범위가 급격히 확대되고 있다.

더 나아가 A2A 시대에서는 사용자가 온라인 쇼핑몰을 직접 방문할 필요도 없어질 것이다. 자신이 원하는 상품을 AI 에이전트에게 말하면 수백 개 쇼핑몰을 탐색해 최적의 옵션을 찾아줄 테니 말이다. 개별 판매자의 웹사이트를 방문해야 했던 과거의 필요성이 종합 쇼핑몰의 등장으로 사라졌듯, 이제는 AI 에이전트가 사용자를 대신해 여러 쇼핑몰을 탐색하는 새로운 패러다임이 형성될 것이다.

시간, 성공적 비즈니스의 필수 요소

2008년 아이폰과 앱스토어가 출시된 직후에는 수많은 앱들이 함께 등장했다. 그러나 우리가 지금까지도 사용하는 우버·에어비앤비·도어대시(미국 대표 음식 배달 플랫폼)·왓츠앱·인스타그램 등은 그보다 1~2년 후에 출시되었고, 먼저 세상에 나온 앱들보다 빠른 속도로 시장을 장악했다.

이는 새로운 기술이 등장한다고 해서 그 즉시 성공적인 비즈니스도 만들어지는 것은 아니라는 사실을 보여준다. 시장의 반응을 관찰하고, 고객이 필요로 하는 가치를 실현하는 서비스로 발전시키는 데는 시간이 필요하기 때문이다.

최근 등장한 대규모 언어모델도 마찬가지다. 처음 공개되었을 당시 많은 기업들은 기술적 가능성에 대한 기대감에 앞다투어 도입에 나섰다. 이후 시간이 지나면서 대규모 언어모델의 한계는 명확해졌고 도입 초기에 기업들이 가졌던 막연한 환상 또한 사라져갔다. 그러나 그와 동시에 실제 비즈니스에서 의미 있게 활용할 수 있는 대규모 언어모델 사례들이 등장하기 시작했다.

이제 기업들은 단순히 최신 AI 기술을 도입하는 것을 넘어 AI가 창출하는 실질적 가치, 그리고 비용 대비 효율성을 중심으로 AI를 평가하고 있다. 이러한 흐름에서 보자면, 현재의 AI 기술로도 충분히 효과적으로 작동 가능한 비즈니스 모델을 구축하는 기업들이 향후 수십 년간 활용될 AI 서비스를 만들어가는 주역이 될 것으로 보인다.

AI를 이용한 새로운 한글교육

_홍창기 (H2K 창업자)

한글을 읽지 못하는 아이들에게 한글을 가르치는 데 AI는 어떤 역할을 할 수 있을까?

'소중한글'은 50만 명의 부모가 선택한 AI 기반 개인 맞춤형 한글교육 앱 서비스다(2024년 12월 기준). 2018년 한글날 앱스토어에 무료 버전을 출시하며 선보인 소중한글은 2020년 초에 부분 유료 서비스로 전환한 뒤, 어려운 코로나 시국을 거치며 2021년 이후 2025년 현재까지 4년 연속 앱스토어와 구글플레이에서 매출 1위를 기록한 한글교육 앱으로 성장했다.

초등학교 입학생 중 약 20%는 한글을 모르고 입학한다. 공교육 특성상 수업은 한글을 깨치고 입학한 다수 학생들에게 초점을 맞출 수

밖에 없다. 공교육에서 소외된 학생들은 사교육에 의지하는 것이 불가피하지만, 공교육 외 다른 교육 옵션이 없는 저소득층 가정에서는 한글교육이 제대로 이뤄질 수 없다.

언어 발달은 9세 전후로 완성된다고 한다. 제때 제대로 된 교육을 받지 못한 이들 '느린학습자'는 '비(非)느린학습자'에 비해 자연히 교육격차가 누적되기 마련이다. 이들 '느린학습자'에게 효율적인 한글교육을 제공한다면, 한글교육에서부터 기인하는 교육격차의 시작을 늦추는 데 기여할 수 있을 것이라는 게 우리의 확신이었다.

개인맞춤형 교육은 언어교육에서 가장 효율적인 방식이다. 하지만 전통적 교육 환경에서는 맞춤형 교육을 실행하기가 현실적으로 어렵다. 특히 최적의 개별화 교육을 위해서는 교사 1인이 학생 1인의 교육을 담당하게끔 해야 하는데, 이는 비용이 많이 들 뿐 아니라 교사 간 전문성도 천차만별이라 실현 가능성이 낮은 일이다.

학생으로 하여금 주당 평균 1~2회, 회당 1시간 동안 기관에 출석해 받게 하는 교육 방식이 갖는 한계도 여전히 명확하다. 언어교육에서는 해당 언어에 대한 학습자의 노출량이 중요한데, 이러한 교육 시간 및 장소의 제약은 효율적 언어교육을 가로막는 가장 치명적인 요소인 탓이다.

H2K를 창업하다

'학생이 언제 어디서든 자신이 원하는 시간과 장소에서 최적의 개인 맞춤형 교육을 제공받게 할 수 있을까?'

교육격차 해소를 위해 구체적으로 설정한 이 문제는 우리가 보유한 기술로 해결할 수 있는 문제였다. 빅데이터로 학습한 AI 모델은 학생의 성취도 및 선호도를 바탕으로 실시간 개인 맞춤형 학습 콘텐츠를 제공할 수 있다. 우리는 해당 AI 모델을 'AI 튜터'라고 부른다. 이에 우리는 2017년 H2K를 설립하고 AI 튜터와 이를 적용한 한글교육 앱 서비스인 소중한글의 개발에 본격 착수했다. 법인명 H2K는 'Happiness To Kids', 즉 아이들에게 배움의 행복을 선물하자는 비전을 담고 있다.

교육 분야에서의 AI 활용 사례

여기에서는 먼저 교육 분야에서 AI를 활용하는 여러 예들을 살펴보고, 뒤이어 소중한글의 AI 활용 사례를 소개하겠다. 현재 AI 기반의 교육 서비스는 활용 방식 및 기술적 구성에 따라 다양한 형태로 발전하고 있는데, 업계 전반의 사례들을 살펴보면 다음과 같이 구분할 수 있다.

음성인식 및 음성합성을 활용한 언어학습

미국의 에듀테크 기업 듀오링고(Duolingo)가 개발한 동명의 앱은 음성

인식(STT: speech-to-text) 및 음성합성(TTS: text-to-speech) 기술을 기반으로 사용자의 발음을 실시간으로 분석하고 피드백을 제공한다. 언어학습의 초기 단계에서 몰입감 높은 학습 경험을 제공하는 대표 사례다.

AI 챗봇 기반 학습 도우미

IBM 왓슨 튜터(IBM Watson Tutor)는 과학·수학 분야에서 학생들의 질문에 대해 AI를 기반으로 하는 맞춤형 피드백과 힌트를 제공한다. 호주 뉴사우스웨일스주의 교육부가 개발한 NSW에듀챗(NSWEduChat) 챗봇은 사고력을 촉진하는 대화형 설계로, 직접적인 정답 제공보다는 사고 과정을 유도한다.

문제 이미지 분석을 통한 풀이 지원

한국의 메스프레소가 개발한 콴다는 학생이 문제를 사진으로 촬영해서 보여주면 AI가 이를 인식해 풀이 과정과 정답을 제공하는 앱이다. 특히 수학 영역에서 학습자의 궁금증에 대한 즉각적 해결을 지원하는 대표적 사례에 해당한다.

개인 맞춤형 커리큘럼 추천

역시 한국의 에듀테크 기업인 뤼이드(Riiid)에서 개발한 산타토익(Santa TOEIC)은 초기 진단 결과를 기반으로 개인별 TOEIC 학습 플랜을 설계한다. 학습자의 성취도와 선호도 분석을 통해 최적의 학습 경로를 실시간 추천하는 최초의 사례로 잘 알려져 있다.

'소중한글'의 AI 활용 사례: AI 튜터의 세 가지 동작 원리

앞서 살펴본 사례들에서 알 수 있듯 현재 AI는 교육 현장에서 음성 기반 학습·챗봇 기반 학습 도우미·문제 풀이 지원 등 다양한 방향으로 활용되고 있다. 기술적 접근법들이 저마다 다른만큼 각각이 갖는 장점 또한 뚜렷하다. 소중한글은 이러한 여러 접근법들 중 어떤 것을 골라 전략을 수립했을까?

우리는 한글교육이라는 특화된 도메인, 그리고 유아·초등학생이라는 매우 특수한 학습 대상군의 특성 모두를 면밀히 고려해야 했다. 이 연령대의 학습자들은 학습에 대한 몰입을 유지하기가 쉽지 않고, 정해진 기간 내에 한글을 완성해야 한다는 명확한 학습 목표가 존재

소중한글 AI 튜터는 개인 맞춤형 학습 경로를 추천해준다.

했기 때문이다. 무엇보다 한글교육에서는 학습 속도와 이해도, 반응이 학생마다 크게 다르기 때문에 개별 학습자의 수준과 특성에 맞춘 교육이 절대적으로 중요하다. 획일적인 학습 경로로는 이러한 다양성을 수용하기 어렵고 그에 따라 교육격차 또한 쉽게 발생할 수 있는 탓이다.

이러한 맥락에서 우리는 업계에서 사용되는 다양한 AI 설계 방식 중에서도 '사전 진단과 학습 데이터 분석을 기반으로 개인 맞춤형 학습 경로를 추천해주는 AI 튜터 방식', 즉 앞서 언급했던 유형들 중 네 번째 것을 중심 전략으로 삼았다.

AI 튜터가 학습자의 초기 성취도와 반응 데이터를 빠르게 분석하고, 이후 이뤄지는 전 학습 과정에서 개인에게 가장 효과적인 학습 순서와 콘텐츠 구성을 실시간으로 제안하는 구조를 택한 것이다. 이를 통해 학습 효율과 동기 유발을 동시에 충족시키는 것이 이 접근법의 핵심이다. 덕분에 소중한글 AI 튜터는 유아·초등 학습자의 '빠른 수준 진단'과 '몰입도 높은 학습 경험 설계'라는 두 가지 목표 모두를 달성할 수 있었다.

우리의 이러한 설계는 실제 서비스에서 다음과 같은 방식으로 구현되고 있다. 소중한글 AI 튜터가 제공하는 개인 맞춤형 교육 동작 원리는 다음과 같다.

예측 딥러닝	추천 딥러닝	개인별 최적 학습 동선 출력
• 학습자가 초반 열 문제를 풀었을때, 아직 풀지 않은 3만 2,000개 문제의 정오답률을 약 82% 정확도로 예측 • 이후 학습이 진행될수록 정오답률의 예측 정도는 빠르게 향상됨	• 학습자가 항상 60점을 맞을 수 있는 1개 클래스를 매 순간 예측하고 추천 – 60점은 교육학적으로 학습 효율과 흥미를 극대화할 수 있는 난이도 – 어플리케이션(대상, 특성)에 따라 최적화 점수 조정 가능	• 예측 딥러닝을 통해 학습자가 풀 필요 없는 문제 소거 • 추천 딥러닝을 통해 학습자의 흥미를 유발하면서도 학습 효율이 보장된 개인별 맞춤 최적 학습 커리큘럼 제공

소중한글 AI 튜터의 동작 원리.

정답률 예측 딥러닝

2억 건 이상의 빅데이터를 학습한 소중한글 AI 튜터는 학생이 푼 초반 열 문제의 답을 바탕으로, 아직 풀지 않은 3만 2,000개 문제의 정오답률을 약 82% 정확도로 예측할 수 있다. 즉, 열한 번째 문제부터는 학생이 해당 문제를 맞출지의 여부를 80% 이상의 정확도로 예측해낸다는 뜻이다. 이는 매우 빠른 시점에 높은 정확도로 학생의 수준을 파악할 수 있다는 의미이기도 하다. 소중한글 AI 튜터의 이러한 정답률 예측 정확도는 이후 학습이 진행될수록 가파르게 향상, 학생이 100문제를 푼 시점 이후부터는 95% 이상의 정확도를 보인다.

콘텐츠 추천 딥러닝

학생의 문제당 정오답률을 높은 정확도로 예측할수록 학생에게 제공되는 학습 콘텐츠의 추천 적합도 또한 향상된다. 즉, AI 튜터는 학생이 어떤 문제를 맞추고 틀릴지 높은 정확도로 예측하기 때문에, 학생 개개인별로 적합한 난이도의 수업 내용을 구성할 수 있는 것이다.

소중한글 AI 튜터는 학생이 100점 만점에 60점 이상의 점수를 획득할 수 있는 문제와 콘텐츠로 수업 내용을 실시간 구성한다. 100점 만점에 60점, 즉 60%의 정답률은 학습 동기 유발 및 효율의 극대화에 적합한 교육학적 수치다. '60점 이상의 점수 획득이 가능한 수업'은 쉽게 말해 학생들에게 너무 어렵지도 쉽지도 않은 난이도의 수업을 의미한다. 이에 소중한글 AI 튜터는 학습 효율과 동기 유발에 최적화된 콘텐츠를 매 순간 추천할 수 있다.

개인 맞춤형 교육동선 출력

소중한글 AI 튜터는 정답률 예측 딥러닝을 통해 학생이 풀 필요 없는 문제를 소거한다. 더불어 콘텐츠 추천 딥러닝도 적용, 학생의 흥미를 유발함과 동시에 학습 효율 또한 보장되는 최적의 '개인 맞춤형 교육동선'을 출력할 수 있다.

앞서 살펴본 원리로 소중한글 AI 튜터는 최적의 개인 맞춤형 교육을 제공할 수 있을 뿐 아니라 빅데이터를 통해 고도의 교육 전문성도 갖추기에 이르렀다. 이러한 소중한글 AI 튜터를 활용하면 학생은 학교에서든 가정에서든, 이른 아침이든 늦은 밤이든 시간과 장소의 제약 없이 전문적 한글교육을 받을 수 있다. AI 튜터는 전통적 교육환경에서의 교사 역할을 대체하는 데 그치지 않고, 제약과 편차 없이 최적의 맞춤형 교육 동선을 제공할 수 있다는 측면에서는 오히려 교사의 역할을 능가하기까지 한다.

AI 서비스에서 데이터 전략이 중요한 이유: 업계 사례 비교

AI의 성능을 결정하는 요소는 모델과 데이터인데, 산업 현장에서는 특히 데이터의 중요성이 더욱 강조된다. 대부분의 연구 논문과 오픈 소스 모델 학습용 데이터는 비교적 쉽게 확보할 수 있지만, 도메인에 특화된 양질의 데이터는 확보가 쉽지 않은 탓이다. 수준 높은 개인 맞춤형 교육 전문성을 지향하는 소중한글 AI 튜터 역시 학습 효과 향상을 위해서는 질 높은 한글 학습 데이터를 확보하는 것이 필수적이었다.

우리는 한글학습 빅데이터 확보를 위해 무료 앱 배포 전략을 택했다. 2018년 한글날 앱스토어 및 구글플레이에 무료 출시한 이후 사용자들의 학습 이력을 서버에 저장하며 데이터를 축적해나가기로 한 것이다. 운 좋게도 소중한글 AI 튜터는 5개월 만에 앱스토어 '오늘의 앱'에 선정되어 폭발적인 자연적 사용자 유입을 경험했고, 2억 건 이상의 한글학습 데이터를 수집할 수 있었다.

소중한글 AI 튜터의 예에서 볼 수 있듯, AI 학습 서비스 성공의 핵심은 양질의 데이터 확보와 활용 전략에 있다. 주요 전략들을 사례별로 살펴보자.

공개 데이터셋 활용

음성인식, 음성합성, 챗봇 학습 초기 단계 등에서는 LJ스피치(LJSpeech), 하버드 오픈 데이터셋(Harvard Open Dataset) 등의 공개 데이터셋을 활용할 수 있다. 다만 상용 서비스가 고도화된 단계에 이르러서는 도메인에 특화된 고유 데이터 확보가 필수적임을 기억해두어야 한다.

B2B 파트너십을 통한 데이터 확보

산타토익은 토익 학원·시험기관과의 파트너십 및 기업 인수합병 등을 통해 실제 학생들의 토익 문제 정오답 데이터를 확보하고, 이를 통해 AI 모델의 품질을 고도화하고 있다.

무료 앱 배포 후 대규모 사용자 데이터 확보

듀오링고는 무료 앱 출시를 통해 광범위한 사용자 데이터를 축적하고, 이를 기반으로 AI 모델의 성능을 지속적으로 고도화했다. 소중한 글도 이와 동일한 사례다.

AI 학습 서비스의 데이터 실패 사례가 주는 교훈

AI 기반 교육 서비스에서 데이터 전략은 단순히 데이터의 양을 확보하는 차원을 넘어선다. 교육은 특히 신뢰성·윤리성·학습 효과가 중요한 영역이기 때문에, AI가 제대로 작동하는 데는 양질의 데이터 확보뿐 아니라 적합한 데이터 설계와 관리가 필수적이다. 그렇지 않을 경우에는 데이터 문제로 인해 서비스가 실패할 수 있는데, 이는 치명적인 결과로 이어질 가능성이 높다. 교육 분야에서 그간 발생했던 데이터 관련 문제의 유형들은 다음과 같이 나눠볼 수 있다.

데이터 양의 부족

AI 서비스의 초기 단계에서는 학습 데이터를 충분히 확보하지 못해 성능이 기대에 미치지 못하는 경우가 많다. 특히 유아·초등학생을 대상으로 하는 AI 튜터는 학습 데이터 확보가 매우 어렵다. 학습 이력이 누적되기까지 오랜 시간이 걸리고, 아동 대상 서비스의 경우 개인정보 보호 이슈로 인해 데이터 축적이 제한적이기 때문이다. 그 결과 개인화된 학습 경로 추천이나 정확한 진단 기능 구현에 어려움을 겪곤 한다. 소중한글은 초기 무료 서비스 전략과 우연한 시장반응에 힘입어 이러한 데이터 확보의 어려움을 빠르게 극복한 운 좋은 사례다.

윤리적·법적 문제

교육 AI는 아동·청소년을 대상으로 하는 경우가 많아 개인정보 보호와 윤리적 책임이 무엇보다 중요하다. 민감한 개인정보가 학습 데이터에 포함되거나 사용자 동의 없이 사용되면 법적 제재를 받을 수 있다. 이러한 윤리적·법적 문제의 대표적인 사례가 '이루다'의 경우다.

서비스에서 사용된 카카오톡 대화 데이터가 사용자의 동의 없이 활용됨에 따라 개인정보보호법 위반 논란이 발생했고, 이것이 서비스 중단으로 이어진 사례였다.

도메인 적합성 부족

교육 서비스에 일반 AI 기술을 적용할 때, 해당 도메인에 적합한 데이터 설계가 이루어지지 않으면 학습 효과를 해치는 결과가 발생할 수 있다. 가령 챗GPT 기반의 언어모델을 교육 서비스에 그대로 적용하면, 교과 과정과 맞지 않는 정보가 제공되거나 학습 단계에 부적합한 콘텐츠가 노출되는 문제 등이 생길 수 있는 것이다. 의료진의 치료 결정을 돕기 위해 개발된 AI 기반 플랫폼 '왓슨 포 온콜리지(Watson for Oncology)' 역시 의료 분야에서의 도메인 적합성 부족으로 서비스 성과가 저조했던 대표적 예에 해당한다. 교육 분야에서도 교과적 정합성과 학습 단계별 난이도 설계가 부족할 경우, AI가 학습자에게 적절하지 않은 콘텐츠를 제공해 혼란을 초래할 수 있다.

AI가 창업에서 차지하는 역할

챗GPT가 등장한 2022년 말 이전까지 AI 기술은 연구자들 및 일부 스타트업의 전유물이었다. H2K가 설립된 2017년 당시 산업 전반에서는 AI를 활용하는 서비스 자체가 드물었다. 특히 교육 시장은 AI 적용은 고사하고 온라인으로의 전환조차 제대로 이뤄지지 않은, 신기술

소중한글의 웹사이트 화면.

도입에 대해 매우 보수적인 시장이었다.

지금은 에듀테크라는 용어가 비교적 널리 퍼져 있지만, 성공한 AI 기반 서비스가 드물었던 당시에는 투자자를 설득하기도 쉽지 않았다. 회사의 비전에 공감하는 분들, 다른 분야와 마찬가지로 교육 분야에도 조만간 온라인 전환이 일어날 것이라 믿는 일부 선구자들이 가능성을 보고 투자할 뿐이었다.

하지만 챗GPT의 등장 이후 AI 기술은 더 이상 일부 사람들에게만 통용되는 혁신적 용어가 아니게 되었다. 가상현실(virtual reality)·메타버스(metaverse)·블록체인(blockchain) 등 그간 우리를 거쳐간 혁신 기술들은 많았지만, 지금의 AI처럼 산업과 일상 전반에 보편적 영향을 끼치는 기술은 없었다. AI는 가히 2000년대의 인터넷, 2010년대의 모바일과 어깨를 나란히 하는 기술이 된 것이다.

이런 상황이기에 이제 'AI를 사용할 것인가, 사용하지 않을 것인가'의 싸움은 더 이상 큰 의미를 갖지 못한다. 대기업이든 스타트업이든 AI를 어떻게 활용하는지가 성공을 좌우하는 시대가 되었기 때문이다. 전 세계의 자본은 대규모 언어모델 개발과 이를 활용한 앱 및 에이전트 개발 등, 지금보다 향후에 더 큰 부가가치를 생산할 대규모 언어모델 기반 산업에 집중되고 있다.

데이터가 자산인 스타트업 분야에서 보자면, 거대 공룡 기업이 앞다투어 고도화하고 있는 언어모델의 등장은 위기임과 동시에 기회이기도 하다. 지금 이 순간에도 전 세계의 데이터를 긁어모으며 성장하고 있는 챗GPT는 오늘보다 내일로, 올해보다 내년으로 갈수록 더욱 좋은 서비스로 성장할 것이다. 대규모 언어모델이 우리 밥그릇을 앗아갈 때까지 넋 놓고 좌절할 것인지 아니면 이를 발판으로 성장할 것인지, 분명한 선택의 기로에 놓인 우리에게 지금 필요한 것은 빠른 선택과 실행력이다.

AI를 이용한 앞으로의 비전

코로나19는 많은 것을 바꾸어놓았다. 교육 분야도 예외는 아니다. 가정과 학교에서는 품질 높은 온라인 교구에 대한 수요가 자연스럽게 증가했고, 그에 맞춰 여러 교구들이 우후죽순 생겨났다. 이들 중 옥석을 가리기 위한 시도들이 있었는데, 저명한 교육 공공기관인 한국교육학술정보원과 세종시교육청에서 주관한 '에듀테크 실증 R&D 기업 해커톤 대회'가 그중 하나였다.

3개월 간 실제 교육 현장에서의 검증 결과, 소중한글은 초등 교사들로부터 한글교육 전문성을 인정받아 최우수상을 수상했다. 이후 본격적으로 공교육에 뛰어들어 2024년 말 기준 경기도 교육청을 비롯한 전국 15개 이상의 교육지원청과 수급 계약을 맺었고, 700여 개 이상의 학교에서 소중한글을 활용 중이다.

하지만 우리는 여전히 배가 고프다. '모든 교육의 시작이자 교육격차의 시작인 한글교육', 특히 느린학습자를 위한 세상에서 가장 효율적인 한글교육 솔루션을 만들자는 비전까지는 아직 갈 길이 멀다.

앞으로 우리는 지적 장애·ADHD·난독증 등 다양한 특성을 가진 개별 느린학습자 집단에 특화된 개별 AI 튜터로 소중한글 AI 튜터를 고도화시켜나갈 계획이다. 또한 초등학교· 병원· 언어발달센터 등 여러 느린학습자 케이스를 보유 중인 전문기관과 협업해 양질의 데이터를 수집하고 개별 AI 튜터의 교육 전문성을 향상시켜나갈 것이다.

한글교육은 모든 국민이 받아야 할, 국민의 기본권이다. 남녀노소는 물론 장애와 비장애의 구분 없이 모두가 평등한 교육 기회를 제공받을 때까지, H2K는 지금까지 그랬듯 앞으로도 교육격차 해소를 위해 노력할 것이다.

AI 시대라는데 왜 엔비디아 주식이 오를까?

_설형욱(스탠퍼드대학교)

바야흐로 AI의 시대다. 오픈AI·앤트로픽·구글·마이크로소프트·메타와 같은 글로벌 빅테크 기업들은 더욱 뛰어난 AI와 인프라를 만들기 위해 미친 듯이 경쟁 중이고, 챗GPT·퍼플렉시티·커서·미드저니와 같은 상용 AI 제품들은 우리의 삶과 일하는 방식을 크게 바꾸고 있다. 이러한 양상을 보면 정말 또 다른 산업혁명이 진행되고 있다는 느낌이 든다.

그런데 엔비디아(NVIDIA)의 주가는 대체 왜 가파르게 상승하고 있는 것일까? 2025년 7월, 엔비디아는 전 세계 역사상 최초로 시가총액 4조 달러를 돌파한 기업이 되었다. 잠깐, 엔비디아는 그래픽 카드를 만드는 회사 아니었나?

게임 취미가 있는 사람이라면 조립 PC를 만드는 과정에서 엔비디아의 그래픽 카드를 구매해본 경험이 있을 것이다. 암호화폐 채굴이 유행하던 시절에 엔비디아 그래픽 카드가 불티나게 많이 팔렸던 것을 기억하는 이도 있을 테고 말이다. 그래, 고사양 게임에 '그래픽' 카드가 필요한 것까지는 이해할 수 있다. 게임의 '그래픽'을 구현해내야 하니까. 그런데 암호화폐와 그래픽 카드는 무슨 상관이고, AI에는 또 이게 왜 필요할까? 그리고 왜 빅테크 기업들은 서로 경쟁하며 엔비디아의 그래픽 카드를 확보하려고 난리인 걸까?

GPU가 대체 뭐지?

당신이 2025년에 출시된 고사양 게임을 하고 있다고 가정해보자. 이 게임은 마치 현실과 같은 그래픽을 구현하기에, 흡사 실제 세상 속에서 등장인물들과 대화하고 악당들과 싸우는 듯한 기분이 든다.

컴퓨터가 이런 게임 그래픽을 화면에 보여주기 위해서는 매우 많은 일들을 해야 한다. 물체들의 위치를 현실적 물리 법칙에 따라 계산해야 하고 캐릭터의 위치·시야·광원은 물론 물체의 표현도 구성물질 등에 따라 한 픽셀씩 전부 계산해내야 하기 때문이다.

게다가 최근 출시되는 게임들은 경우에 따라 8K 그래픽에, 240 FPS(초당 프레임 수)가 넘는 높은 프레임률을 자랑한다. 단순 계산만 해보자면 1초당 약 80억 개의 픽셀들이 계산되고, 그 픽셀 데이터가 당신의 모니터에 전송되며, 모니터가 이를 출력하는 셈이다. 이 과정이

0.004초마다 반복되는 결과로 당신이 보는 현실적인 그래픽이 구현되는 것이다.

GPU, 즉 그래픽처리장치는 이런 엄청난 속도의 연산을 아무렇지 않게 해낸다. 이런 GPU의 연산 속도를 측정하는 지표 중 하나로 '플롭스(FLOPS: floating point operations per second)'라는 것이 있다. 'floating point'는 실수값을, 'operations'는 덧셈이나 곱셈 등 실수값에 할 수 있는 모든 산술연산을 뜻한다. 즉, 플롭스는 곧 GPU가 1초에 몇 번의 실수값 연산을 할 수 있는지를 의미하는 용어다. 어떤 반도체 칩이 1초에 두 실수값의 덧셈을 열 번 할 수 있다면, '이 칩의 연산 성능은 10플롭스'라 하는 식이다.

그렇다면 오늘날의 GPU는 1초에 몇 번의 연산을 할 수 있을까? 1억 플롭스? 이건 30년 전 이야기다. 100억 플롭스? 이것도 2000년대 초반에 진작에 돌파했다. 1조 플롭스? 이것도 10년 전. 오늘날의 GPU는 이미 1경 플롭스를 넘었다. 1초에 10,000,000,000,000,000번의 연산이 가능한 것이다. 이는 지구에 존재하는 모든 사람들이 각각 1초에 100만 번 이상의 곱셈과 덧셈을 해내야 가능한 속도다.[1] 이 말도 안 되는 속도가 사람 손바닥만 한 반도체 칩에서 나온다.

---

1 2024년에 공개된 엔비디아 블랙웰 GPU의 Sparse FP4 Tensor Core 연산 속도 기준.

그렇다면 GPU는 대체 무엇이고, 어떻게 이런 일이 가능하게 만드는 것일까?

GPU를 가장 쉽게 이해할 수 있는 방법은 CPU(중앙처리장치)와 비교하는 것이다. CPU와 GPU는 매우 유사하면서도 다르다. 둘 다 연산을 담당하는 컴퓨터 부품이니 '컴퓨터의 두뇌'라 할 수 있다. 여기에서 '연산'은 꽤 다양한 것들을 지칭하는데, 산술연산(예: 덧셈과 곱셈)이나 논리연산(예: 주어진 두 값이 같은지 판별하는 작업) 등이 대표적인 예다.

연산은 더 이상 쪼갤 수 없는 반도체 칩의 가장 기본적인 작업 단위다. 우리가 컴퓨터를 통해 할 수 있는 모든 일들은 이 연산의 조합으로만 이루어진다.

컴퓨터 부품들 중 실질적으로 무언가를 실행하는 것은 CPU와 GPU밖에 없기 때문에, 이 둘은 컴퓨터에서 가장 중요한 역할을 담당한다고 볼 수 있다. 특히 CPU는 데스크탑 컴퓨터, 노트북, 스마트폰, 태블릿, 스마트TV, 게임 콘솔, 서버 컴퓨터, 스마트폰 등의 사물인터넷(IoT) 기기, 자동차, 로봇, 의료 기기, 드론, ATM 등 거의 모든 디지털 기기에 탑재되어 핵심적인 역할을 한다.

그런데 CPU와 GPU로 굳이 부품을 구분하고 따로 생산하는 이유는 무엇일까? 이 둘을 그냥 하나의 좋은 두뇌로 만들어 컴퓨터 안에 넣어주면 될 것 같은데 뭣 하러 두 개를 따로 넣는 걸까? 이는 이 둘의 목적이 다르기 때문이다.

CPU는 복잡한 일을 빠르게 처리하는 데 특화되어 있다. 그 한 예가 이제 우리에겐 매우 일상적인 일이 된 웹사이트 접속이다. 우리가 웹브라우저에 URL을 입력해 유튜브 같은 웹사이트에 접속할 때, 컴퓨터는 정말이지 엄청나게 많은 일들을 한다. 사용자로부터 입력받은 URL을 기반으로 서버의 위치를 알아내고, 서버와의 암호화 통신 프로토콜을 확립하고, 암호화 및 복호화 작업을 번갈아 하며 웹서버로부터 코드 파일들을 받고, 수백만 줄에 이르는 코드를 찰나의 순간에 분석해 화면으로 내보내야 한다. 이 모든 일들이 1초도 안 되는 시간에 수행된다. 이는 공통분모가 없는 '복잡한' 일이고, CPU는 이런 일을 잘한다.

그에 비해 GPU는 공통분모가 명확한, 단순하지만 엄청나게 많은 양의 일을 동시 처리하는 데 특화되어 있다. 가령 당신의 '셀카'에 색상 필터를 입히는 경우를 생각해보자. 디지털 이미지는 수많은 점들, 즉 픽셀의 조합이다. 각 픽셀은 하나의 숫자값이다.[2] 색상 필터를 입히는 일은 모든 픽셀에 대해 덧셈과 곱셈 등의 연산을 일괄적으로 수행하는 작업이다. 최신 스마트폰 카메라로 찍은 이미지에는 수천만 개의 픽셀이 있으니, 색상 필터를 입히려면 수천만 번의 연산을 반복해

---

2 정확히 말하자면 이는 어떤 컬러 모델을 쓰냐에 따라 다르다. 예컨대 RGB는 세 개의 숫자로 하나의 픽셀을 나타낸다.

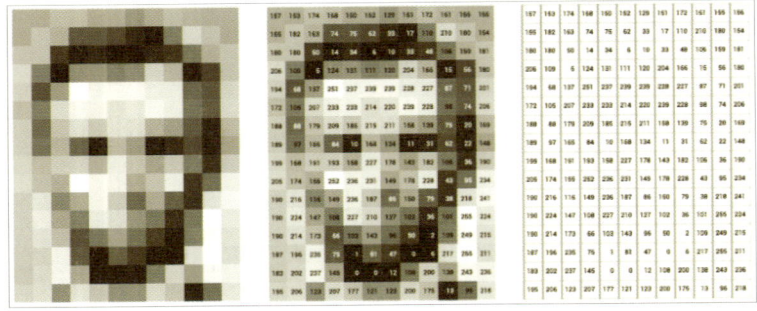

디지털 이미지는 여러 개의 픽셀로 이루어져 있다.
(출처: https://ai.stanford.edu/~syyeung/cvweb/tutorial1.html)

야 하는 것이다. GPU는 이러한 일을 잘한다.

이런 차이점에서 보자면 CPU를 한 명의 대학생, GPU를 수천 명의 초등학생에 비유할 수도 있다.

미분방정식을 풀어서 답을 구해야 하는 문제라면 당연히 대학생에게 가져가야 한다. 그런데 수만 개의 숫자가 있고 그 각각의 제곱값을 구해야 하는 문제라면 수천 명의 초등학생들이 훨씬 빨리 계산해 낼 수 있다. 개별 숫자의 제곱을 구하는 속도 자체는 초등학생이 훨씬 느리겠지만, 연산해야 할 것들이 너무 많기에 수천 명의 초등학생들이 한 명의 대학생보다 훨씬 빠를 것이다.

컴퓨터공학에서는 이를 '레이턴시(latency, 하나의 일을 처리하는 데 드는 시간)'와 '스루풋(throughput, 주어진 시간 안에 처리할 수 있는 일의 수)'이라는 용어로 설명한다. 쉽게 말해 CPU는 레이턴시를 낮추는 것에, GPU는 스루풋을 높이는 것에 집중하는 하드웨어인 것이다. CPU는 하나의 복

CPU는 대학생, GPU는 초등학생

잡한 일을 빨리 처리하는 데, GPU는 단순한 수많은 일을 빠르게 처리하는 데 특화되어 있다. 그렇기 때문에 GPU가 말도 안 되는 연산 속도를 자랑할 수 있는 것이다.

다만 우리가 컴퓨터를 통해 하는 대부분의 작업들에서는 스루풋보다 레이턴시가 더 중요하다. 예컨대 음악을 재생하거나, 디스크에 데이터를 전송하거나, 인터넷 통신을 하거나 운영체제를 작동시키는 것 등이 그렇다. 이는 CPU의 C가 '중앙(central)', GPU의 G가 '그래픽(graphic)'인 점에서도 드러난다. GPU는 그래픽 연산이나 AI 훈련 등 작업 상황이 맞을 때 그 빛을 발하지만, CPU는 범용적으로 대부분의 일들을 처리하는 데 적합하다.

AI는 왜 GPU가 필요할까?

GPU가 잘할 수 있는 일들로는 여러 가지가 있지만, 그중 대표적인 것이 'embarrassingly parallel task'이다. 직역하면 '부끄러울 정도로 병렬적인 작업'이고, 조금 더 전문적으로는 '처치 곤란 병렬 작업'이라 한다. 간단하게 말하자면 '병렬화하기 너무 쉬운 일들'이라는 뜻인데, 이를 이해하려면 일단 컴퓨터공학에서 사용하는 '병렬'이라는 개념이 무엇인지 알 필요가 있다.

1,938,274＋2,371,402라는 문제가 주어진다면 이를 한 명이 계산하는 것이 빠를까, 아니면 열 명이 함께 계산하는 것이 빠를까?

아마 한 명이 훨씬 빨리 해낼 것이다. 일을 분배하기가 어렵기 때문이다. 열 명이 모이면 일을 어떻게 분배할지 논의하고(자릿수마다 각자 계산하고 결과를 합치기 등), 그 논의한 바를 실행하고, 다시 결과를 정리하는(올림값을 더한다든지 등) 일을 해야 한다. 혹은 그냥 열 명 중 암산이 가장 빠른 사람을 찾아내 그가 계산을 담당하고 나머지 아홉 명은 놀 수도 있다. 어찌 되었든, 이와 같은 계산 문제를 풀기 위해 열 명의 사람을 투입하는 것은 비효율적인 일이다.

그렇다면 100개의 숫자를 더하는 일의 경우엔 어떨까? 231＋472＋846＋…＋893＋183와 같은 연산은 열 명이 하는 게 더 빠를 것이다. 혼자 하기에는 계산의 양이 많은 데다 실수를 할 수도 있기 때문이다.

그런데 그렇게 할 경우에도 문제가 있다. 100개의 숫자를 어떻게 열 명에게 나눠주고, 그 결과는 또 어떻게 다시 합쳐야 할까?

간단한 해결책으로는 열 명 각자가 열 개의 숫자를 더하고, 한 명의 리더가 열 개 결과를 모아 다시 더하는 방법이 있다. 그럼에도 정해야 될 것들이 많다. 100개의 숫자를 열 개씩 어떻게 배분하고, 결과에 대한 소통을 어떻게 할 것인지(말로 전달하기, 칠판에 적기 등) 등이 그것이다. 리더는 또 어떻게 뽑아야 할까? 암산을 잘하는 한 명이 계속할 수도, 여러 명이 돌아가면서 할 수도 있다. 만약 이 과정을 한 번 하고 말 것이라면 중요하지 않지만, 수백 번 해야 한다면 효율적으로 잘 설계해야 할 것이다.

이와 같이 하나의 문제를 작게 나누고 배분해서 빠르게 해결하는 일을 컴퓨터공학에서는 '병렬화'라 한다. 그런데 앞서 보았듯, 문제의 종류에 따라서는 병렬연산 자체가 비효율적일 수도 있고(한 명이 하는 게 더 빠른 경우), 병렬연산 과정에서 병렬연산을 하는 상황 자체로 인해 추가 연산이 발생할 수도 있다(열 명이 각자 계산한 결과를 다시 합쳐야 하는 경우). 그래서 병렬연산은 까다롭다. 자칫 잘못하면 작업에 투입되는 인원은 늘어나는 데 비해 그 결과는 크게 효율적이지 않을 수 있기 때문이다.

그런데 별다른 추가 작업 없이 병렬연산을 효율적으로 달성할 수 있는 경우가 있다. 이를 일컫는 컴퓨터공학 용어가 바로 'embarrassingly parallel task', 즉 '부끄러울 정도로 병렬적인 작업'이다.

이 작업의 대표적인 예가 바로 앞서 예로 든, 디지털 이미지에 색상 필터를 입히는 작업이다. 각 픽셀에 덧셈과 곱셈만 하면 되는 작업이고, 따라서 일을 쪼개어 나누어도 추가 작업이 발생하지 않기 때문이다. GPU와 같이 병렬연산에 최적화된 하드웨어에게 '부끄러울 정도로 병렬적인' 일을 주면, 복잡한 설계 없이 확정적으로 CPU보다 빠르게 처리할 수 있다.

AI 역시 대체적으로 그러하다. AI의 작동에 필요한 컴퓨터 연산은 무지막지하게 많지만 대부분은 '부끄러울 정도로 병렬적'이다.[3] 그래서 AI는 GPU에서 압도적으로 효율적이다.

그런데 왜 AI는 병렬적일까? AI의 작업이 병렬적 연산인 것에는 여러 이유가 있지만, 대표적으로 다음의 두 가지를 들 수 있다.

① AI 연산의 대부분은 행렬 곱셈으로 이루어져 있다.
② AI 연산은 일반적으로 여러 개의 독립적 데이터를 동시에 다룬다.

우선 ①에 대해 설명하자면, 행렬 곱셈은 AI 연산에서 가장 빈번하게 사용되는 연산이다. 챗GPT의 기반이 되는 대규모 언어모델의 경우, 모델에 따라 다르긴 하지만 전체 연산의 약 95%가 행렬 곱셈이다.

학창 시절에 배웠던 행렬 곱셈을 아직 기억한다면, 행렬 곱셈은 두

---

3 뒤에서 이야기하겠지만, 사실 엄청나게 부끄러울 정도로 병렬적인 작업은 아니다. 관점과 상황에 따라 다르진 '적당히 부끄러울 정도'이다.

행렬 A와 B를 곱해 새로운 행렬 C를 만드는 연산임을 알 것이다. 이때 C의 각 성분(C_{ij})은 A의 i번째 행과 B의 j번째 열의 요소들을 각각 곱한 뒤 모두 더하는 방식으로 계산된다. 이 과정에서 C_{ij}를 구하는 연산은 C의 다른 성분들을 구하는 연산과 아무 관련(종속성)이 없고, 따라서 별도의 추가 작업 없이도 수많은 C_{ij}가 동시에 계산될 수 있다. 이러한 행렬 곱셈이 AI 연산의 대부분이기에 AI 연산은 GPU를 통해 압도적 효율성을 얻을 수 있다.

②의 내용을 이해하려면 딥러닝 기반의 AI 모델이 훈련되는 방식을 알 필요가 있다. AI는 기본적으로 통계 모델이다. 통계 모델이란 입력값(X)과 결과값(Y)이 있을 때 X와 Y를 연결시켜주는 수식이다. 예컨대 X와 Y가 다음과 같이 주어진 경우를 생각해보자.

$$X = [1, 2, 3, 4, 5]$$
$$Y = [3, 5, 7, 9, 11]$$

딥러닝 기반 모델이 훈련되는 방식은 간단하다. 우선 다음과 같이 뼈대가 되는 수식을 세운다.

$$Y = AX + B$$

일반적으로 'AI 모델'이라는 표현이 지칭하는 것이 이 수식이다. 챗

GPT, 클로드, 제미나이, 딥시크 등 각각의 AI 모델들은 기본적으로 이 수식에서부터 차이를 보인다.

한편 위 수식을 보면 X와 Y 외에 A와 B도 있는 것이 보일 것이다. 딥러닝 훈련의 목표는, 주어진 X와 Y에 가장 걸맞은 A와 B를 찾는 것이다. 이때 A와 B를 일반적으로는 '파라미터(parameter, 매개변수)'라 한다. 뉴스를 보면 "메타에서 '70B 파라미터 모델'을 만들었다"와 같은 말이 나올 때가 있는데, 앞서 나온 A와 B 등의 파라미터가 700억 개 있다는 뜻이다.

그렇다면 A와 B는 어떻게 찾을 수 있을까? 우선 A와 B에 0.32, -0.6738과 같은 랜덤한 값을 부여한다. 그리고 우리가 가진 데이터(X)를 수식에 대입해 Y를 얻고, 실제로 얻어야 하는 Y값과 그것을 비교해 오차를 계산한 뒤, 이 오차를 줄이는 방향으로 A와 B의 값을 아주 조금 조정한다. 이 과정을 충분히 많이, 무수히 반복하다 보면 적절한 A값 및 B값을 찾을 수 있다(A=2, B=1).

단순하게 설명했지만, 이것이 AI 훈련의 대부분이다. 예컨대 이미지 분류 AI에서는 X가 이미지 데이터이고, Y가 결과값('강아지 사진', '고양이 사진' 등)이다. 충분히 많은 데이터를 가지고 이러한 방식으로 AI를 훈련시키면, 아직 훈련되지 않은 새로운 데이터에 대해서도 AI가 잘 작동하게 되는 것이 AI 훈련의 핵심이다.

그렇다면 이것은 AI의 연산이 병렬적 작업인 것과 무슨 관련이 있을까? 앞서 든 예시에서 X 데이터를 다시 살펴보자. 굳이 'X=1'을 먼저 수식에 대입해 계산하고 그다음에 'X=2'를 계산해야 할까? 전혀 아니다. 'X=1', 'X=2', 'X=3', 'X=4', 'X=5' 등을 모두 동시에 계산해도 되는 데다 각각의 결과값에 대해 추가적인 작업을 할 필요도 없기 때문에 '부끄러울 정도로 병렬적인' 작업이라 하는 것이다.

최근 AI의 훈련은 상상조차 하기 힘든 엄청난 규모의 데이터를 활용해 이뤄진다. 물론 상황에 따라 차이는 있지만, 대부분의 경우 이 과정은 손쉽게 병렬적으로 이루어질 수 있다. GPU에서 수만 개 데이터를 동시에 모델에 입력해 연산하면 되기 때문이다. 그리고 앞서 설명했듯, 각각의 데이터에 이루어지는 연산 역시 병렬화에 유리한 행렬 곱셈이 대부분이다. CPU보다 GPU에서 AI가 압도적 효율을 자랑하는 이유가 바로 이것이다.

엔비디아의 GPU가 더 강력한 이유

GPU는 사실 AI를 좋아하지 않는다. 왜냐하면 AI는 GPU를 절대 100% 활용하지 못하기 때문이다. 아니, 실은 50%를 활용하기도 어렵다. 이게 무슨 소리일까? 그리고 이게 AI 반도체 시장에서 엔비디아가 보이는 강세와 어떤 상관이 있을까? 이에 대한 내용은 다소 복잡하니 차근차근 설명해보겠다.

AI 연산이 GPU를 활용하는 정도를 측정하는 지표가 있다. 바로 '모델 플롭스 활용률(MFU: model FLOPS utilization)이다. 이 지표는 앞서 설명한 플롭스를 바탕으로 다음과 같이 계산된다.

$$\frac{\text{AI 가동 중 측정된 플롭스}}{\text{GPU의 이론적 최대 플롭스}}$$

이 개념을 예시와 함께 조금 더 쉽게 이해해 보자. 메타의 대규모 언어 모델인 라마 3을 엔비디아의 AI용 GPU인 B200에서 가동시키는 경우를 생각해보자.

엔비디아의 AI용 GPU인 B200은 1초당 약 2,000조 번의 실수값 연산을 할 수 있고,[4] 라마 3은 단어[5] 하나를 생성해내는 데 약 1,400억 번의 실수값 연산을 해야 한다.[6] 그런데 라마 3이 1만 단어로 구성된 글을 하나 만들어내는 데 1초가 걸렸다고 해보자. 이는 약 1,400조 번의 실수값 연산을 하는 데 1초가 걸렸다는 뜻이다. 그런데 B200는 1초당 최대 2,000조 번의 연산을 할 수 있어야 한다. 이런 상황에서 MFU는 '1,400조÷2,000조=0.7'로, 이는 다시 말해 70%만큼 GPU를 활용했다는 뜻이다('MFU는 AI 모델이 GPU를 활용한 정도를 나타내는 지

4　Dense BF16 matrix multiply 기준.

5　정확히 표현하자면 '단어'가 아닌 '토큰'에 해당한다.

6　70B 모델, short sequence 기준.

표' 정도로만 알아두고 넘어가도 이후 내용을 이해하는 데는 아무 문제가 없으니 걱정하지 말자).

사실 MFU를 높이는 것은 굉장히 어려운 일이다. 세계 최고의 석학들이 모인 메타의 AI 연구팀도 라마 3.1 모델 훈련 과정에서 MFU를 40% 정도 달성하는 데 그쳤으니 말이다. 흔히 대규모 AI 모델을 훈련시킬 때 70%의 MFU는 꿈의 영역으로 여겨진다. 나아가 메타와 같이 AI 최적화에 크게 투자할 수 있는 빅테크 기업이 아닌 이상, 대개의 MFU는 40% 아래 수준으로 정말 낮아진다. GPU 컴퓨터 클러스터의 구축 및 유지보수에는 수백만 달러가 우스울 정도로 투입되는데, 이렇게나 값비싼 GPU의 60% 이상이 낭비되는 것이다.

이것이 MFU를 높이는 일의 중요성이 매우 큰 이유다. MFU가 낮으면 인프라 비용 부담이 커지기 때문이다. 뿐만 아니라 대규모 언어모델 훈련에 소요되는 시간이 몇 개월 단위로 길어지면서 시간적 손실 또한 커진다. AI 업계에서는 시간이 곧 생명이다. AI 연구팀 입장에서는 모델의 성능을 확인하기 위해 기다리는 시간이 늘어나니 실험 주기 역시 길어지고, 그만큼 모델의 발전 속도도 늦춰진다. 하지만 MFU가 높아지면 이러한 시간적·비용적 손실의 폭을 줄일 수 있다.

나아가 MFU는 AI 모델의 성능과도 직결될 수 있다. 예컨대 요즘 챗GPT를 사용하다 보면, 모델이 곧바로 답변을 내놓지 않고 스스로 오래 '생각'하는 듯한 모습을 볼 수 있다. 이는 주로 훈련 단계에 연산 자원을 집중했던 과거와 달리 이제는 추론 단계에도 막대한 계산량을 투입하게 하는 데 따른 변화다.

이렇게 모델로 하여금 '깊이 생각'하게 하는 방식이 최종 응답의 품질을 높이는 데 중요하다는 점은 실제 연구들에서도 밝혀지고 있다. 다시 말해 MFU가 낮으면 추론 단계에서 충분히 복잡한 계산을 할 수 없고,[7] 그 결과 모델의 답변이 단순해지거나 부정확해질 위험이 있는 것이다. MFU의 중요성이 이렇게나 크다.

GPU는 공을 들여야 작동한다

그런데 높은 MFU를 달성하는 일이 어려운 이유는 무엇일까? 간단히 답하자면 GPU 프로그램 작성은 매우 어려운 일이기 때문이다. GPU 코드는 하나의 프로그램이 수만 개 코어에서 동시에 실행될 것을 가정하고 작성되어야 하는 데다, 코드의 구조나 설계에 극도로 민감한 탓에 조금만 비효율적으로 짜도 성능이 몇 배나 떨어질 수 있다.

GPU는 CPU와 달리 매우 비싼 자원이기 때문에, 가능한 한 성능을 끝까지 끌어내면서도 정확하고 안정적인 코드를 작성해야 한다.

---

[7] 물론 이는 모델이 긴 시간을 사용할 경우 가능한 일이지만, 인프라 비용 및 사용자 경험 관점에서는 부정적인 면이 훨씬 크다.

게다가 GPU 프로그래밍은 일반 코딩과 달리 문서화가 부족하고 관련 자료도 드물어, 많은 경우에는 직접 역설계(reverse engineering)를 해야 한다.[8] 여기에는 AI의 도움을 받기도 어려운데, 이는 심지어 AI조차도 이 영역을 잘 이해하지 못하고 있기 때문이다.

게다가 AI 모델과 하드웨어는 지속적으로 변화한다. 모델 측면에서 보자면 연구개발 과정에서 모델의 구조가 계속 바뀌는 데 더해 모델마다 요구되는 GPU 코드 및 최적화 방식도 다르기 때문에 항상 새로운 GPU 코드를 작성해야 한다. 또 엔비디아는 AI 업계의 빠른 발전 속도에 맞추어 GPU 하드웨어 아키텍처 역시 매번 크게 바꾼다. 따라서 새 GPU가 나올 때마다 이전과는 다른 최적화 기법이 요구된다. 특히 2020년대 들어 출시된 엔비디아의 GPU들은 역호환성이 거의 없어, 기존에 잘 작동하던 코드들이 최신 GPU에서는 전혀 동작하지 않는 경우도 많다.[9]

정리하자면 GPU 프로그램은 잘 작성하기도 어렵고, 같은 프로그

---

[8] 내가 속한 연구팀에서는 엔비디아가 잘못 명시한 하드웨어 문서 내용 때문에 3주의 시간을 역설계에 소모한 적이 있다. 참고로 역설계란 '이미 만들어진 제품이나 시스템을 분해 혹은 분석해 그 구조나 동작 원리, 설계 방법을 파악하는 과정을 뜻한다.

[9] 호퍼 GPU의 wgmma 명령어, 블랙웰 GPU의 tcgen05 명령어가 대표적 예다. 이들 명령어의 공통점은 오로지 해당 GPU에서만 작동하고 그 외의 GPU에서는 작동하지 않는다는 것. 그러나 최적화를 위해서는 이 명령어들을 필수적으로 사용해야 하며, 이들의 사용은 코드 디자인을 크게 바꾼다.

램이라도 코드 한두 줄 차이로 속도가 극도로 민감하게 바뀌며, 매년 새로 작성해야 한다. 이 프로그램을 어떻게 작성하느냐에 따라 AI 훈련 시간은 몇 주에서 몇 개월이, 소요 비용은 수백만에서 수천만 달러가 차이 난다. 때문에 빅테크의 AI 엔지니어들은 어떻게 하면 GPU 위에서 AI 연산을 효율적으로 처리할 수 있을지 머리를 쥐어짜야 한다. 학계에서는 AI를 위한 GPU 프로그래밍을 쉽고 빠르게 해주는 방법론들이 쏟아지지만, 그 누구도 하나의 완전한 해답을 찾지는 못했다.

효율적인 GPU 프로그램을 작성하는 일은 그만큼 어렵다. 그저 GPU를 컴퓨터에 장착한다 해서 AI가 '그냥' 잘 돌아가는 건 아닌 것이다!

압도적 1위, 엔비디아

그렇다면 엔비디아의 GPU는 AI 반도체 시장에서 가장 뛰어난 지표를 보여주는 하드웨어일까? 놀랍게도 아니다.

예컨대 이 글을 쓰는 시점의 기준에서 엔비디아의 가장 뛰어난 AI 칩인 B200은 경쟁사인 AMD의 MI355X GPU에 비해 성능이 약 10% 정도 떨어지고,[10] 최근 실리콘밸리에서 가장 주목받는 AI 반도체 스타트업 에치드(Etched)의 경우 일부 유명 모델 구조에 한해 B200보다 열 배 이상 뛰어난 성능을 보인다. 물론 엔비디아 GPU의 성능은 대체적

---

10 AMD가 공개한 수치 기준.

으로 업계 최고 수준이지만, 이것만으로는 현재 그들이 차지하고 있는 압도적 시장점유율을 전혀 설명할 수 없다.

앞서 언급했지만, GPU 스펙에 써 있는 플롭스와 메모리 성능은 그 GPU로 낼 수 있는 성능에서 빙산의 일각에 불과하다. 이는 MFU, 즉 AI 모델이 GPU 스펙상 성능의 반이라도 활용하는 일이 드물기 때문이다. 설사 AMD가 엔비디아 GPU의 성능보다 두 배 뛰어난 칩을 공개한다 해도, 실제 성능을 그 정도 수준으로 달성하기 위해 수개월 동안 R&D와 비싼 연구팀을 운영해야 한다면 누구라도 AMD가 아닌 엔비디아를 선택할 것이다.

실제로 내가 속한 연구팀은 값비싼 AI 슈퍼컴퓨터를 AMD로부터 무상으로 제공받았지만, 수개월 간 누구도 이를 활용한 연구를 진행하지 않았다. 엔비디아 GPU에 비해 최적화 면에서 크게 어려울 것이 예상되었기 때문이다.

엔비디아는 이 점에서 타 경쟁사들과 다르다. 후술할 쿠다(CUDA: Compute Unified Device Architecture) 플랫폼을 기반으로 누구나 준수한 수준의 MFU를 쉽게 달성하게끔 해주기 때문이다.

여기에서 말하는 '준수한 수준의 MFU'와 '쉽게'의 의미는 상황에 따라 달라질 수 있다. 50% 수준의 높은 MFU의 경우, 뛰어난 연구 팀이 몇 주간 연구해 달성할 수 있다면 이는 '쉽게' 달성한 것이라 할 수 있다. 만약 10~20% 수준이라면 작은 스타트업도 하루 이틀 내에 구현해낼 수 있어야 빠른 것이고 말이다.

쿠다 기반의 AI 생태계는 이 모든 경우를 가능하게 해준다. 엔비디아의 GPU 가격이 치솟고, 경쟁사들이 좀 더 뛰어난 스펙의 AI 반도체를 공개하고, 구글·애플·메타와 같은 빅테크 기업들이 자체 AI 반도체를 제작하고, 심지어 엔비디아 스스로까지 기존 GPU 프로그램들과 전혀 호환되지 않는 새 GPU 제품을 매년 공개함에도 아직까지 엔비디아가 AI 반도체 시장에서 압도적 1위를 유지하는 것은 이 덕분이다.

쿠다 플랫폼

엔비디아에는 하드웨어(GPU) 엔지니어가 더 많을까, 아니면 소프트웨어 엔지니어가 더 많을까? 놀랍게도 후자가 더 많다. 이는 엔비디아의 경쟁력이 하드웨어가 아닌 소프트웨어에서 오기 때문인데, 그 핵심이 앞서 언급한 쿠다 플랫폼이다.

쿠다는 2007년 엔비디아가 공개한 엔비디아 GPU 컴퓨팅 플랫폼이자 프로그래밍 모델이다. 표현이 살짝 복잡하다고 느껴질 수 있는데, 쉽게 말해 'GPU용 프로그래밍 언어와 라이브러리[11]'라고 보면 된다. CPU용 프로그램의 작성을 위해 C++, 자바, 파이썬과 같은 프로

---

[11] 프로그래밍에서의 '라이브러리'는 '자주 사용되는 기능을 미리 구현해둔 코드의 묶음'에 해당한다.

그래밍 언어가 존재하듯이, GPU에도 전용 프로그래밍 언어가 필요한 것이다.

그런데 쿠다는 등장 당시부터 '범용 프로그래밍'이 가능한 GPU 프로그래밍 모델이었기에 단순한 그래픽 처리뿐 아니라 CPU처럼 어떤 연산이든 쉽게[12] 구현할 수 있었다. 당시로서 이것은 매우 혁신적인 일이었다. 2000년대 초반까지만 해도 GPU는 주로 그래픽 연산에만 사용되었을 뿐, 그것을 다른 용도로 활용하려는 시도조차 매우 드물었기 때문이다. 물론 소수의 시도가 있긴 했지만, 대부분은 그래픽 렌더링을 위해 설계된 플랫폼(OpenGL, DirectX 등)을 범용 계산에 억지로 활용하려는 방식이었기에 개발이 매우 복잡하고 제약 또한 많았다.

그러나 쿠다는 달랐다. 엔비디아 GPU를 범용 컴퓨팅 자원으로 탈바꿈시켰고, 개발자들이 병렬 프로그래밍을 손쉽게 할 수 있도록 도와주었다. 쿠다 공개 이후에도 GPU는 여전히 주로 그래픽에 쓰였지만, 엔비디아는 선견지명을 갖고 쿠다를 지속적으로 발전시켰다. 또한 병렬 프로그래밍 교육을 위해 대학에 무상으로 쿠다를 배포하고, 엔지니어들을 위한 교육 프로그램도 운영했다.

그러다가 2010년대 초반 엔비디아는 AI의 가능성을 재빨리 포

---

12 과거에 비해 쉽다는 뜻이지, 절대적으로 쉽다는 뜻은 결코 아니다.

착, 특히 딥러닝에서 사용되는 연산을 빠르게 처리할 수 있도록 cuDNN(CUDA Deep Neural Network Library)과 NCCL(NVIDIA Collective Communications Library) 등의 쿠다 기반 라이브러리들을 개발했다. cuDNN은 AI에 자주 사용되는 연산(행렬 곱셈, 컨볼루션 등)의 효율적 처리에 최적화되어 있었고, NCCL은 대규모 AI 연산에 필요한 GPU 간 네트워킹을 빠르고 쉽게 만들어주었다. 이 두 라이브러리는 모두 엔비디아 GPU와 쿠다 위에서만 작동한다.

또한 엔비디아는 오늘날까지도 AI 모델링의 핵심이 되는 구글의 텐서플로우(TensorFlow), 메타의 파이토치(PyTorch) 같은 딥러닝 프레임워크가 등장했을 당시, 이 프로젝트들을 적극 지원하며 이들 프레임워크가 쿠다 기반의 라이브러리에 종속성을 갖도록 유도했다. 즉, AI 엔지니어 입장에선 파이토치만 쓴다 해도 내부적으로는 쿠다 생태계를 사용하는 셈이 되게끔 한 것이다. 그 결과 2010년대 중반 AI 열풍이 불기 시작했을 때 세계 곳곳의 연구실과 대학, 기업 들은 이미 쿠다 생태계 위에서 돌아가는 라이브러리와 도구 들을 사용하고 있었다.

결과적으로 엔비디아는 다음과 같은 강력한 진입장벽을 만들었다.

① AI 시스템 엔지니어들 대부분은 쿠다를 기반으로 AI를 위한 GPU 프로그램을 작성하는 데 익숙해져 있다. 타사의

GPU를 사용하려면 다시 배워야 한다.

② 대부분의 대학교 커리큘럼은 쿠다를 중심으로 구성되어 있다. 병렬 프로그래밍 수업에서는 쿠다를 가르치고, AI 수업에서는 쿠다를 기반으로 하는 라이브러리를 사용해 프로젝트를 진행한다. 산업 현장에 나온 신입 AI 엔지니어들 대다수는 쿠다 생태계 위에서의 엔지니어링에 익숙해져 있다.

③ 업계 표준 AI 소프트웨어의 대부분은 쿠다를 기반으로 한다. 파이토치, 트라이톤 등과 같은 주요 라이브러리들은 대부분의 핵심 연산을 쿠다 위에서 수행하도록 최적화되어 있다.

④ 대부분의 AI 학계 논문은 쿠다를 중심에 둔다. 학계에서는 쿠다를 기반으로 실험을 하고, 쿠다 자체를 최적화하는 주제에 대한 논문들도 흔히 볼 수 있다.

⑤ 쿠다는 이제 거의 20년이 된 플랫폼이기에, '비교적' 풍부

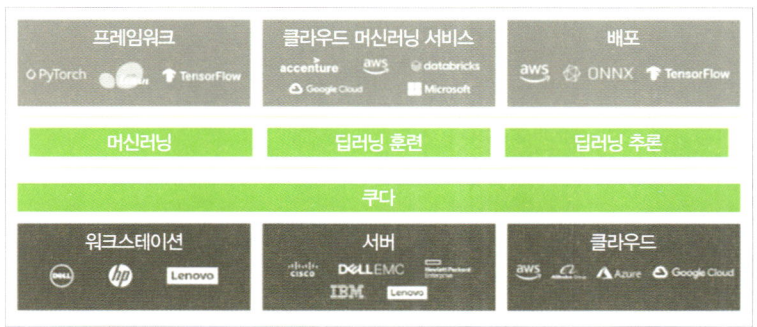

쿠다가 핵심이 되는 AI 소프트웨어 생태계.
(출처: https://www.nvidia.com/en-us/technologies/cuda-x/?deeplink=cuda-x-tabs-2)

한 개발 자료와 커뮤니티의 존재가 선순환 및 락인(lock-in) 효과를 만든다.

정리하자면 AI를 공부하는 학생, 새 AI 모델을 연구하는 연구자, 최적화를 하는 엔지니어, 빠르게 프로토타입을 만들어야 하는 스타트업, 가장 큰 스케일에서 AI를 운영하는 빅테크 등 모든 레벨에서 AI를 다루는 거의 모든 주체들이 쿠다에 부분적으로나마 의존하고 있다. 쿠다는 단순한 GPU 프로그래밍 도구를 넘어, AI 기술 자체가 작동하는 데 필요한 사실상의 표준이 된 것이다.

AI 반도체[13]의 미래

그렇다면 엔비디아는 앞으로도 영원히 AI 생태계를 지배할까? 물론 그럴 가능성이 크겠지만 꼭, 반드시 그렇게 될 것이라고도 말할 수 없다. 실리콘밸리의 AI 기업들과 스탠퍼드 AI 연구실에서 내가 느낀 의외의 것이 하나 있다. 바로 생각보다 많은 엔지니어들과 연구자들이 쿠다에 피로감을 느끼고 있다는 사실이었는데, 이러한 피로감의 이유는 크게 두 가지로 나눌 수 있다.

우선 첫 번째는 엔비디아의 사실상 독점 구조에서 비롯된 GPU 공

---

[13] AI 연산에 최적화된 모든 반도체를 통칭하는 용어. GPU도 이 중 하나로 분류된다.

급 부족과 가격 상승이다. AI를 제대로 연구하는 데는 쿠다를 지원하는 고성능 GPU가 필수적인데, 대부분의 경우 엔비디아 GPU 외에는 대안이 없다. 그에 따라 수요는 폭발적으로 늘고 있는 데 반해 공급은 제한적이기 때문에, 기업이든 개인이든 모두가 엔비디아 GPU를 확보하기 위해 경쟁해야만 한다. 이들은 어쩔 수 없이 GPU 구매를 위해 줄을 서고 더 큰 돈을 지불하면서도, "GPU를 위해 이 정도의 노력과 돈을 들이는 게 맞나?"라는 의문을 갖고 있다.

두 번째는 조금 더 본질적인 문제, 즉 쿠다의 구조적 한계다. 쿠다는 AI가 아닌 범용 프로그래밍을 위해 탄생했다. 범용 프로그래밍의 관점에서 쿠다는 GPU 코드를 '비교적' 쉽게 짤 수 있도록 도와주지만, AI 연산에 대한 수요가 압도적으로 집중된 지금에 와서는 오히려 이 범용성이 복잡성을 불필요하게 증대시킨다는 관점도 있다.

예컨대 오늘날 AI 모델에서의 핵심적 연산인 어텐션(attention)은 쿠다 패러다임에서 최적화하기가 특히 까다롭다. 어텐션은 AI 모델의 성능을 좌우하는 중요 연산일 뿐 아니라 다양한 변형이 시도되는 영역이기도 한데, 쿠다에서의 최적화를 위해 설정된 수많은 제약 조건은 이러한 실험을 어렵고 느리게 만든다. 연산 구조가 조금만 바뀌어도 최적화 조건이 무너지고, 다시 코드 전체를 뜯어고쳐야 하며, 디버깅과 튜닝에 많은 시간이 소모되기 때문이다. 이미 완성된 AI 모델을 구현하는 경우라면 이 과정을 한 번만 거쳐도 되지만, 대규모 실험을 수없이 반복해야 하는 경우에는 피로도가 크게 누적될 수밖에 없다.

그렇기 때문에 엔비디아에는 아예 빅테크들의 연구팀을 지원하는 GPU 프로그래밍팀이 존재한다. 각 연구팀이 실험 과정에서 필요로 하는 모델을 GPU에서 빠르게 최적화해 제공하는 것이 이 팀의 역할이다.

이상과 같은 이유 때문에 이곳의 많은 사람들은 '엔비디아와 쿠다보다 구조적으로 나은 무언가가 분명히 있지 않을까?'라는 의문을 갖고 끊임없이 새로운 시도를 하고 있다. 물론 앞서 말했듯 엔비디아의 우위가 쉽게 무너지지는 않을 것이다. 그러나 목적에 따라서는 엔비디아 GPU와 쿠다 대신 특정 AI 연산에 특화된 대안 플랫폼이나 칩이 부분적으로나마 채택될 여지가 분명 존재한다. 나는 이와 같은 맥락에서 특히 주목하고 있는 두 개의 기업을 마지막으로 소개하며 글을 마무리하고자 한다.

트랜스포머 특화 칩: 에치드

AI 모델은 최근 몇 년간 빠르게 발전하고 있지만, 지난 10년간 AI 업계에서 가장 큰 구조적 혁신을 하나만 꼽자면 나는 단연 2017년 구글이 발표한 트랜스포머(Transformer)[14] 구조라고 생각한다. 트랜스포머는 AI 업계에서 가장 널리 사용되는 모델 구조이고(챗GPT의 'T'가 의미하는 것이 바로 '트랜스포머'다), 현재에도 끊임없이 새로운 AI 모델이 나오고 있지만 대부분은 트랜스포머 구조를 부분적으로나마 채택하고 있다.

그러나 트랜스포머의 핵심 연산인 어텐션은 앞서 설명했듯 GPU 하드웨어 구조와 그리 잘 맞지 않는다. 병렬화가 비직관적이고, 연산 특성상 메모리 접근 패턴이 비효율적이기 때문이다. 이로 인해 어텐션 연산을 엔비디아 GPU에 최적화하기 위한 수많은 연구와 라이브러리들이 제안되었으나, 새로운 모델 구조 및 새로운 GPU 아키텍처에 의해 기존 방법론들이 무의미해지는 경우가 많다.

에치드(Etched)는 하버드 대학 중퇴자들이 엔비디아를 따라잡기 위해 2022년 창업한, 실리콘밸리에서 주목받고 있는 미국의 AI 반도체 스타트업이다. 에치드는 무려 트랜스포머 전용 칩인 소후(Sohu)를 만들었다. 따라서 이 칩이 있다면 어텐션을 구동시키기 위해 복잡한 프로그래밍이나 최적화를 적용할 필요가 전혀 없다. 아예 범용성을 포기하고 반도체 회로에 어텐션을 구현해놓은 것이 소후이기 때문이다.

때문에 트랜스포머 기반이 아닌 AI 모델들은 전혀 이 칩에서 작동시킬 수 없다. 소후 칩은 비AI 연산을 당연히 못 한다. 그 대신 최신 엔비디아 GPU보다 열 배 이상[15] 빠르게 트랜스포머 기반의 대규모 언어

---

14 구글이 2017년 자연어 처리를 위해 발표한 모델로, 셀프 어텐션(self-attention, 입력 데이터의 각 단어가 다른 모든 단어와 상호 관계를 동시에 고려하여 문맥 정보를 추출하는 메커니즘)을 이용해 입력 데이터의 단어 간 관계를 효과적으로 파악하는 딥러닝 모델 구조다.

15 에치드에서 공개한 수치 기준.

모델을 처리할 수 있으며, 가격도 더 저렴하다.

현재 GPU 사용의 대부분이 대규모 언어모델의 추론 및 학습에 집중되고 있다는 점을 고려하면 이는 매우 현실적인 장점이다. 결과적으로 하드웨어 비용뿐만 아니라, 엔지니어링 리소스와 연구 실험 속도까지 크게 개선될 수 있기 때문이다.

다만, 이 칩이 강력한 경쟁력을 갖는 것은 트랜스포머 구조가 앞으로도 AI 업계의 중심에 남아 있다는 가정하에서만 가능한 일이다. 만약 트랜스포머를 대체할 새로운 패러다임이 등장한다면 소후 칩은 제 쓸모를 잃을 것이다. 에치드의 창업자들 역시 이 구조적 리스크를 인식한 상태에서 과감한 기술적 베팅을 선택한 것으로 보인다.

새로운 AI 프로그래밍 플랫폼: 모듈러

나 역시 다른 많은 AI 연구자들과 마찬가지로 쿠다를 활용해 AI를 최적화하는 연구를 주로 진행하고 있지만, 쿠다에는 확실히 일반 범용 언어보다 코드가 복잡하고 유지보수가 어렵다는 한계가 있다.

예컨대 파이썬에서 한 줄의 코드로 구현할 수 있는 기능을 위해 쿠다에서는 수백 줄을 써야 할 때도 있다.[16] 그런데 그렇게 오랜 시간 공들여 최적화한 쿠다 코드는 엔비디아 GPU에서만 작동할 뿐 타사

---

[16] 물론 최적화를 포기한다면 코드가 짧아지겠지만, 쿠다에서 최적화는 선택이 아닌 필수다.

GPU에서는 전혀 구동할 수 없다. 때문에 타사 GPU가 성능 대비 더 저렴해도 당연히 사용하지 못할 뿐 아니라, 엔비디아 GPU의 공급이 부족하면 그냥 기다리는 것 외에는 방법이 없다.

모듈러(Modular)는 이 문제를 근본적으로 풀기 위해 구글 AI팀의 리더들이 2022년에 창업한 회사로, 실리콘밸리에서 주목받는 미국의 AI 인프라 스타트업이다.

모듈러는 GPU 프로그래밍부터 AI 추론 프레임워크, 대규모 서빙 시스템까지의 전 과정이 자체적으로 수직 통합된 AI 인프라 플랫폼을 제공한다. 가장 밑단의 GPU 프로그래밍에서는 새로운 프로그래밍 언어 '모조(Mojo)'를 개발했다. 모조의 가장 큰 장점은 밑단의 하드웨어 종속을 탈피할 수 있다는 점이다. 잘 작성된 모조 코드는 엔비디아 GPU, AMD GPU, 인텔 CPU 등 모두에서 실행될 수 있도록 개발이 진행되어왔다. 또한 모조는 파이썬 기반의 문법 구조를 채택한 덕에 코드 작성과 유지보수, 디버깅 및 최적화가 비교적 쉽다.

이에 더해 모듈러는 모조 언어를 기반으로 AI 모델의 최적화 추론 서빙을 지원하는 맥스(MAX: Modular Accelerated Xecution Platform), 그리고 대규모 배포와 확장을 위한 플랫폼인 매머드(Mammoth)도 함께 개발하고 있다. 매머드 플랫폼은 모조로 작성된 모델은 물론 일부 파이토치 기반 모델의 실행도 지원해 기존 코드와의 호환성을 유지시켜준다. GPU 프로그래밍부터 AI 모델 제작과 배포 과정까지, 엔비디아 GPU와 쿠다에 종속되어 있는 현 AI 소프트웨어 생태계 전체를 수직적으로 혁신하고자 하는 것이 모듈러의 목표다.

다만 모듈러의 제품 대부분은 초기 단계에 있고, 아직 모든 기능이 완전히 상용화되진 않았다. 모조 언어는 다양한 하드웨어에서의 실행을 지향하지만 현 시점에서는 아직 완전히 하드웨어 중립적이지 않으며, 최적의 성능을 위해서는 하드웨어 특화 최적화가 부분적으로 필요하다.

즉, 엔비디아 GPU에서 최적의 성능을 뽑아내려면 엔비디아 GPU에 대한 깊은 이해가 있어야 하고, AMD GPU에서 최적의 성능을 뽑아내려면 AMD GPU에 대한 깊은 이해가 필요한 식이다. 모듈러의 방향은 하드웨어 벤더에 대한 의존성을 전면적으로 해소하는 것이지만, 아직은 그 길을 완성해가는 과정에 있다고 보는 편이 타당하다.

투자자의 마음을 읽는 AI

_문현지(MIT)

한 대의 전기차가 투자자들을 완전히 다른 두 세계로 갈라놓았다. 2006년 7월 실리콘밸리의 한 창고에서 테슬라(Tesla) 로드스터(Roadster)의 프로토타입이 처음 공개되었을 때, 같은 차를 본 투자자들의 반응은 극과 극이었다. 전통 자동차 업계 출신의 벤처캐피탈 투자자는 "10만 달러짜리 장난감"이라며 조롱한 반면, 기술 중심의 벤처캐피탈 투자자는 "내연기관 시대를 끝낼 게임 체인저"라며 수표를 꺼냈다.

이 순간이 바로 우리가 탐험할 여정의 출발점이다. 왜 똑같은 제품을 보고도 투자자들은 정반대의 결론에 도달할까? 이 글에서는 몇 가지 '극단적 의견 불일치'라는 현상을 관찰하고, 이를 '베이즈 접근법(Bayesian approah)'으로 해석한 다음, AI를 활용한 협업적 해법을 제시하며 이에 대한 답을 찾아가보려 한다.

현상: 투자자 의견 불일치에 숨은 해독 가능한 패턴

투자자들의 의견 불일치는 우발적 사건이 아니다. 그러한 의견 불일치 현상들 그 배후에는 각자의 사전 믿음(prior)이 존재하기 때문이다.

2006년 테슬라가 최초의 전기 스포츠카인 로드스터를 공개한 당시 극명하게 갈린 반응들은 각자의 '사전 믿음'을 반영한다. 로드스터를 가리켜 실리콘밸리의 대표적인 벤처투자자 팀 드레이퍼(Tim Draper)가 '바퀴 달린 아이폰'이라 한 것은 소프트웨어가 하드웨어를 지배할 것이라는 믿음 때문이었고, 디트로이트 벤처캐피털(Detroit Venture Partners)이 '배터리 프랑켄슈타인'이라 한 것은 '자동차 산업은 규모의 경제'라는 믿음 때문이었다.

MIT 연구진이 1,620개 스타트업 프로필로 실험한 결과, 이런 패턴의 존재는 실재하는 것으로 입증됐다. 일례로 마크 앤드리슨(Marc Andreessen)[1] 유형의 투자자는 팀 실행력에 열두 배 더 높은 가중치를 두었고, 수익 창출 단계를 프로토타입보다 세 배 선호했다. 이는 "아이디어는 흔하고 실행은 희귀하다"는 그의 믿음 체계와 정확히 일치한다.

또한 시간에 따른 투자자 사전 믿음의 변화도 예측 가능한 패턴을 보인다. 2008년 금융위기는 동일한 생산 지연을 '치명적 결함'에서

---

[1] 웹브라우저 넷스케이프(Netscape)의 공동 개발자로 인터넷 초기 개척자 중 한 명임과 동시에, 벤처캐피털사 앤드리슨 호러위치(Andreessen Horowitz)의 공동 창립자로 실리콘밸리의 유명 투자자이기도 하다.

'품질 집착'으로 재해석하게 만들었다. 시장 내러티브가 '성장'에서 '생존'으로 전환됨에 따라 투자자들의 해석 프레임워크도 바뀐 것이다.

이론: AI 투자의 엔진, 베이즈 접근법

AI를 활용한 투자 의사결정의 핵심을 이해하려면, 그 근간이 되는 베이즈 접근법을 먼저 살펴볼 필요가 있다. 왜냐하면 창업 투자는 정답이 정해진 문제를 푸는 것이 아니라, 본질적으로 '불확실성 아래서의 실험'과 같기 때문이다. 그리고 이처럼 점진적으로 믿음을 수정해나가는 베이즈 원리는, 끊임없이 새로운 데이터를 학습하며 예측을 정교화하는 AI의 핵심 작동 방식과 일치한다.

모더나(Moderna)의 공동 창립자이자 생명공학 분야의 세계적 벤처 투자자인 누바르 아페얀(Noubar Afeyan)이 지적했듯, 창업자의 초기 비전은 불완전한 정보에 기반하기에 "필연적으로 결함을 갖는다." 성공

AI 학습의 근간, 베이즈 업데이트. AI가 예측을 정교화하는 과정은 인간의 '사전 믿음'이 '새로운 관찰'을 통해 얻은 데이터의 가능도(likelihood)라는 맥락 안에서 재해석되어 '사후 믿음'으로 발전하는 베이즈 추론 과정을 따른다.

은 올바른 비전이 아닌, 실험을 통해 믿음을 업데이트하는 능력에 달려 있다.

베이즈 사고의 핵심은 모든 변수를 확정값이 아닌 확률분포로 본다는 것이다. 시장규모, 기술 성공 가능성, 팀의 실행력 등 모든 요소에는 불확실성이 내포되어 있다. 이런 상황에 베이즈 이론을 적용하는 것에는 두 가지 강력한 이점이 있다.

첫째, 정보를 통합하여 불확실성을 정량화할 수 있다. 여러 투자자의 서로 다른 예측을 하나의 통합된 전망으로 결합할 수 있는 것이다. 둘째, 상황 변화에 유연하게 대응할 수 있다. 다시 말해 새로운 정보가 들어오면 기존 믿음을 부드럽게 조정하지, 전부를 뒤엎지는 않는다는 뜻이다.

베이즈 이론에 따르는 프레임워크는 이 과정을 체계화한다. 투자자와 창업자가 가진 초기 가설인 '사전 믿음'에서 시작해, 시장 반응이나 제품 개발 같은 '실험'을 거쳐 데이터로 업데이트된 '사후 믿음'에 도달하는 것이 이 프레임워크의 골자다.

아마존의 창업자 제프 베이조스(Jeff Bezos)의 AWS(Amazon Web Service)는 이러한 베이즈 프레임워크가 성공으로 연결된 좋은 예다. 2002년 '제휴사들이 API(application programming interface, 외부 프로그램이나 서비스 연결 도구)를 사용할 수 있게 하자'라는 아이디어에서 시작된 아마존의 작은 실험은 이후 예상 외의 수요를 보였는데, 이것이 클라우드 서비스라는 새로운 비전으로 진화해 탄생한 것이 오늘날의 AWS다.

애플의 공동 창업자이자 CEO였던 스티브 잡스(Steve Jobs)의 앱 스토어도 이러한 예에 해당한다. 아이폰 출시 당시 잡스는 '애플 외부의 개발자가 만든 비공식 앱(제3자 앱)에 대해선 아이폰에서의 실행/설치를 허용할 수 없다'는 입장이었다. 그러나 비공식 앱의 설치에 사용되는 '탈옥 앱(jailbreak app)'의 인기가 아이폰 사용자들 사이에서 높아지자 잡스는 '앱스토어'를 만들었다. 애플의 공식 앱뿐 아니라 제3자 앱까지도 사용자들이 사용할 수 있게끔 방향을 튼 것이다.

정리하자면, 창업 투자에 있어 '누가 맞는가?'는 잘못된 질문이다. 올바른 질문은 '누가 더 효과적으로 실험하고 학습하는가?'다. 베이지안 접근법에서는 의견 불일치를 '버그(bug, 결함)'가 아닌 '피처(feature, 특징)'로 전환시킨다. 즉, 서로 다른 의견들을 결함으로 보지 않고 오히려 유용한 정보원으로 활용하는 것이다. 서로 다른 사전 믿음은 다양한 실험을 낳고, 이는 집단적 학습을 가속화한다는 점에서 그렇다.

적용: AI를 활용한 협업적 의사결정 시스템

이제 우리는 핵심 질문, 즉 '그렇다면 서로 다른 믿음을 가진 사람들이 어떻게 효과적으로 협업할 수 있을까?'에 도달했다. 이 질문에 대한 답을 위해 지금부터는 테슬라가 AI의 근간이 되는 베이즈 접근법을 통해 다양한 투자자들로부터 자원을 확보하고 유연하게 대처한 예를 들어 살펴보겠다(생생한 전달을 위해 테슬라의 예를 들긴 하나, 이는 결과론적 해석임을 밝혀둔다).

1) 다중가설 실험: 각 투자자에게 맞춤형 비전 제시

2006년 7월, 테슬라는 로드스터에 대한 투자를 위해 여러 가설을 동시에 테스트했다. 각 투자자 그룹의 사전 믿음에 맞춰 각각 다른 '약속'을 제시한 것이다.

우선 실리콘밸리 벤처캐피털에게는 '바퀴 달린 컴퓨터'라는 비전을 제시했다. 향후에는 배터리 기술이 '무어의 법칙(Moore's Law)'[2]을 따라 개선되고, 소프트웨어 업데이트로 차량 성능 또한 지속적으로 향상될 것이라는 설명과 함께였다. 그 결과 테슬라는 미국 실리콘밸리의 대표적 벤처캐피털인 드레이퍼 피셔 저벳슨(Draper Fisher Jurvetson)과 밸러 에쿼티(Valor Equity) 같은 기술 중심 벤처캐피털로부터 초기 투자를 받을 수 있었다.

반면 전통적 자동차 투자자들에게 테슬라는 이와 완전히 다른 비전을 이야기했다. '로드스터는 포르쉐 911과 같은 성능에 환경 프리

---

2 '반도체 칩에 집적되는 트랜지스터 수는 약 18개월(또는 2년)마다 두 배가 된다'는 것으로, 인텔(Intel)의 공동 창업자인 고든 무어(Gordon Moore)가 처음 발표한 법칙.

미엄까지 더한 제품'이라고 포지셔닝하며, 프리미엄 스포츠카 시장의 단 2%만 공략해도 수익성을 달성할 수 있다고 설명한 것이다. 이러한 접근법은 2009년 다임러(Daimler)의 5,000만 달러 투자 및 테슬라 지분 9% 취득으로 이어졌다.

앞의 두 그룹과는 또 다른, 환경친화적 사업을 중시하는 투자자들에게 테슬라는 또 다른 비전을 제시했다. '테슬라의 미션은 지속가능한 에너지 전환을 가속화하는 것이기에, 앞으로는 연간 생산량을 50%씩 늘리고 2020년까지 100만 대의 전기차를 만들어 이산화탄소 배출을 혁신적으로 줄이겠다'고 약속한 것이다. 테슬라가 내놓은 이러한 비전은 이후 정부 보조금 확보, 그리고 미국 에너지부(DOE: Department of Energy)가 대출해주는 정책 금융 자금 4.65억 달러의 수혈로 연결되었다.

이는 단순한 마케팅 트릭이 아니라 베이즈 실험이었다. 각 투자자 그룹의 반응을 관찰하고, 그룹들에게 가장 효과적으로 작용할 메시지를 찾아낸 것이다. 서로 다른 미래를 보는 투자자들에게 각자가 믿는 미래의 한 조각을 보여줌으로써 말이다.

2) 믿음 업데이트: 실패를 통한 학습과 적응

테슬라는 2007년에 있었던 생산 위기 역시 전형적인 베이즈 접근법으로 돌파했다. 당시 테슬라의 태국 배터리 공장에는 당초 예상보다 네

배 비용을 들여야 했고, 처음 만들어진 차량의 항공 운송비만도 2만 9,000달러에 이르렀다.

테슬라의 초기 믿음은 '실리콘밸리의 방식대로 태국에서 자동차를 만들면 비용을 절감할 수 있다'였다. 그러나 실험 결과 재앙 수준의 품질 및 비용 초과 문제가 발생하자 테슬라는 기존의 믿음을 '핵심 기술은 내부에서 통제해야 한다'는 새로운 버전으로 업데이트했다.

흥미로운 것은 이 실패를 투자자들에게 설명하는 방식이었다. 기술 벤처캐피털에게는 '실패에서 빠르게 학습하는 실리콘밸리 DNA의 증거'라고, 전통 투자자에게는 '품질 표준에서 그 어떤 타협도 하지 않는 테슬라만의 제조 철학'이라고 설명했으며, 정부 관계자에게는 자사가 '미국 내 제조 일자리 창출의 필요성을 인식한 결과'라고 강조했다.

이러한 각각의 설명은 해당 투자자들의 사전 믿음과 일치했고, 그 덕에 오히려 추가 지원을 이끌어내는 결과로 이어졌다. 실패조차도 각자의 세계관에 맞게 재해석될 수 있었던 것이다.

3) 동적 협업 프로토콜: 변화하는 환경에 대한 유연한 대응

2008~2009년의 금융위기 환경에서 테슬라는 베이즈 접근법을 극대화했다. 우선 급변하는 시장환경에 맞게 투자자들과의 협업 방식을 실시간으로 조정했다. 위기 전인 2008년 상반기에 투자자들은 테슬라의 빠른 성장과 높은 시장점유율을 기대했고, 이에 테슬라는 2008년 말에 월 100대 생산을 약속했다. 그러나 금융위기가 닥치자 투자자들

의 기대는 '현금 소진'과 '파산 위험'에 대한 우려로 바뀌었다.

테슬라의 대응은 신속했다. 일론 머스크의 개인 자금 4,000만 달러를 투입함과 동시에 생산 목표를 '생존 모드'로 전환했다. 더불어 모든 비핵심 비용을 50% 삭감하고, 투자자들과 주간 현금흐름 상황을 공유하기 시작한 것이다.

위기가 지나고 2009년이 되자 투자자들의 믿음은 '성장'에서 '생존'으로 완전히 바뀌었다. 이에 맞춰 테슬라도 자사의 포지셔닝을 새로이 했다. 다임러에게는 '전기차 기술 파트너십'을, 정부에게는 '미국 제조업 부활의 상징'을, 기존 투자자들에게는 '생존 후 다가올 거대한 성장 기회'를 제시한 것이 그 예다.

결과는 놀라웠다. 2009년 5월 테슬라는 다임러로부터 5,000만 달러를 투자받았고, 6월에는 미국 에너지부의 정책 금융으로 65억 달러의 대출을 승인받은 데 이어 2010년 6월에는 기업공개(IPO)로 2.26억 달러를 조달하는 데까지 성공했다. 글자 그대로 '위기를 기회로 바꾼' 것이다.

지금까지의 내용을 살펴보면 테슬라의 성공 비결이 무엇이었는지 확실히 알 수 있다. 자사의 모든 파트너들에게 단일 비전을 강요하기보다는 각 투자자의 사전 믿음에 맞춰 약속을 조정하고, 실험 결과에 따라 유연하게 대응한 베이즈 접근법이 바로 그 비결이었음을 말이다.

AI는 이러한 다중가설 테스트, 믿음 업데이트, 동적 협업 프로토콜을 체계화해 현대의 창업자와 투자자들이 좀 더 효과적으로 협업할 수 있게 돕는다. 과거에는 창업자의 직관과 경험에 의존했던 이 과정을, AI는 데이터 기반의 체계적 프로세스로 전환시키는 것이다.

결론: 불일치를 엔진으로

앞서 말했듯 투자자와 창업자의 의견 불일치는 해결해야 할 문제가 아니라 활용해야 할 자원이다. 그러나 한편으로는 현재 AI 기술이 갖는 한계를 인정해야 할 필요도 있다.

지금의 AI는 과거 투자 데이터에서 반복되는 패턴을 찾아내고, 다양한 시나리오의 확률을 계산하며 시뮬레이션을 한다. 또한 투자 문서나 시장보고서에서 핵심 정보를 추출, 텀시트(term sheet, 투자나 계약 조건의 핵심 내용만 요약한 문서) 조항의 최적 조합도 제안할 수 있다.

그럼에도 AI를 맹신하기 전에, 우리는 이 접근법의 근간이 되는 두 가지 근본적인 질문을 마주해야 한다. AI는 이 질문에 대한 답이 아니라 오히려 그 한계를 수면 위로 드러내는 역할을 하기 때문이다.

첫째, '사전 믿음'의 문제다. 베이즈 접근의 결과는 초기에 어떤 사전 믿음을 입력했는지에 크게 의존하는데, 편향되거나 질 낮은 사전 믿음은 AI를 통해 그저 정교하게 확증될 뿐이다. AI는 '올바른' 사전 믿음을 만들어주지 못하므로, 결국 사람이 무엇을 위해 어떻게 양질의 사전 믿음을 설정할 것인가가 관건이 된다.

둘째, '세상에 대한 관점(모델)'의 문제다. 베이즈 업데이트는 우리가 가정한 '세상의 작동 방식(모델)' 안에서만 이루어진다. 2008년 금융위기 당시, 전통 자동차 산업 데이터로만 학습한 AI가 테슬라를 단순 자동차 회사로 분류해 생존 확률을 매우 낮게 계산한 것이 대표적이다. 시장은 테슬라를 소프트웨어 기업이라는 새로운 모델로 재평가했지만, AI는 기존 모델 자체를 파괴하는 이런 파괴적 혁신을 감지하지 못했다.

결국 이 사례들이 보여주는 것은 AI 자체의 한계라기보다, 인간이 설정한 사전 믿음과 세상에 대한 관점(모델)의 한계다. 바로 이 지점에서 AI의 진정한 가치가 드러난다. AI를 미래를 맞추는 수정구슬이 아닌, 투자자들의 서로 다른 믿음들을 명시적인 제약조건으로 변환해 협업을 돕는 '번역기'로 활용하는 것이다.

미래의 벤처 생태계는 '의견 일치의 추구'에서 '생산적 불일치의 관리'로, '고정된 계약'에서 '적응적 협업 프로토콜'로, '누가 옳은가'에서 '어떻게 함께 가치를 만들 것인가'로 진화할 것이다.

테슬라의 전기차 한 대가 보여준 교훈은 이로써 명확해진다. 불확실성이 높은 창업 환경에서 서로 다른 미래를 보는 사람들이 효과적으로 협업할 수 있는 구조를 만드는 것, 그것이야말로 진정한 혁신이라는 점을 말이다. 다만 AI의 역할은 인간의 판단을 대체하는 것이 아니라 상호협업을 위해 다양한 인간들의 마음을 잇는 데 있음을 잊지 말아야 할 것이다.

PART 2

시의 발전과 미래 전망

들어가기

AI의 발전과 미래 전망

AI는 하루가 멀다 하고 빠르게 발전하고 있다. 출판 전의 논문을 공개하는 사이트 'arXiv'에는 매일 100편 이상의 AI 관련 논문들이 올라오고, 뉴스에서는 AI와 관련된 새로운 소식을 매일같이 끊임없이 알린다. 이러한 변화의 파도는 'AI는 과연 인류를 지배하게 될까?' 혹은 '내 일자리도 AI가 차지하게 될까?' 등의 물음을 자연스럽게 불러일으킨다. 이러한 물음에 답하려면 AI 발전의 역사를 알아봐야 한다.

이 장에서는 먼저 현재 가장 크게 주목받는 AI 모델인 챗GPT와 딥시크를 간략히 살펴보고 이들이 어떻게 등장하게 되었는지를 소개한다. 챗GPT는 어느 날 갑자기 나타난 기술이 아니라 오랜 시간에 걸친 연구 및 발전의 결과물이다. 이러한 모델들의 발전 흐름을 추적하면, 먼 미래까지 단정하긴 어렵지만 가까운 시기에 어떤 변화가 일어날지는 충분히 가늠해볼 수 있다.

그다음으로는 AI가 자주 겪는 '환각' 현상을 다룬다. 이러한 현상이 나타나는 이유를 AI의 학습 과정을 살펴보며 소개하고, 좀 더 안전한 AI를 구현하기 위해서는 어떤 접근이 필요한지도 함께 알아본다.

이어 마지막으로는 이러한 빠른 흐름에 올라타고자 하는 사람들, AI 연구자를 향후 진로로서 고려하는 이들을 위해 간략한 안내를 제공한다.

한승주

시퀀스 모델부터 챗GPT와 딥시크까지, 그리고 미래 전망

_한승주(스탠퍼드대학교)

미국의 〈뉴욕 타임스〉는 매년 딜북 서밋(DealBook Summit)이란 행사를 열어, 세계적으로 가장 영향력 있고 최근 이슈의 중심에 서 있는 저명 연사들을 초청한다. 오픈AI의 CEO 샘 알트먼도 2024년 12월 이 자리에 올랐다. 당시 그는 이렇게 말했다.[1]

"매주 3억 명의 사용자가 챗GPT를 이용하며, 하루 10억 개의 메시지를 주고받습니다."

3억 명이면 전 세계 인구의 약 4%에 해당하니 결코 작은 수치가

---

1   https://www.theverge.com/2024/12/4/24313097/chatgpt-300-million-weekly-users

아니다. 샘 알트먼의 말은 대규모 언어모델이 이미 우리 일상에 깊이 자리 잡아가고 있음을 보여준다.

또한 과거에는 'AI 챗봇과 대화하는 데 돈을 지불할 사람은 없을 것'이라는 의견도 있었지만, 그러한 예상과 달리 현재 유료 AI 사용자는 점차 늘어나는 추세다.

일례로 2024년 12월 5일 오픈AI는 월 200달러에 제공되는 고급 구독 서비스 '챗GPT 프로 플랜'을 출시했고, 구독료가 저렴하지 않음에도 많은 사용자들은 매달 200달러를 지불하며 챗GPT를 적극 활용 중에 있다.[2] 이 서비스의 구독자들은 한 달간 GPT-4o뿐 아니라 고급 모델인 o1(무제한)과 o1 프로 모드(프로 플랜 전용)를 사용할 수 있는데, 주 사용층은 전문가나 연구자, 기업인 것으로 알려졌다. 고급 AI 모델을 무제한으로 활용할 수 있으니 기꺼이 주머니를 여는 사용자의 수도 늘어나고 있는 것이다.[3] 아울러 오픈AI는 이러한 구독 서비스를 포함, 챗GPT 플랫폼을 사용하는 사용자 수가 2025년 말이면 10억 명 이상에 이를 것이라 예상하며 이를 목표로 하고 있다고 밝혔다.[4]

---

[2] https://www.wired.com/story/openai-chatgpt-pro-subscription / Here's What OpenAI's $200 Monthly ChatGPT Pro Subscription Includes(2024-12-05)

[3] https://www.dignetsol.co.uk/news-resources/tech-insight-openais-new-200-monthly-plan

[4] https://theoutpost.ai/news-story/chat-gpt-reaches-300-million-weekly-active-users-processes-1-billion-messages-daily-9127/

AI가 일상의 꽤 많은 부분에 이미 들어와 있는 지금 시점에서, 이와 같은 내용은 우리에게 언뜻 당연한 듯 여겨지기도 한다. 그러나 사실 이러한 혁신이 결코 하루아침에 이루어진 것은 아니다.

AI 분야에서 가장 명망 높은 학회인 신경정보처리시스템학회, 즉 NeurIPS(Conference on Neural Information Processing Systems)에서는 과거 10년 이상 지속적으로 영향력을 미쳐온 논문에 매해 '테스트 오브 타임 어워드(Test of Time Award)'를 수여한다. 2024년의 이 상은 2015년 구글의 브레인팀이 발표한 논문 「신경망을 이용한 시퀀스 투 시퀀스 학습(Sequence to Sequence Learning with Neural Networks)」에 주어졌고, 이 논문의 주 저자는 일리야 수츠케버(Ilya Sutskever)[5]였다. 흥미롭게도, 논문이 발표된 지 10년이 지난 현재에도 그가 쓴 논문의 핵심 아이디어는 여전히 챗GPT에 남아 있다.

이 글에서는 현재에는 그 존재가 너무나 당연시되고, 또 모두가 열광하고 있는 AI에 대한 이야기를 다루고자 한다. 구체적으로는 챗GPT와 딥시크 같은 대규모 언어모델이 등장하기까지의 10년 역사를 살펴보며 그동안 언어모델이 어떻게 발전해왔는지 알아보고, 앞으로

---

[5] 수츠케버는 이후 오픈AI의 공동 창업자로서 대규모 언어모델 발전에 핵심적 기여를 했고, 현재는 SSI(Safe Superintelligence Inc.)라는 AI 스타트업을 직접 이끌고 있다.

의 미래도 전망해보고자 한다.

과거 10년을 한마디로 요약하자면, 그 핵심은 오픈AI가 주도해온 '스케일링 법칙(Scaling Laws)'이다. 스케일링 법칙이란 더 많은 데이터와 더 많은 파라미터(매개변수)가 있는 모델을 활용했을 때 더 뛰어난 모델을 얻을 수 있다는 것이다. 직관적이고 단순한 이 방법은 놀랍게도 예상보다 훨씬 강력한 성능을 발휘했는데, 이는 이 방법에 대한 믿음을 실행에 옮긴 사람들의 통찰과 결단이 있었기에 가능했던 일이었다.

참고로, 오픈AI나 구글 같은 기업들이 내부적으로 어떤 데이터와 방법을 사용하여 모델을 개발하는지에 대해서는 구체적으로 공개된 바가 없다. 따라서 이 글에서 다루는 모든 내용은 지금까지 공개된 논문을 기반으로 하는 것임을 밝힌다.

구글의 '시퀀스-시퀀스 모델'과 오픈AI의 GPT-1

우선 시퀀스라는 단어의 정의부터 알아보자. 시퀀스란 '연속된 무언가로 이루어진 자료형'을 의미하는 용어다. 문장이나 프로그램, 음성 신호 등의 모두가 시퀀스의 예에 해당한다.

2015년 구글은 '시퀀스-시퀀스 모델(Sequence-to-Sequence Model)'이라는 딥러닝 모델을 발표했다. 한 문장을 입력받아 다른 문장을 출력하는 모델, 다시 말해 입력 시퀀스를 받아서 출력 시퀀스를 생성해내는 모델이었다. 예를 들어 사람 간의 대화에서도 상대방의 문장을 입력으로 받아 답변을 생성하는 과정이 이에 해당한다.

2015년 구글에서 연구 활동을 했던 당시 일리야 수츠케버는 시퀀스-시퀀스 모델을 만드는 한 가지 예로 대규모 영어-프랑스어 쌍 데이터의 학습을 들었다. 이 데이터들을 딥러닝 모델에게 학습시키는 것만으로도 우수한 번역 모델을 만들 수 있음을 증명해낸 것이다.

이 기술에 대해 조금 더 알아보자. 시퀀스-시퀀스 모델의 기본 구조는 인코더(encoder)와 디코더(decoder)로 구성된다. 인코더는 입력 시퀀스를 처리하여 고정 길이의 '문맥 임베딩(contextual embedding)'[6]으로 바꾼다. 이 임베딩은 입력 시퀀스의 주요 정보를 압축한 형태다. 이제 디코더는 인코더의 문맥 임베딩을 받아 출력 시퀀스를 단어 단위로 생성한다. 이전에 생성된 단어들과 문맥 임베딩을 참조하여 출력을 하는 것이다.

언어모델의 학습과 관련된 기존 연구들에서는 언어의 구조적 특징을 사전 지식으로 활용하는 접근이 주를 이루었다. 그와 달리 수츠케버가 발표한 논문은 이러한 사전 지식을 전혀 사용하지 않고, 오직 데이터와 딥러닝만으로도 보다 뛰어난 성능을 가진 AI 모델을 학습시

---

6 '임베딩'은 단어를 '의미를 반영한 벡터(숫자)'로 바꾸는 방법 중 하나이고, '문맥 임베딩'은 하나의 단어를 그것이 사용된 문맥에 맞춰 각각 다르게 표현한다는 점에서 '고정 임베딩(static embedding)'과 구별된다.

킬 수 있음을 보여주었다.

이때 AI 모델을 학습시키는 방법은 무척 간단하다. 시퀀스 쌍이 있으면 하나의 시퀀스를 입력으로, 하나의 시퀀스를 출력으로 생각한다(예를 들어 "How are you?"를 입력으로 하고 "잘 지내?" 또는 "어떻게 지내?"를 출력으로 하는 식이다). 그리고 모델이 만든 출력과 정답의 차이(손실 함수 값)를 줄이기 위해 '경사 하강법(gradient descent)'이라는 방법을 사용해 모델을 학습시킨다. 경사 하강법은 마치 언덕을 내려가듯, 손실 함수 값이 가장 작은 지점을 향해 조금씩 이동하며 값을 조정하는 방식이다.

이전부터 수츠케버는 '대량의 데이터를 딥러닝 모델에 학습시키면 대부분의 문제를 해결할 수 있다'고 믿어왔다. 수츠케버가 발표한 2015년 논문은 이러한 그의 신념을 증명해낸 중요한 사례로 평가된다. 이 논문은 이후 대규모 언어모델 발전에 있어 중요한 기초가 되었다.

이후 수츠케버는 구글을 떠나 샘 알트먼 등과 함께 오픈AI를 공동 창업했고, 2018년 6월에 GPT-1을 발표했다. GPT-1은 기존의 시퀀스-시퀀스 모델과 유사한 방식으로 학습되었지만, 병렬 데이터 없이도 인터넷의 대규모 텍스트를 학습할 수 있음을 보여주었다. 이는 이후 대규모 언어모델 발전의 중요 전환점이 되었다.

GPT-2의 등장과 스케일링 법칙

2019년 2월, 오픈AI는 GPT-2를 공개했다. GPT-1 대비 파라미터 수와 데이터 양을 늘리는 방식으로 개발된 터라 GPT-2의 파라미터 수는 GPT-1보다 열 배 많은 15억 개에 달했고, 그 결과 기존 모델보다 훨씬 뛰어난 성능을 보였다. GPT-1이 일종의 실험적 시도였다면, GPT-2는 대량의 데이터와 대형 모델이 실용적인 성능을 낼 수 있음을 본격적으로 증명해냈다.

2020년 1월, 오픈AI는 「신경망 언어모델의 스케일링 법칙(Scaling Laws for Neural Language Models)」이라는 논문을 공개했다. 이 논문은 연산량과 모델 성능 간의 관계를 분석, 연산량을 늘릴수록 성능은 예측 가능하게 향상된다는 사실을 경험적으로 입증해냈다. 이는 마치 반도체 기술의 발전을 예측하는 '무어의 법칙'과 유사한 개념이었는데, 비록 이론적으로 증명되진 않았지만 향후 오픈AI가 더 많은 투자를 대규모 언어모델에 할 것이란 단서를 주는 중요 연구였을 것이다.

넉 달 뒤인 2020년 5월에 오픈AI는 GPT-3를 발표했다. GPT-2보다 100배 많은, 1,750억 개의 파라미터를 가진 GPT-3는 기존 모델보다 훨씬 더 뛰어난 성능을 보였다. 동시에 '컨텍스트 학습(in-context learning)'과 같은 새로운 패러다임을 제시했다.

컨텍스트 학습이란 언어모델이 추가적 학습 없이도 주어진 문맥을 통해 새로운 작업을 수행할 수 있는 능력을 뜻한다. 즉, GPT-3는 소량의 예제만을 제공받아도 즉석에서 패턴을 파악하고 적절한 답변을 생성할 수 있는 모델이었다.

더 나아가 2022년 구글의 연구자들은 '창발적 능력(emergent ability)'이라는 새로운 용어를 제시했다. 이는 모델의 크기가 일정 수준 이상이 되면, 사전에 설계되지 않은 새로운 능력이 자연스럽게 발현되는 현상을 말한다.

예를 들어 GPT-3는 사전 훈련에서 수학 문제 풀이나 논리적 추론 수행을 명시적으로 학습한 바가 없었다. 그럼에도 특정 규모를 넘어서자 이와 관련된 능력을 보이기 시작했음은 물론, 질문에 대한 답변과 텍스트 요약에서도 뛰어난 성능을 보였다. 이는 단순한 데이터 증가와 모델 크기 확장이 사전에 예상치 못했던 새로운 AI 능력을 끌어낼 수 있음을 시사했다.

창발적 능력의 또 다른 예로는 '사고의 사슬(chain-of-thought)' 추론 능력을 들 수 있다. 이는 대규모 언어모델이 중간 단계를 통해 복잡한 문제의 해결 능력을 발전시키는 것을 말한다.

당시는 아직 챗GPT가 공개되기 전이었고, 나는 GPT-2가 등장했을 때와 마찬가지로 앞으로 다가올 혁신을 완전히 이해하기 어려웠다. 1,750억 개의 파라미터를 가진 모델의 규모는 현실적으로 와닿지 않았으며, 그렇게 거대한 언어모델을 실제 실무에서 사용할 기업이나 연구실이 얼마나 있을지도 의문이었다. 그저 모델 크기를 계속 키우는 것만으로 성능이 좋아진다는 개념이 직관적으로 받아들여지지 않았고, 이러한 스케일링 방식이 지속 가능할지에 대한 의구심도 있었다.

오픈AI 챗GPT: 말을 잘 알아듣는 GPT-3

마침내 2022년 11월, 오픈AI는 GPT-3.5 계열 모델을 기반으로 하여 개발한 대화형 AI 서비스 챗GPT를 공개했다. 챗GPT는 이전과 다른 수준에서 AI가 갖는 가능성을 보여주었다. 챗GPT 관련 연구의 내용은 상당히 방대하고 전문적이라 여기에서 간단히 정리하기가 어렵지만, 쉽게 말해 챗GPT는 '사람의 말을 더 잘 알아듣는 GPT'라고 할 수 있다.

챗GPT의 구체적인 학습 방법에 대해서는 공식적으로 공개된 바가 없다. 다만 전문가들은 '지도학습 기반 미세조정(SFT: supervised fine-tuning)'과 '인간 피드백 기반 강화학습(RLHF: reinforcement learning with human feedback)'이 주요 파인튜닝(fine-tuning) 기법으로 사용되었을 것이라 추측했다.

파인튜닝은 소량의 데이터를 이용해서 모델을 추가적으로 학습시키는 기법을 뜻한다. 파인튜닝의 일종인 SFT는 사전 학습(pre-trained) 모델을 특정 작업에 최적화하는 과정으로, 인간 전문가들의 도움으로 문제에 대한 정답이 라벨링된 데이터(분류된 데이터셋)를 사용해 모델의 성능을 향상시키는 기법을 지칭한다.

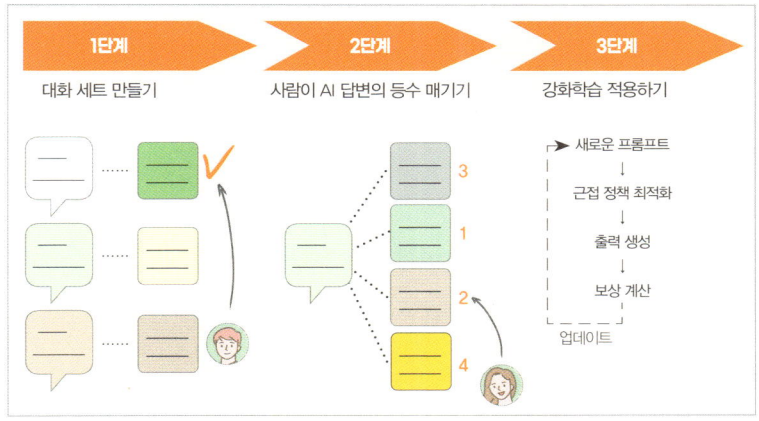

인간 피드백 강화학습.

반면 RLHF는 인간 피드백을 라벨(훈련용 정답 데이터)로 사용해 모델의 응답 품질을 개선하는 강화학습 기법이다.

두 기법의 차이를 좀 더 설명하자면, 가령 어떤 수학 문제의 데이터를 만들 때 SFT는 문제의 해답 자체를 필요로 하지만, RLHF는 문제 해답의 쌍이 있고 그중 어떤 것이 더 올바른가를 필요로 한다. 이러한 방법들은 2022년 당시 오픈AI뿐만 아니라 구글 등의 연구기관에서도 활발히 연구되고 있었다.

앞서 이야기했듯, 챗GPT가 등장하기 전까지 나는 대규모 언어모델이 가져올 혁신에 대해 완전히 공감하진 못하고 있었다. 그러나 챗GPT 출시 이후, AI에 대해 잘 모르는 친구들까지도 챗GPT를 흥미로워하고 직접 사용하기 시작했다는 점에서 큰 충격을 받았다. 무엇보다 그들은 챗GPT로부터 실질적 도움을 얻고 있었다. 세상이 정말로 바뀌고 있었던 것이다.

'오픈AI o1'과 '딥시크-R1': 사람처럼 생각하는 언어모델

2015년부터 2022년 중순까지 AI의 발전은 주로 모델과 데이터의 스케일링에 의해 주도되었다. 이 시기에는 더 많은 데이터와 더 큰 모델을 활용하는 것이 성능 향상의 핵심이었다. 2023년 3월에 GPT-4가 등장한 이후 최근까지도 이러한 트렌드는 지속되고 있다.

그러나 한편으로 2022년 말부터는 SFT(지도학습 기반 미세조정)와 RLHF(인간 피드백 기반 강화학습)가 주목받으면서 기존의 스케일링 방식이 한계에 도달한 것은 아닌지에 대한 의문도 함께 제기되었다. SFT는 전문가가 제작한 데이터를 필요로 하기 때문에 많은 비용이 들고, RLHF도 사람들의 피드백을 수집하는 과정이 복잡하며 역시 높은 비용이 요구되기 때문이었다.

물론 더 큰 모델을 더 많은 데이터로 학습시키면 해당 모델의 성능이 향상될 가능성은 여전히 존재했다. 하지만 연구자들은 인터넷상에서 활용 가능한 데이터의 대부분이 이미 소진되었음을 지적했고, 모델의 크기를 계속 키우는 것이 과연 상업적 가치가 있는 일인지에 대해서도 고민하기에 이르렀다. 결국 연구자들은 새로운 알고리즘적 혁신을 모색하기 시작했고, 그에 따라 인간의 사전 지식을 좀 더 효과적으로 활용하는 방식에 다시 주목하게 되었다.

그런데 오픈AI와 구글 등 선도적인 연구소들은 새로운 스케일링 방법을 찾아냈다. '테스트 타임 스케일링(test-time scaling)'이 그것으로, 이는 AI 모델이 문제를 푸는 과정에서 필요에 따라 더 많은 혹은 더 적은 연산을 수행할 수 있도록 하는 것을 뜻한다. 즉, 문제의 난이도에 따라 모델이 적절한 수준의 연산을 할당할 수 있게끔 돕는 것이다.

이는 사람이 어려운 문제를 해결하는 방식과 유사하다. 인간은 어려운 문제를 접하면 오랫동안 고민하고, 주변 사람들과 토론하며, 관련 자료를 조사하고, 가설을 세워 이를 검증 및 수정하는 과정을 거친다. 테스트 타임 스케일링이란 인간의 이러한 문제해결 과정을 대규모 언어모델에도 적용하는 것을 지칭한다. 다시 말해 대규모 언어모델이 인간처럼 생각하고 어려운 문제를 해결할 수 있도록 학습시키는 방식인 것이다.

AI 연구자들은 이러한 접근 방식이 오픈AI가 2024년 9월에 공개한 o1 모델의 근간일 것이라고 추측했다. 오픈AI는 인터넷상의 대량 데이터를 통해 학습된 GPT-4를 다시 대규모 강화학습으로 훈련시켰고, 모델은 이 과정에서 인간과 유사한 방식으로 생각하는 능력을 습득했을 것이라 여겨졌다. 연구자들의 이러한 추측은 중국 기업인 딥시크가 자사의 대규모 언어모델인 '딥시크-R1'과 관련해 발표한 논문을 계기 삼아 확신으로 바뀌었다.

오픈AI는 자사 모델들의 개발 방식을 더 이상 공개하지 않고 있다. 그러나 딥시크는 2025년 1월, '오픈AI o1'과 유사하게 동작하는 '딥시크-R1'의 개발 방식을 논문으로 발표했다. 그 논문의 핵심은 여전히 '쉽게 스케일링이 가능한 강화학습 방법'이었다. 딥시크는 기존 연구들과 달리 복잡한 방법론들을 최대한 제거하여 모델이 더 쉽게 스케일링할 수 있는 학습 구조를 디자인했고, 이는 굉장히 성공적인 결과로 이어졌다.

해당 논문이 공개된 이후 전 세계 연구자들은 이 방식을 직접 재현하며, 강화학습과 테스트 타임 스케일링이 AI 연구의 중요한 새로운 트렌드가 되었음을 실감했다.

딥시크의 논문은 내게도 큰 충격을 주었다. 오픈AI에게만 있다고 생각해왔던 독점적 지위, 특히 기술력에서의 지위가 어느새 여타 많은 회사들로부터 위협받고 있음을 확인시켜주었기 때문이다. 그에 더해 구글이나 메타, 앤트로픽처럼 이미 알려져 있던 글로벌 빅테크 기업들이 아니라 이름도 낯선 한 중국 회사가 그 일을 해냈다는 점도 상당한 충격이었다. 비록 딥시크 모델의 성능은 오픈AI 모델에 미치지 못하지만, 어쩌면 몇 년 뒤에는 AI 기술 지형이 바뀔 수 있겠다는 생각도 들었다.

2025년 이후의 대규모 언어모델

불과 2년 전만 해도 사람처럼 자연스러운 대화를 나눌 수 있는 챗봇을 찾기란 쉽지 않은 일이었다. 그러나 지금 사람들은 인간조차 해결하기 어려운 복잡한 문제들을 대규모 언어모델이 풀어내길 기대하고 있다.

특히 최근 등장한 기술인 '테스트 타임 스케일링'은 AI의 스케일링 방식에서 완전히 새로운 지평을 열었다. 더욱 놀라운 점은 이러한 획기적 발전이 비교적 단순한 강화학습 기법 덕분에 가능해졌다는 것이다.

현재까지 오픈AI는 지속적으로 자사의 모델을 발전시키며 박사 수준의 전문 지식이 요구되는 난제들까지 해결할 수 있도록 만들어 왔다. 또한 2024년 구글 딥마인드가 개발한 '알파 지오메트리 2(Alpha Geometry 2)'라는 시스템은 이미 국제 수학 올림피아드에서 은상을 획득하며 AI의 비약적 발전을 증명했다. 더불어 최근 구글에서 발표한 제미나이 모델들은 오픈AI 모델이 그간 쌓아올린 위상을 위협하고 있다.

아울러 최근의 대규모 언어모델들은 뛰어난 코딩 능력을 갖추고 개발자들의 생산성을 크게 향상시키는 중이다. 나 또한 앤트로픽의 클로드와 오픈AI의 챗GPT 같은 대규모 언어모델의 도움을 받아 일상적으로 코드를 작성하고 있다.

미래의 기술적 혁신을 정확히 예측할 수는 없지만, 한 가지만큼은 분명하다. 대규모 언어모델 연구는 인류가 오랫동안 노력해온 중대 문제들의 해결에 기여하는 방향으로 나아갈 것이라는 점이다.

앞으로 대규모 언어모델은 신약 개발 및 생명공학 분야에서 혁신적인 도구들의 제공, 나아가 정치적 난제들의 해결에도 큰 기여를 할 것이라 기대된다. 물론 이러한 미래가 오려면 수많은 연구가 뒷받침되어야 할 것이다.

앤트로픽의 CEO인 다리오 아모데이(Dario Amodei)는 2024년 10월, 「사랑과 은총의 기계(Machines of Loving Grace)」라는 글을 통해 AI가 세상에 가져올 혁신적인 변화를 전망했다. 이 글에서 그는 매우 강력한 AI가 생물학, 뇌과학, 경제발전, 그리고 심지어 세계의 정치적 면에까지 미칠 수 있는 긍정적 영향을 그려냈다.

혹자는 그의 예측이 지나치게 낙관적인 시각만을 담고 있다고 비판할 수도 있다. 하지만 내 생각은 다르다.

오픈AI는 다른 사람들이 불가능하다고 여겼던 스케일링 방법을 강력히 믿었고, 그 믿음을 바탕으로 엄청난 성과를 이루어냈다. 뛰어난 통찰력과 그 통찰을 실현할 수 있는 인재들, 그리고 탁월한 실행력이 만난다면 기술은 언제나 앞으로 나아갈 수 있다.

이러한 믿음으로 나는 미래에 펼쳐질 대규모 언어모델과 AI의 발전을 기대하고 있다. 그리고 이러한 기대를 현실화할 수 있도록, 어떻게 하면 대규모 언어모델로 하여금 의학이나 자연과학, 법학 등 좀 더 전문적인 지식을 많이 학습하게 할 수 있을지에 대해 연구하려 한다.

지금까지의 대규모 언어모델들은 웹상의 데이터를 위주로 학습해왔기 때문에 전문 지식을 갖는 데 상대적인 어려움을 겪었다. 이를 개선하기 위해 기업들은 자체적으로 전문가들을 고용해 데이터를 만들거나 좋은 질의 비공개 데이터를 구매하고 제작하는 일들을 진행했을 것이라 추정된다. 특히 수학이나 코딩과 같은 영역에서 이러한 과정이 비교적 많이 진행된 덕에 현재의 대규모 언어모델들도 좀 더 많이 발전해왔을 것이다. 전문 지식 학습과 관련된 대규모 언어모델의 이러한 어려움에 대응하기 위해, 데이터가 충분하지 않은 전문 영역에서도 대규모 언어모델이 잘 학습할 수 있게 하는 알고리즘을 개발하는 것이 앞으로의 내 계획이다.

AI가 인류를 지배한다고?
: AI의 위험, 그리고 그 해결을 위한 노력들

_이성민(조지아텍)

최근 양질의 텍스트와 이미지를 빠르게 만들어내는 생성형 AI가 등장하면서 AI에 대한 관심이 폭발적으로 증가했다. 나만 해도 코드를 짜거나 논문을 읽고 쓸 때 AI의 도움을 받곤 하며, 스마트폰조차 어려워하셨던 우리 할머니께서도 어디선가 배우셨다며 챗GPT에 대한 이야기를 하실 정도다. 이처럼 AI는 어느새 모두의 일상 속 깊숙이 스며들었다.

그런데 가끔 AI가 인간을 뛰어넘는 능력을 보여줄 때마다, 'SF영화에서처럼 AI가 인류를 지배하는 날이 오는 건 아닐까' 하는 생각이 새삼스레 들며 소름이 돋곤 한다. 하지만 AI를 꽤나 가까이에서 다루는 내가 보기에, 적어도 가까운 미래에는 그런 일이 벌어지지 않을 것

같다. 현재까지 만들어진 AI는 기본적으로 인간이 지시한 바에 따라 작동하기 때문이다.

그렇다면 AI를 마음 편히 믿고 사용하면 될까? 아쉽지만 또 그렇지는 않다. AI는 인간의 지시대로 일을 하는 존재인지라 잘못된 지시를 받으면 잘못된 행동을 하기 때문이다. 따라서 AI의 위험성을 이해하려면 우선 인간이 AI에게 일을 어떻게 지시하는지를 알아야 한다.

AI는 어떻게 학습할까?

AI를 학습시키려면 데이터와 목표, 이 두 가지를 AI에게 제공해야 한다. AI는 주어진 데이터를 바탕으로 목표를 최대한 잘 달성하도록 학습된다. 예를 들어 얼굴 인식 AI를 만들고자 한다면 AI에게 수많은 얼굴 사진 데이터를 제공한 뒤 동일 인물의 얼굴을 구별해내도록 목표를 설정하면 된다. 챗GPT와 같이 텍스트를 생성하는 AI의 경우에는 방대한 양의 텍스트 데이터를 제공하고, 그 속의 패턴을 파악해 최대한 데이터에 있을 법한 문장을 만들도록 하는 것이 학습의 핵심이다.

하지만 AI에게 양질의 데이터와 정확한 목표를 제공하기란 쉬운 일이 아니다. 일반 사용자들은 AI와 자연어로 대화하지만, 개발자들은 원하는 방향으로 AI를 학습시키기 위해 학습 목표를 수식이나 알고리즘 형태로 설계해야 한다. 이 과정에서 개발자의 의도가 정확히 반영되지 못하고 왜곡되는 경우가 생기곤 한다. 게다가 AI를 학습시키는 데 필요한 데이터가 너무 방대하기 때문에, 그 안에 문제가 있는지를 일일이 검토하는 것도 몹시 어렵다. 이와 같이 완벽하지 않은 데이터와 목표를 바탕으로 AI를 학습시키는 탓에, AI는 우리가 의도하지 않은 방식으로 작동하거나 예상치 못한 문제를 일으킬 수 있다.

AI가 일으킬 수 있는 문제들

앞서 이야기한 바와 같이, 텍스트를 생성하는 AI는 인터넷에서 모은 방대한 양의 텍스트에 있을 법한 문장을 만드는 데 목표를 둔다. 이로 인해 AI는 자신이 생성해낸 글의 정확도나 안전성보다는 '얼마나 그럴싸한 문장인가?'를 더 우선시하는 경향이 있다.

이렇게 학습된 AI는 어떠한 질문을 받아도 마치 확신에 찬 듯이 대답하곤 한다. 자신이 알지 못하는 내용을 물어봤음에도 말이다! 인터넷상의 텍스트는 주로 무언가를 설명하거나 주장하는 글이다 보니, AI가 모르더라도 아는 체하며 자신 있게 대답하는 것이 목표에 더 근접한 행동이 되는 것이다. 이와 같이 생성형 AI가 잘못된 답변을 하거나 존재하지도 않는 정보를 그럴싸하게 지어내는 현상이 바로 '할루시네이션(환각)'이다.

환각은 AI를 의심 없이 믿고 사용하는 사람들에게 특히나 치명적이다. 미국에서는 한 변호사가 챗GPT를 이용해 법률 서류를 작성했는데, AI가 존재하지 않는 판례를 사실인 것처럼 만들어내는 바람에 큰 논란이 일었다. 또한 AI가 잘못된 의학정보를 제공해 환자가 적절한 치료를 받지 못하게 되거나, 음모론과 같은 허위 정보를 그럴듯하게 포장하고 퍼뜨림으로써 사람들을 잘못된 방향으로 선동할 수 있다는 우려의 목소리도 함께 커지고 있다.

더불어 편견과 차별이 내재된 데이터로 학습된 AI는 사람들의 편견과 사회적 불평등을 심화시킬 수도 있다. 인사 채용이나 범죄 예측에 AI를 활용했을 때 특정 인종 또는 성별을 부정적으로 평가했다거나, 특정 집단을 더 유리하게 처리한 사례들도 실제로 여럿 보고된 바 있다.

또한 일부 대화형 AI는 사용자와의 대화 중 특정 집단에 대한 차별 및 혐오 표현을 드러냄으로써 사람들의 편견을 더욱 강화시킬 가능성이 있다. 옛날부터 축적된 방대한 데이터 안에는 성별·직업·국적 등 특정 집단에 대한 잘못된 편견이 내재되어 있는데, AI를 훈련시킬 때 이러한 데이터를 활용한 것에서 기인하는 문제다. 수많은 데이터를 특성이나 품질 면에서 하나하나 검토하는 것이 매우 어렵다 보니 AI는 여과 없이 그 편견을 학습하고, 그 결과 사회적 불평등을 재생산 및 악화시키는 것이다.

AI는 위험한 정보에 대해서도 경계 없이 답변함으로써 인간에게 직접적 해를 가할 수도 있다. 인간의 경우, 누군가로부터 질문을 받으면 그에 대한 답변을 하기에 앞서 그것이 가져올 수 있는 여파를 고민해 답변 여부를 결정하곤 한다. 하지만 AI는 이러한 윤리적 판단 능력이 결여되어 있어 무기 제작법이나 해킹 방법 같은 부적절한 질문에도 구체적인 답변을 생성하곤 한다. 심지어는 사용자가 스스로 목숨을 끊도록 부추기며 그 방법을 구체적으로 알려준 사례도 있었다.

이후 많은 보완이 이루어졌지만, 악의를 가진 사용자가 질문을 교묘하게 바꿔가며 금지된 정보를 얻어내려는 시도는 지금도 계속되고 있다. 그에 따라 이를 막기 위한 연구와 개발 또한 꾸준히 진행되는 중이다.

개인정보 유출 역시 심각한 문제다. '있음직한 문장'을 만드는 데 AI가 집중하다 보니, 학습 데이터에 포함된 개인정보가 노출되곤 하는 것이다. 일례로 특정 인물의 전화번호·집 주소·은행 계좌번호 등의 민감한 개인정보가 대화형 AI의 답변에 포함된 사례가 실제 보고된 바 있다.

또한 일부 서비스에서는 사용자가 입력한 프롬프트를 무단으로 저장하고 이를 다시 AI를 학습시키는 데 활용하면서 사생활 침해 논란을 일으키기도 했다. 특히 기업 내부 문서나 고객의 정보를 포함한 입력 내용이 저장되고 다른 사용자의 대화에서 노출될 수 있다는 점에서, 개인정보 처리에 대한 투명한 고지와 규제는 점점 더 중요해지고 있다.

더 나아가 AI가 악의적 목적에 쉽게 활용될 수 있다는 점 또한 매우 큰 문제다. 생성형 AI의 발달로 가짜 뉴스를 실제 기사처럼 만들거나, 특정 인물의 얼굴과 음성을 정교하게 모방해 사칭에 악용하는 일은 실제로 증가 추세를 보인다.

기업 상사의 목소리를 AI로 위조해 직원으로 하여금 거액을 송금하게 만든 사기 사례가 있었는가 하면, 유명인의 얼굴을 합성한 허위 영상이 온라인에 유포되면서 사생활 침해와 명예훼손 문제로 이어진 사례도 많다. 허위 사실 유포와 사칭 등이 훨씬 정교해짐과 동시에 쉬워지면서, 사회적 혼란 및 문제에 대한 대응과 책임 있는 기술 활용의 필요성은 더욱 절실해지고 있다.

AI의 위험을 줄이려면

이렇듯 AI가 내포한 다양한 위험 요소가 알려지자 이를 방지하려는 노력도 활발히 진행 중이다. 정부와 각종 기관에서는 관련 규제 및 대응책을 세우고 있으며, 연구자들 역시 AI의 환각 문제에서 비롯되는 위험을 방지하기 위한 기술 개발에 한창이다.

AI가 만들어낸 답변이 인터넷상의 자료와 얼마나 일치하는지를 확인하거나, AI 스스로 해당 답변에 대해 얼마나 자신감을 갖는지를 측정해 답변의 신뢰도를 평가하는 기술의 개발에 나선 것이 그 예다.

답변의 신뢰도가 낮다고 판단되는 경우에는 사용자에게 이를 경고하거나 아예 다른 답변을 생성하게 함으로써 환각에 따른 위험을 줄이려는 것이다.

민감한 개인정보나 위험한 정보의 경우에는 AI가 아예 그것을 잊어버리도록 만드는 알고리즘도 개발 중이다. 이는 수많은 과거 데이터로 이미 학습된 AI가 부적절한 내용을 생성하지 않도록 특정 정보나 표현을 지워버리는 방식이다.

이와 함께 성별이나 인종 등 답변과는 무관한 요소가 판단에 영향을 주지 않도록 편향을 억제하는 알고리즘, 생성된 텍스트에서 민감하거나 부적절한 정보를 자동으로 감지해 차단하는 필터링 기법도 활발히 연구되는 중이다.

AI가 생성한 답변의 전반적인 품질과 안전성을 향상시키려는 노력도 계속되고 있다. AI가 답변을 생성할 때 어떤 논리적 흐름과 근거로 그것을 도출했는지 단계별로 설명하게끔 유도하는 '사고의 사슬(CoT: chain-of-thought)' 기술이 대표적인 예다. 이 방식은 단순히 정답을 제시하고 그것을 익히게 하는 방법보다 논리적 면에서의 정확성을 훨씬 높여주고, 사용자가 해당 답변의 논리적 근거를 직접 확인함으로써 AI의 답변에 대한 신뢰 여부를 판단하는 데도 큰 도움이 된다.

AI의 텍스트 생성 방식을 인간의 대화 스타일에 최대한 유사하게 맞춤으로써 위험하거나 잘못된 텍스트 생성을 줄이는 시도도 지속되고 있다. 앞서 잠깐 언급했듯 인간은 누군가와 대화를 할 때 자신의 답변이 자연스러운지뿐만 아니라 자신에게 답변할 능력이 있는지, 그 답변이 부정적 영향을 줄 가능성은 없는지 등 다양한 고민들을 한다. 이를 AI도 최대한 모방하게끔 하기 위해 개발자들은 AI의 답변이 안전한지, 혹은 어떤 답변을 더욱 선호하는지 등에 대한 피드백을 다양한 사람들로부터 수집하고, 이를 바탕으로 AI가 인간의 선호도를 따르도록 후처리하는 방식을 활용하고 있다. 이러한 접근은 위험을 줄이는 동시에 생성된 텍스트의 품질 또한 개선하는 것으로 밝혀졌다.

　AI의 환각 문제를 해결하는 데는 이처럼 위험 요소 감지 및 안전성 향상을 위한 노력이 중요하다. 그에 더해 감지된 위험을 사용자들에게 어떻게 경고하는 것이 효과적인지, 더 나아가 AI의 위험성에 대한 올바른 인식 및 지식을 사람들에게 어떻게 전달할 수 있을지에 대한 연구도 필수적이다.

　'AI와 사람들 사이의 상호작용(human-AI interaction)'을 연구하는 나 역시 이러한 주제에 주목하고 있다. 예를 들어 AI가 생성한 답변의 신뢰도를 직접 평가할 수 있도록, 해당 답변이 어떤 데이터에 기반했는지를 사용자에게 시각적으로 보여주는 프로그램을 개발했다고 하자. 생성된 답변이 믿을 만한 데이터에 뿌리를 두고 있다면 사용자는 그 내용을 이해하고 채택할 테지만, 오류나 편향 가능성이 큰 소셜미디어 등의 출처에 기반한 경우에는 좀 더 신중하게 검토한 후 판단하려 할 것이다. 이러한 판단을 잘할 수 있도록 돕는 것이 이 주제를 연구하는 이들의 목표다.

AI의 작동 원리와 그로 인해 발생할 수 있는 위험을 비전문가도 쉽게 이해하게 해주는 교육용 웹 인터페이스 또한 이러한 목적에서 개발되었다. 이 웹 인터페이스는 사용자가 입력한 인풋에 대해 AI가 어떻게 텍스트를 생성하는지를 애니메이션으로 시각화함으로써, 사용자 입장에서 별도의 AI 지식 없이도 쉽게 원리가 이해될 수 있도록 설계되었다. 이 인터페이스는 현재까지 25만 명이 넘는 사람들로부터 활용되었고, 여러 대학의 강의에서도 사용되고 있다. 앞으로는 다양한 AI 기술이 나타날 전망에 발맞추어 기존에 알려진 위험성들은 물론 아직 거론되지 않은 새로운 위험성을 미리 예측 및 대비하고, 이를 실제 사용자들을 보호하는 데 반영할 수 있는 방법을 지속적으로 모색할 예정이다.

현명한 AI 활용에 요구되는 것들

이와 같은 연구들 덕분에 현재의 AI는 초기 AI에 비해 위험 요소가 많이 줄어들었다. 하지만 완벽히 해결되었다고 하기에는 여전히 많이 부족한 것이 사실이다. AI의 발전과 함께 새로운 악용 사례와 위험 요소가 앞으로도 점점 더 등장할 수 있기 때문이다.

AI의 위험성을 줄이기 위해서는 앞서 소개한 바와 같은 기술 개발 및 연구가 끊임없이 이루어져야 한다. 동시에 일반 사용자들에게도 AI의 잠재적 위험을 인지하고 AI를 주의 깊게 활용하는 태도가 요구된다. 그렇게 할 때에야 비로소 우리는 AI의 위험에 '지배'당하지 않고, 적재적소에 AI를 '활용'할 수 있는 현명한 사용자가 될 수 있을 것이라 기대한다.

빅테크 AI 과학자

_장영균(전 메타, 현 구글 딥마인드)

메타에서 박사후과정을 거쳐 현재 구글 딥마인드의 새내기 AI 과학자로서, 나는 AI 연구 과학자가 어떤 사람인지 그리고 AI 연구 과학자가 되려면 어떤 준비를 해야 하는지에 대한 내용을 독자들과 공유하기 위해 이 글을 써보기로 했다.

나의 개인적 경험 및 의견을 바탕으로 하는 글이기는 하지만, 미래에 구글·메타·애플·앤비디아·마이크로소프트 등 이른바 빅테크 기업에서 AI 연구 과학자로 일하기를 꿈꾸는 박사과정의 분들, 또는 박사과정을 준비하는 학부생들이 참고하여 자신의 진로를 설계하는 데 조금이나마 도움이 되기를 바란다.

AI 연구 과학자는 무엇을 할까?

AI 연구 과학자(AI Research Scientist)는 어떤 사람들일까? 이들은 'AI의 가능성을 현실로 만들기 위해 연구하는 사람들'이다. 새로운 AI 모델을 세상에 내놓고, 기존 모델에 대해선 본래의 한계를 넘어설 때까지 성능을 개선시키고, AI가 활약할 새로운 무대를 찾아내는 것이 이들의 주된 역할이다.

하나의 연구에 긴 시간을 쏟아붓는다는 것은 여타 분야의 과학자들과 AI 연구 과학자들이 갖는 공통점이다. 하지만 전자와 비교해볼 때 후자를 특별하게 만드는 결정적 차이가 있으니 바로 '속도'다. AI의 세계는 하루가 다르게 변하기 때문에 이들은 잠시도 멈출 수 없다. 끊임없이 배우고 성장해야만 하는 숙명을 지닌 직업인 셈이다.

내가 본격적으로 AI 연구를 시작한 2016년 이후 2022년까지, 6년이라는 짧은 기간 동안 AI 분야는 눈부신 속도로 발전했다. 인간 최강의 바둑 기사인 이세돌을 압도한 딥마인드의 알파고(AlphaGo), 단순한 채팅을 넘어 인간 수준의 사고를 하기 시작한 대규모 언어모델인 챗GPT와 제미나이도 모두 이 시기에 등장했다.

AI 연구자들은 이처럼 빠르게 발전하는 환경 속에서 과거에는 상상하기 어려웠던 모델과 기술을 다루고 있다. 따라서 새로운 기술의 등장 속도에 뒤처지지 않으려면 꾸준히 논문을 읽고 코드를 작성하며 동료들과 토론하는 과정을 통해 새로운 지식을 끊임없이 흡수해야만

한다.

　AI 연구 과학자의 역할이 AI 모델의 개발·성능 개선·새로운 응용 분야 발굴에만 한정되는 것은 아니다. 예를 들어 AI 모델의 윤리적 문제점을 분석하고 해결하거나, AI 기술이 사회에 미치는 영향을 연구하는 것 또한 중요한 역할에 포함된다.

　따라서 AI 연구 과학자는 기술적인 지식만으로는 성공할 수 없다. 비판적 사고 능력·문제해결 능력·창의적 사고 능력·협업 능력 등 다양한 역량을 갖춰야 한다는 뜻이다. 자신의 연구 결과를 효과적으로 전달하는 커뮤니케이션 능력 역시 중요함은 물론이다.

　AI 연구 과학자는 빠르게 변화하는 분야에서 꾸준히 배우고 성장해야 하는 도전적인 직업이다. AI라는 강력한 도구를 다루며 세상을 변화시킬 잠재력을 가질 수 있지만, 사실 그 힘은 쉽게 얻어지지 않는다. 끊임없는 연구와 노력으로 기술을 연마하고 윤리적 문제까지 고려하며 신중하게 AI를 다루어야 하기 때문이다. 궁극적으로 AI 연구 과학자는 시대적 흐름 속에서 기술 발전을 선도하며, 의료·교육·금융·제조 등 다양한 분야에 긍정적 영향을 미칠 연구를 통해 더 나은 미래에 기여하는 역할을 할 것이다.

AI 연구 과학자를 향한 첫걸음

　그렇다면 AI 연구 과학자가 되기 위해선 무엇을 어떻게 준비해야 할까?

첫 단계는 학부 과정에서 탄탄한 기초를 다지는 것이다. 컴퓨터과학·통계학·수학 등 관련 전공을 선택하는 것이 좋으며, 특히 선형대수학·확률 및 통계 같은 수학적 지식 위에 자료 구조·알고리즘·프로그래밍(Python, C++ 등) 같은 컴퓨터과학의 핵심을 쌓아야 한다. 여기에 머신러닝·딥러닝·자연어 처리·컴퓨터 비전 등 AI 심화 과목을 더해 연구에 필요한 기반을 완성한다.

물론 이론적 지식만으로는 충분하지 않다. 연구실 인턴십이나 프로젝트에 참여해 이론을 실제 문제에 적용하는 능력을 기르는 실무 경험이 중요한 이유다. 이러한 경험은 대학원 진학에도 큰 도움이 된다. 또한 모든 연구는 국제적으로 이루어지기에 영어 논문을 읽고 쓰는 능력은 필수다. 나아가 오픈소스 프로젝트에 기여하거나 AI 커뮤니티에서 활동하는 것 역시 실력과 네트워크를 함께 쌓는 좋은 방법이다.

그렇다면 학부에서 기초를 다진 후 바로 빅테크 기업의 AI 연구 과학자가 될 수 있을까? 일반적으로는 어렵다. AI 모델을 개발하는 직군은 크게 다음의 두 가지로 나뉘기 때문이다.

① **소프트웨어 엔지니어**(SWE: software engineer): AI 모델을 실제 서비스에 적용하고 최적화하며, 관련 시스템을 설계 및 개발하는 역할을 주로 맡는다.

② **AI 연구 과학자**: 새로운 AI 이론과 모델, 알고리즘을 연구 및 개발하고, 연구 결과를 논문으로 발표하거나 특허로 작성하는 역할을 주로 맡는다.

최근에는 이 두 직군의 경계가 흐려지고 있지만, 이처럼 새로운 길을 개척하는 AI 연구 과학자가 되는 데는 일반적으로 박사학위가 요구된다. 따라서 AI 연구 과학자가 되고자 한다면, 학부 졸업 후에는 관심 분야의 연구실이 있는 대학원에 진학해 특정 주제를 깊이 파고들며 전문성을 갖추는 것이 좋다.

AI 연구 과학자로서 역량을 효과적으로 증명하는 방법 중 하나는 국제 학회에서 연구를 발표하는 것이다. 주요 연구 논문들은 권위 있는 학회를 통해 발표되는데, 분야별 대표 학회들은 다음과 같다.

① **머신러닝 분야**: 신경정보처리시스템학회(NeurIPS)
② **컴퓨터 비전 분야**: 컴퓨터 비전 및 패턴인식 학회(CVPR: Conference on Computer Vision and Pattern Recognition)
③ **자연어 처리 분야**: 계산언어학회(ACL: Association for Computational Linguistics)

이러한 학회들에서는 논문 합격률이 25% 내외이고, 특히 구두 발표 논문의 경우에는 5%에 불과할 정도로 경쟁이 매우 치열하다. 그렇기에 대학원 과정 중 이런 학회에 논문을 발표하는 것은 학계와 산업계에서 실력을 인정받는 중요한 이정표가 된다.

특히 미국의 빅테크 기업들은 박사과정생들을 대상으로 인턴십 프로그램을 운영하는데, 이는 기업이 기대하는 연구 역량을 직접 경험해볼 좋은 기회다. 이러한 인턴십에 지원할 때 앞서 언급한 학회들에서의 논문 발표 경험은 큰 강점이 된다. 연구 실적이 많을수록 기업들의 주목을 받을 수 있고, 인턴십을 통해 쌓은 실무 경험은 졸업 후 정규직 취업으로 이어지는 중요한 발판이 되기 때문이다.

빅테크 AI 연구 과학자가 되어보자!

길었던 박사과정을 마쳤다면 AI 연구 과학자가 밟을 다음 단계는 무엇일까? 대개는 크게 두 가지 진로 사이에서 선택을 하게 된다.

하나는 학계에 남아 대학이나 연구소의 교수 또는 연구원으로 활동하는 것이다. 이 길을 선택하면 AI의 근본적 이론과 모델을 탐구하고 후학을 양성하는 역할을 맡게 된다. 또한 새로운 알고리즘을 개발하고 이론적 토대를 다지는 논문을 발표하며 AI 분야의 학문적 발전에 직접 기여할 수 있다. 깊이 있는 학문적 탐구가 가능하다는 장점이 있지만, 연구 결과물이 실제 기술로 상용화되기까지는 비교적 오랜 시간이 걸릴 수 있다.

다른 하나의 길은 산업계로 진출해 빅테크 기업이나 AI 스타트업의 연구 과학자가 되는 것이다. 산업계에서는 AI 기술을 실제 제품과 서비스에 적용하는 실용적 연구에 집중한다. 또한 학계에서보다 훨씬 방대한 데이터와 막대한 컴퓨팅 자원을 활용할 수 있으며, 연구 결과가 빠르게 서비스로 연결되어 세상에 실질적 영향력을 미치는 것을 경험할 수 있다.

최근의 AI 연구는 거대한 데이터와 높은 연산 능력을 필요로 하는 추세다. 이 때문에 학계에서 시도하기 어려운 대규모 연구를 진행할 수 있다는 점이 산업계에서의 연구가 갖는 큰 매력이다. 하지만 그만큼 세계적으로 주목받는 연구를 수행해야 하고, 짧은 시간 안에 구체적 성과를 내야 한다는 압박감도 따른다. 따라서 박사과정을 거치면서 자신의 연구 성향과 장기 목표는 무엇인지, 학계와 산업계 중 어떤 환경이 자신에게 더 적합할지 신중하게 고민하는 과정을 반드시 거쳐야 한다.

산업계, 특히 빅테크 기업에서 AI 연구자로 일하기로 결정했다면 가장 먼저 인터뷰 기회를 확보해야 한다. 기회를 만드는 방법은 여러 가지다.

가장 일반적인 방법은 인턴십 경험을 통해 정규직으로 전환되는 것이다. 다른 유력한 전략으로는 NeurIPS, CVPR, ACL 같은 국제 학회에 꾸준히 논문을 발표하며 기업의 연구원이나 리크루터와 자연스럽게 네트워크를 형성하는 방법이 있다. 마지막으로, 관심 있는 기업 혹은 연구팀의 구성원에게 링크드인(LinkedIn)으로 연락을 하거나 콜드 이메일(cold email, 수신자와 사전의 관계나 접촉 없이 보내는 메일)을 통해 자신을 직접 소개하고 어필하는 적극적인 시도도 해볼 수 있다.

이러한 시도들을 통해 인터뷰 기회를 얻었다면 합격을 위해 무엇을 준비해야 할까? 빅테크 기업들은 지원자에게 높은 수준의 연구 이해도, 산업적 통찰력, 뛰어난 코딩 실력, 그리고 원활한 협업 능력 등을 종합적으로 요구한다. 이를 평가하기 위해 인터뷰는 보통 다음과 같은 네 가지 핵심 라운드로 구성된다.

① **연구 발표**(job talk): 45분에서 1시간 동안 자신의 박사과정 연구를 발표하는 세션이다. 이 라운드에서는 연구의 목표 및 핵심 성과를 명확히 설명하고, 더 나아가 자신의 연구가 지원 기업의 서비스 혹은 제품에 어떻게 기여할 수 있는지, 앞으로의 연구 계획은 무엇인지를 논리적으로 제시해야 한다. 연구의 독창성과 산업적 활용 가능성을 함께 강조하는 것이 중요하다.

② **코딩 테스트**(AI coding): 새로운 아이디어를 실제로 구현할 수 있는 코딩 실력을 평가하는 라운드다. 일반적인 알고리즘 문제 해결 능력은 기본으로 갖춰야 하고, 특정 AI 모델의 구조나 학습 방법을 코드로 직접 구현하는 능력도 요구받을 수 있

다. 리트코드(LeetCode) 같은 사이트에서 꾸준히 알고리즘 문제를 풀며 실력을 다지고, 주요 머신러닝 알고리즘을 직접 구현해보며 연습해두면 큰 도움이 될 것이다.

③ **연구 설계**(research design): 연구 지식을 바탕으로 실제 산업 환경에서 발생할 수 있는 문제의 해결 능력을 평가하는 라운드다. 지원하는 회사의 제품과 기술 스택을 미리 깊이 있게 공부하고, 자신의 연구를 어떻게 적용해 문제를 해결할 수 있을지 구체적인 아이디어를 제시해야 한다. 최신 AI 연구 동향에 대한 심도 깊은 이해를 바탕으로 실무적 활용 방안까지 고민한 흔적을 보이면 좋은 인상을 남길 수 있다.

④ **행동 면접**(behavioral): 미래의 동료로서 함께 일할 수 있는 사람인지를 평가하는 라운드다. 모든 기업들에는 저마다 고유한 문화 및 가치관이 있으니, 이를 미리 파악하고 자신의 경험을 바탕으로 소통 능력과 팀워크 역량을 어필하는 것이 유리하다.

각 인터뷰에는 향후 함께 일하게 될 팀원이나 인접 팀의 멤버가 면접관으로 들어오는 경우가 많다. 이들을 '미래의 동료'라 생각하고 팀의 역할이나 당면 과제, 개인에게 기대하는 역할 등에 대해 주어질 구체적인 질문을 미리 준비해 가면 좋은 인상을 줄 수 있다. 면접 내내 밝은 태도를 유지하고, 설령 모르는 질문이 나오더라도 포기하지 않고 면접관과 적극적으로 소통하며 답을 찾아가려는 자세를 보이는 것이 무엇보다 중요하다.

또한 면접 시의 질문들은 큰 주제를 중심으로 주어지는 경우가 많다. 그러니 단순히 하나의 정답을 말하기보다는 가능한 해결책과 그 한계, 그리고 여러 대안까지 논리적으로 설명하며 대화를 이끌어가는 능력을 보여주는 편이 좋다. 실전 감각을 기르기 위해 동료들과 모의 인터뷰(mock interview)를 진행해보는 것도 합격 가능성을 높이는 효과적인 방법이다.

이처럼 AI 연구 과학자가 되기까지의 여정에는 오랜 기간의 깊이 있는 학문적 탐구와 실무 경험 모두가 요구된다. 전략적으로 인터뷰 기회를 만들고, 연구 발표부터 코딩·연구 설계·행동 면접에 이르기까지 철저히 대비한다면 꿈에 그리던 커리어를 성공적으로 시작할 수 있을 것이다.

AI 연구 과학자로서의 삶과 미래

AI 연구 과학자가 되면 실제 산업계에서는 어떤 역할을 맡게 될까? 이들의 핵심 임무는 새로운 알고리즘을 개발하고, 기존 모델의 성능을 개선하며, 복잡한 비즈니스 문제를 해결하기 위한 연구를 수행하는 것이다. 그 결과물은 논문으로 발표되기도 하고, 기업의 제품과 서비스에 직접 적용되어 가치를 창출하기도 한다.

산업계의 최우선 목표는 '실용적인 AI 솔루션 개발'이다. 따라서 연구와 실험을 통해 모델의 성능을 극한까지 끌어올리는 동시에, 실제 운영 환경에서 안정적으로 작동하도록 최적화하는 과정이 매우 중요하다.

또한 최신 AI 기술 동향을 놓치지 않고 파악하며, 팀원들과 연구결과를 공유하고 협업하여 혁신을 이끌어내는 것 역시 주요 업무에 속한다. 특히 빅테크 기업에서는 챗GPT나 제미나이 같은 대규모 언어 모델의 성능을 개선하는, 세계적으로 주목받는 연구에 참여할 기회를 얻을 수 있다. 이러한 프로젝트는 기업 간의 기술경쟁이 가장 치열한 분야이므로, 방대한 컴퓨팅 자원(GPU, TPU 등)을 활용해 빠르게 변화하는 환경 속에서 연구를 수행해야 한다.

물론 그만큼 이 분야의 취업 경쟁은 매우 치열하기에, 대학원 과정에서 다수의 논문을 발표한 경험과 철저한 면접 준비는 필수적이다. 아울러 실제 사용자에게 영향을 미치는 제품을 다루는 분야인 만큼, AI 학습 데이터의 저작권이나 생성형 모델의 부작용 같은 다양한 윤리적 이슈 역시 깊이 있게 고민하고 해결해야 하는 무거운 책임이 뒤따른다.

한편 학계로 진출할 경우에는 좀 더 근본적인 이론 연구 및 장기적 관점의 프로젝트에 집중할 수 있는 환경이 제공된다. 주요 활동으로는 논문 발표와 학술 콘퍼런스 참가, 그리고 후학 양성이 있고, 산업계에 비해 비교적 자유로운 분위기에서 연구를 진행할 수 있다. 특히 교수로 근무하며 강의와 지도를 통해 다음 세대의 연구자를 키워내는 보람을 느낄 수 있다는 것도 매력적이다.

그러나 앞서 말했듯 최근의 대규모 언어모델 연구에서는 막대한 컴퓨팅 자원이 필수적이라, 현실적으로 학계에서 직접 연구를 진행하기는 어려운 경우가 많다. 따라서 자신의 연구 성향과 목표를 다시 한 번 신중하게 고려하여 진로를 결정하고 준비하는 것이 중요하다.

최근 AI 모델의 성능이 기하급수적으로 발전하면서, 이제는 AI가 숙련된 개발자 못지않은 코딩 실력을 보여주는 사례도 등장하고 있다. 이는 단순한 코딩 능력만으로는 AI 업계에서 더 이상 경쟁력을 유지하기 어려운 시대가 되었음을 의미한다.

하지만 동시에 현재의 AI가 여전히 극복해야 할 명확한 한계들도 존재한다. 지금의 AI 모델을 운영하는 데는 막대한 비용이 든다. 또한 AI는 자연어 처리 능력이야 뛰어나지만 이미지·오디오·비디오 등 여러 형태의 데이터를 인간처럼 깊이 있게 이해하는 데는 한계가 있다. 텍스트·이미지·음성·영상·센서 데이터 등 다양한 형태의 데이터를 동시에 처리하는 멀티모달(multimodal) 기술이 발전하고는 있으나, 현재까지의 AI는 인간 수준의 직관과 문맥 파악 능력에 아직 미치지 못한다. 더불어 물리적 세계와 직접 상호작용을 하는 로봇 기술과의 융합도 아직 초기 단계에 머물러 있어, 자율주행이나 가정용 로봇 같은 실생활 적용은 제한적인 상황이다.

이러한 한계를 극복하고 AI 기술의 새로운 장을 여는 것이 바로 현대 AI 연구 과학자들의 핵심 과제다. 이들이 이끌어야 할 혁신의 방향은 크게 기술적·사회적·윤리적 과제로 나눌 수 있다.

기술적으로는 좀 더 효율적인 알고리즘을 개발하고 AI 모델의 연산을 최적화하며, 멀티모달 학습 능력을 개선하고 로봇공학과 융합하는 등의 연구가 필요하다. 이와 동시에 AI의 윤리적 문제를 해결하고 기술의 신뢰성을 확보하며, 데이터 편향(bias)을 제거하고 개인정보를 보호하는 것 역시 중요 연구 분야로 떠오르고 있다.

따라서 현대의 AI 연구자는 최신 기술 동향을 빠르게 습득하고 적용하는 능력은 물론, 창의적인 문제해결 능력과 논리적 사고력을 바탕으로 새로운 모델을 개발하고 기존 기술을 개선하는 역량을 반드시 갖추어야 한다.

결론적으로 AI 연구 과학자의 길이 가장 잘 어울리는 사람은 끊임없이 배우려는 지적 호기심, 논리와 창의력을 넘나드는 사고, 복잡한 문제해결 자체를 즐기는 태도, 그리고 기술을 통해 사회에 기여하려는 열정을 모두 가진 인물이라 할 수 있다.

지금까지 살펴본 대로, AI 연구 과학자는 깊은 학문적 탐구심과 실용적인 문제해결 능력을 동시에 갖춘 전문가여야 한다. 현재 AI가 가진 명확한 한계들을 극복하고, 더 실용적이고 혁신적인 방식으로 기술의 미래를 만들어나가는 것이 이 시대 AI 연구자들의 핵심 역할이 될 것이다.

PART 3

이들의 서평공화국에서 AI 활용

들어가기

의료와 생명과학에서의 AI 혁신

진시황이 불로초를 찾고자 동쪽 바다로 사자를 보냈다는 이야기는 누구나 한 번쯤 들어보았을 것이다. 사실 여부와 무관하게, 이 이야기는 시간을 넘어 건강하게 오래 살고자 한 인간의 열망을 보여준다. 이 소망은 황제만의 것이 아니다. 결국 우리가 바라는 것은 건강한 몸과 마음으로 사랑하는 사람들과 더 오래 지내는 삶이다.

돌잔치는 아이가 태어나고 1년 뒤 맞는 첫돌에 그 아이의 건강과 장수를 빌며 축하하는 한국의 전통 행사다. 과거 영아 사망률이 높던 시절에는 첫돌을 맞는 일 자체가 큰 의미라 무사히 자라준 것에 대한 감사로 잔치를 열었다. 당시 영아 사망률이 높았던 주된 이유는 폐렴·설사병·홍역 같은 감염병과 영양 결핍, 분만 합병증, 열악한 위생 환경이었다.

반면 오늘날의 암, 노화로 인한 퇴행성 질환(치매, 알츠하이머 등), 우울증을 포함한 정신 질환에는 더 오래 사는 사회에서 세포와 뇌에 쌓이는 손상, 생활습관과 만성 스트레스, 사회적 고립 같은 요인이 크게 작용한다. 과학과 의료 기술의 발전으로 지난 세기 동안 소아 사망률은 크게 줄었고 평균 수명은 꾸준히 늘어났지만, 그럼에도 이런 질환들은 여전히 우리가 꿈꾸는 삶을 위협한다.

이제 목표는 그저 오래만 사는 것이 아니라 건강하게 오래 사는 것, 곧 건강수명(healthspan)의 연장이다. 건강수명이 늘어난다는 것은 병이 늦게 시작되고, 아프더라도 덜 아프며, 스스로의 생활 기능을 지키고, 마음의 안정을 유지하는 시간이 많아진다는 뜻이다. 이를 위해서는 위험 신호를 미리 찾고, 일찍 발견하고, 자신에게 맞는 치료를 선택하고, 치료 반응과 부작용을 살피고, 재활 과정 및 재발을 예방하는 과정이 끊이지 않아야 한다.

이 연결을 가능하게 하는 것이 데이터와 AI다. 이 둘은 병원 기록, 의료 영상과 병리, 유전체와 전사체 같은 오믹스, 실험실 자동화 데이터, 스마트워치의 심박수와 수면 같은 생활 데이터까지 서로 시간 축이 다른 신호들을 한데 모은다.

대규모 언어모델과 생성형 AI는 번역·요약·글쓰기·코드 보조·이미지와 음성 생성 등 일상에서 이미 다양하게 쓰이고 있다. 그리고 수준을 넘어 복잡한 생물학 신호의 패턴을 찾고, 가설을 세우고, 진단과 치료 결정의 근거를 제시하는 방향으로 재목적화(repurposing)가 이루어지고 있다. 예를 들어 병리 이미지와 유전체 정보를 함께 살펴보고 어떤 약이 잘 들을지 미리 예측하거나, 웨어러블 데이터를 통해 악화의 전조를 미리 알려 '건강한 시간'을 실제로 늘릴 수 있는 것이다.

데이터가 더 쌓이고 AI가 정교해질수록 AI는 우리 삶에 깊숙이 스며들어, 공상으로만 여겨지던 '불로초' 같은 꿈을 한층 더 현실화해줄 도구가 될 것으로 보인다. 사랑하는 사람들과 건강한 몸과 마음으로 더 오래 지내는 삶을 더 많은 사람이 누리게 해줄 도구 말이다.

이번 장에서는 이러한 변화를 최신 연구와 실제 적용을 통해 살핀다. 암 진단과 치료의 정밀화, 노화 극복 전략, 신약 개발의 새로운 흐름, 정신건강 케어의 전환을 차례로 다루며 AI가 어떻게 정확도를 높이고, 속도를 앞당기며, 마음의 건강까지 정밀하게 돌보는지 살펴본다.

결국 질문은 분명하다. "AI는 우리의 시간을 어떻게 더 '건강한 시간'으로 바꿀 것인가"가 그것이다. 이 장은 그 답에 다가가기 위해 오늘 가능한 것과 내일 가능해질 것을 구분하고, 가능성과 한계를 함께 짚는 지도를 제시한다.

문인태

의학과 AI, 그리고 암 치료의 새로운 길

_문인태(하버드대학교)

AI를 의학에 적용하려는 시도는 수십 년 전부터 이어져왔다. 초기에는 규칙 기반 시스템처럼 단순한 형태로 시작했지만, 점차 발전해 현재의 AI는 의학 분야에서 매우 정교한 도구로 자리 잡았다.

사실 오늘날 임상 현장에서 널리 쓰이는 AI 기술 중 일부는 너무나도 자연스럽게 의료 현장에 녹아들어 있는 덕에 사람들이 그것을 AI라고 인식하지 못하는 경우도 많다. 예를 들어 심장 질환 위험도를 예측하는 '프레이밍햄 위험 점수(Framingham Risk Score)'[1]나 중환자실 사망률을 평가하는 'APACHE 점수(Acute Physiology and Chronic Health

---

1 Wilson, Peter WF, et al. "Prediction of coronary heart disease using risk factor categories." *Circulation* 97.18 (1998): 1837–1847.

Evaluation)'[2] 같은 위험 예측 규칙들은 원래 대규모 환자를 장기간 관찰한 연구를 바탕으로 연구자들이 AI를 활용해 만들어낸 것이다. 이 점수 체계들은 의료진의 치료 결정에 큰 도움을 주고 환자 결과의 개선에도 기여해왔다. 다시 말해 간단한 형태의 AI 접근법은 이미 오랫동안 일상적인 임상 현장에서 활용되어온 셈이다.

의학과 AI의 진화: 더 나은 치료를 향한 발걸음

오늘날에는 딥 뉴럴 네트워크(DNN: deep neural networks)[3]나 생성형 AI 기술이 발전하면서 의료 분야에 또 한 번 혁신의 바람이 불고 있다. 이제 AI 시스템들은 마치 상담하듯 환자와 대화를 나누고, 요약·보고서 작성·음성 입력 자동 문서화 등 다양한 작업을 수행하며 행정 업무와 임상 업무 모두를 간소화해준다.

뿐만 아니라 유방 X선(맘모그램)을 분석해 초기 유방암을 찾아내거나 망막 이미지를 검사해 당뇨성 망막병증을 진단하는가 하면, 흉부 CT 영상에서 의심스러운 결절을 표시해주는 등 여러 의료 영상 분석에도 다양한 형태로 활용되고 있다. 자동 뇌 영상 분석을 통해 뇌졸중

---

2 Knaus, William A., et al. "APACHE—acute physiology and chronic health evaluation: a physiologically based classification system." *Critical Care Medicine* 9.8 (1981): 591–597.

3 사람의 뇌 구조에서 영감을 얻은 계층적 신경망 구조로, AI가 복잡한 문제를 스스로 학습하도록 만든 모델이다. 여러 층의 인공뉴런들로 이루어진 수학적 함수 구조를 갖는다.

환자들의 우선순위를 정하거나, 재입원 위험·만성 질환 확산 경로를 예측하는 데도 쓰이고 있음은 물론이다. 이처럼 AI 기술이 진단 속도를 높이고 전반적인 진료 품질을 개선해 의사와 환자 모두에게 실질적인 도움을 준다는 사실은 실제 사례들의 증가를 통해 확실히 알 수 있다.

의학과 AI가 만나고 있는 지금은 매우 흥미로운 시기다. 그동안 쌓여온 기초 연구 위에 새로운 혁신이 끊임없이 등장하면서, 의료계는 환자 치료와 업무 효율의 향상은 물론 복잡한 질환을 더욱 깊이 이해하기 위해 AI 기술을 적극 활용 중이다.

특히 암 분야에서 AI가 갖는 잠재력은 더욱 돋보인다. 전 세계적으로 암은 여전히 사망 원인의 상위권을 차지하기 때문이다. 근래의 AI 도구는 암의 조기 발견과 진단, 치료 결과를 향상시킬 수 있는 가능성을 보여준다. 이는 결과적으로 환자 맞춤형 치료를 가능하게 해 암 치료 성과에 큰 변화를 가져올 것으로 보인다. 이렇듯 한층 발전한 AI 기술들은 의료 현장의 가장 시급하고 중요한 과제를 해결하면서 환자의 삶에도 긍정적 영향을 미칠 것이라 기대된다.

AI는 어떻게 암과의 싸움에 도움을 줄 수 있을까?

암은 세포가 자라고 분열하고 죽는 과정을 통제하는 기본 규칙이 무너질 때 시작된다. 인체는 수조 개의 세포로 이루어져 있고, 각 세포는

DNA라는 청사진을 통해 자신의 역할과 증식 시점, 그리고 필요 없어질 때 스스로 사멸할 시점을 결정한다. 하지만 DNA는 흡연, 과도한 햇볕 노출, 특정 바이러스 감염, 유전적 요인 혹은 무작위 돌연변이 등으로 인해 손상될 수 있다. 특히 세포의 성장과 분열을 조절하는 유전자 부분이 망가지면 그 DNA를 가진 세포는 비정상적인 상태로 변한다.

이를 자동차에 비유하면, 브레이크(종양 억제 유전자)와 가속 페달(종양 유전자) 모두가 고장 난 채 계속 속도를 내는 상황과 비슷하다. 이 때문에 세포가 멈추지 않고 무질서하게 증식할 때 생기는 것이 '종양'이다.

다만 모든 종양이 암성인 것은 아니다. 양성 종양은 다른 부위로 퍼지지 않고 위험도가 낮지만, 악성 종양은 주변 조직을 침범하고 혈액이나 림프액을 타고 전신으로 퍼져 나간다. 이를 '전이(metastasis)'라 하는데, 암이 특히 위험한 이유는 바로 이러한 전이 능력 때문이다.

암은 복잡하게 진화하기 때문에 치료가 쉽지 않고, 접근 또한 여러 측면에서 이뤄져야 한다. 이런 문제를 해결할 강력한 도구로 주목받고 있는 기술 중 하나가 AI다.

암과의 싸움에서 AI가 맡는 역할

그렇다면 AI가 암과의 싸움에서 어떤 핵심 역할을 할 수 있는지 살펴보자. AI가 제 역할을 하려면, 암 분야와 관련된 방대한 환자 데이터를 확보하고 이를 토대로 패턴을 찾아내야 한다. 예를 들어 대규모 이미지 데이터베이스인 이미지넷(ImageNet)이나 대규모 언어모델 등의 AI는 수많은 데이터 포인트를 학습해 특정 과제를 수행하도록 만들어진다.

의료 분야의 AI 역시 마찬가지로, 전자의무기록(EMR: electronic medical record), 영상 검사 자료(방사선·병리학 이미지), 유전체(genomic) 분석 자료 등 다양한 형태의 데이터를 다음과 같이 활용한다.

① **전자의무기록**: 실험실 검사 결과, 약물 처방 이력, 의사 소견서 등의 구조화·비구조화 데이터를 함께 축적한다.
② **영상 검사 자료**: CT, MRI, 디지털 병리 슬라이드 등 고해상도 이미지를 분석해 이상 징후를 찾아낼 수 있다.
③ **유전체 분석 자료**: '차세대 유전체 시퀀싱(NGS: next-generation sequencing) 기술'[4]을 통해 세포 수준의 돌연변이를 파악하고, 맞춤형 치료 전략을 세울 때 중요한 정보를 얻을 수 있다.

AI가 이렇게 다양한 데이터 확보해 제대로 학습하면 보다 정밀한 진단과 맞춤형 치료가 가능해진다. 특히 초기 암의 발견은 AI가 보여주는 대표적 성공 사례 중 하나다. 미세한 변화를 놓치지 않는 AI 모델 덕분에 지금은 과거보다 암을 더 일찍 진단하고, 조기에 치료할 수도

---

4   DNA나 RNA의 염기서열을 빠르고 대량으로 읽어내는 최신 유전체 분석 기술.

있게 되었다. 다음의 예들을 통해 이 내용을 좀 더 자세히 살펴보자.

예시 1: 유방암 진단에서의 AI 적용

맘모그래피(mammography), 즉 유방암 진단을 위한 X선 촬영 분야에서는 AI 기술이 활발히 연구되는 중이며 실제 임상에도 점차 도입되고 있다. 예를 들어 방대한 유방 X선 영상 데이터를 학습한 AI 시스템은 정상세포와 암세포 각각의 특징을 인식하면서 사람이 놓치기 쉬운 미세한 징후도 찾아낼 수 있다.

2021년 세계적 의학 저널인 「네이처 메디신(Nature Medicine)」에 발표된 한 연구에서는, AI가 2D와 3D 맘모그래피 영상을 함께 분석했을 때 기존 방식보다 1~2년 앞서 유방암을 발견할 수 있다는 결과가 보고되었다.[5]

또한 2023년 「랜싯 종양학(Lancet Oncology)」에 실린 다른 연구에 따르면, 미국 식품의약국(FDA) 승인을 받은 AI 제품을 임상에 도입한 뒤 방사선과 전문의의 업무량이 44% 줄었음에도 진단 품질에는 큰 차이가 없었다고 한다.[6] 사람은 피로해지거나 집중력이 떨어질 수 있지만, 전력만 공급되면 꾸준히 동일한 성능을 낸다는 점이 AI의 큰 장점인

---

5 Lotter, William, et al. "Robust breast cancer detection in mammography and digital breast tomosynthesis using an annotation-efficient deep learning approach." *Nature Medicine* 27.2 (2021): 244-249.

것이다.

예시 2: 대장암과 폐암 진단에서의 AI 적용

대장암과 폐암은 전 세계적으로, 그리고 한국에서도 흔한 암이라 조기 발견의 중요성이 매우 높다. 특히 대장암은 한국을 포함해 전 세계적으로 젊은 층에서의 발병률이 높아지는 추세다.

이를 해결하기 위해 연구자들은 딥러닝 모델로 내시경 영상에서 대장암을 감지하는 기술을 개발했다. 2020년 국제 학술지 「네이처 커뮤니케이션(Nature Communication)」에 발표된 연구에 따르면 이 기술은 여러 독립 데이터셋에서 높은 정확도를 보였다.[7]

또 여러 기업이 미국 FDA나 유럽연합(EU) 인증을 획득한 컴퓨터 보조 진단(CADe: Computer-Aided Detection) 시스템을 내놓았는데, 이는 내시경 검사 중 대장암 전암성 병변(용종)을 찾아내는 데 도움을 준다. 이러한 AI 기술은 대장암 검진 정확도를 향상시킴은 물론 대장암을 놓

---

6 Lang, Kristina, et al. "Artificial intelligence-supported screen reading versus standard double reading in the Mammography Screening with Artificial Intelligence trial (MASAI): a clinical safety analysis of a randomised, controlled, non-inferiority, single-blinded, screening accuracy study." *The Lancet Oncology* 24.8 (2023): 936-944.

7 Zhou, Dejun, et al. "Diagnostic evaluation of a deep learning model for optical diagnosis of colorectal cancer." *Nature Communications* 11.1 (2020): 2961.

칠 확률도 낮춰준다.[8][9]

폐암 역시 전 세계적으로, 또 국내에서도 발병률이 높은 암 중 하나인데, 2023년 「임상 종양학 저널(Journal of Clinical Oncology)」에 발표된 '시빌(Sybil)'이라는 폐암 위험 예측 AI 모델은 흉부 방사선 영상을 분석해 향후 6년간 폐암 발생 위험을 예측한다. 이 모델은 미국 국립암연구소(NCI: National Cancer Institute)가 주도한 대규모 임상 시험 '국가 폐암 검진 연구(National Lung Screening Trial)'의 자료로 학습을 한 뒤, 다른 독립 데이터셋에서 성능을 검증받았다.[10] 이렇게 AI를 암 발견과 위험 예측에 활용하면, 보다 이른 개입과 정확한 진단이 가능해져 암 치료 성과를 높일 수 있다.

최신 AI 기반 암 연구의 현 상황

암 치료에서 AI가 기여할 수 있는 영역은 단순한 조기 발견을 넘어 진

---

[8] Karsenti, David, et al. "Effect of real-time computer-aided detection of colorectal adenoma in routine colonoscopy (COLO-GENIUS): a single-centre randomised controlled trial." *The Lancet Gastroenterology & Hepatology* 8.8 (2023): 726–734.

[9] Shaukat, Aasma, et al. "Computer-aided detection improves adenomas per colonoscopy for screening and surveillance colonoscopy: a randomized trial." *Gastroenterology* 163.3 (2022): 732–741.

[10] Mikhael, Peter G., et al. "Sybil: a validated deep learning model to predict future lung cancer risk from a single low-dose chest computed tomography", *Journal of Clinical Oncology* 41.12 (2023): 2191–2200.

단·예후 예측·치료에 이르는 전 과정에 걸쳐 있다. 다만 앞서 언급했듯이, 암을 조기에 찾아내는 AI 기술은 비교적 발전한 데 반해 진단 분야의 경우에는 아직 초기 단계에 머물러 있다.

일부 AI 진단 모델들은 이미 규제 기관의 승인을 받았지만, 임상 현장에 완전히 적용되기 전까지는 추가 검증이 필요한 경우가 많다. 환자의 예후를 예측하고 그에 맞춰 최적의 치료를 선택하도록 돕는 AI 기술은 더더욱 실험 단계에 가까워, 현재 연구실 수준에서 활발히 개발 중에 있다.

그럼에도 진단·예후 예측·치료 전략을 향상시키는 일은 환자 치료의 성과에 큰 변화를 가져올 수 있기에 매우 중요하다. 지금부터는 연구실에서 이뤄지고 있는 최신 AI 기반의 암 연구를 살펴보기로 한다.

AI를 활용한 암 진단: '원발 부위 불명의 암' 사례

AI는 암 진단 과정 중에서도 특히 상태가 복잡한 암의 경우에 큰 도움을 줄 수 있다. 대표적인 예로 '원발 부위 불명의 암(CUP: cancer of unknown primary)'이 있다.

암이 의심되면 대개는 현미경으로 암 조직을 분석하는 조직학적 검사를 통해 암의 종류, 등급 및 병기(病期)를 판단한다. 그러나 신체의 다른 부위로 퍼진 전이암 중 약 5% 정도는 표준 진단 절차로도 처음의 발병 부위를 찾아낼 수 없다. 이런 상태를 CUP라 하며, CUP 환자의 상태는 대개 좋지 않은 결과로 이어진다. 원발 부위를 모르면 특정 암 종류에 맞게 승인된 치료법을 적용하기가 어렵기 때문에, 결국 의사들은 증상과 임상 소견에 의존해 '일반적인' 항암 치료를 시도하게 된다. 그러나 이것이 CUP 환자에게도 항상 최적의 선택인 것은 아니다.

암 치료 현장에서 널리 사용되는 '차세대 유전체 패널 검사(NGS Panel Sequencing)'는 전 세계 여러 암 센터 및 병원의 대규모 유전체 데이터 축적을 가능하게 했다. 이 패널 검사는 '체세포 돌연변이(somatic mutation)'를 파악하는데, 이는 환경적 요인이나 노화 및 세포 분열 과정에서 발생할 수 있는 무작위 오류 등으로 생식세포(정자·난자)가 아닌 다른 세포에서 생기는 유전자 변형을 의미한다. 이런 돌연변이는 암세포에만 특정적으로 나타나는 경우가 많기에 암 유형별 분자적 특징을 파악하는 중요 단서를 제공한다.

미국에서 가장 큰 암 센터 중 하나인 '데이나-파버 암 연구소(Dana-Farber Cancer Institute)'의 연구진은 2023년 의학 기술 분야의 권위 있는 저널인 「네이처 메디신」에 발표된 연구에서 유전체 데이터를 분석해 각 암 유형에서마다 고유한 체세포 돌연변이 패턴을 찾아내는 AI 기반 트리 모델을 개발했다.[11] 인간에게 각자 다른 지문이 있듯 각각의

---

11 Moon, Intae, et al. "Machine learning for genetics-based classification and treatment response prediction in cancer of unknown primary." *Nature Medicine* 29.8 (2023): 2057-2067.

암 역시 고유한 '돌연변이 지문'을 갖고 있는데, 이를 익히는 AI 모델을 만들어낸 것이다. 이렇게 학습된 AI 모델은 CUP 환자의 돌연변이 정보를 기존의 '암 지문 데이터베이스'와 비교해 어떤 암 유형과 가장 유사한지 예측한다.

실제 연구 결과 이 방법은 CUP의 원발 부위를 정확하게 찾는 데 상당한 효과가 있었다. 연구진은 이 AI 기술이 환자에게 실제 도움이 되는지의 여부를 확인하기 위해 '목표 임상시험 모의(Target Trial Emulation)' 기법을 적용했다.

의료 분야에서 새 기술의 효과를 평가할 때 사용할 수 있는 가장 확실한 도구는 '무작위 대조 임상 시험(RCT: Randomized Controlled Trial)'이다. 그러나 CUP의 경우에는 환자 수가 적고 상태가 제각각이라 시간과 비용 부담이 커 RCT를 실제로 시행하기가 어렵다. 이런 경우 과거 환자들의 데이터를 활용해 RCT를 시뮬레이션하는 목표 임상 시험 모의 기법을 시행하면 시간 및 비용의 부담을 크게 줄이면서도 다양한 환자군을 폭넓게 분석할 수 있다.

앞서 언급한 연구에 따르면, AI가 예측한 원발 부위에 맞춰 치료를 받은 CUP 환자들에서는 그렇지 않은 환자들보다 더 나은 치료 성과를 보였다. 이는 CUP 진단 과정에 AI를 도입할 경우 치료 전략을 더욱 효율적으로 수립할 수 있음을 시사한다.

암 치료의 부작용 예측: AI가 환자를 보호하는 방법

암 치료는 질병과 싸우는 데 필수적이지만, 환자 삶의 질이나 생존율에 큰 영향을 미치는 부작용을 일으키기도 한다. 그렇기에 효과적인 치료를 하면서도 환자가 이를 잘 견딜 수 있게끔 부작용을 관리하는 일이 매우 중요하다.

암 치료에 따르는 부작용들 중 하나는 암과 관련된 '정맥 혈전 색전증(VTE: Venous Thromboembolism)'이다. VTE는 혈관 안에 혈전(피떡)이 생기는 상태인데, 이러한 혈전이 폐로 이동하면 치명적인 폐색전증을 일으킬 수 있다. 특히 암 환자에게서 발생하는 VTE의 기전은 아직 명확히 밝혀지지 않아 AI가 큰 도움을 줄 수 있는 중요 영역으로 꼽힌다.

AI 모델은 암 환자의 치료 과정에서 수집된 다양한 데이터를 분석한다. 해당 환자가 가진 여러 지병(기저 질환), 혈액 검사 결과, 받은 치료 종류, 전이 여부 등의 임상 정보를 수집한 뒤 종적(longitudinal)으로 살펴보는 것이다. 이렇게 하면 환자의 건강 상태가 시간의 흐름에 따라 어떻게 변해왔는지 추적할 수 있다. 고속도로를 달리고 있는 자동차의 속도를 파악하고 나면 향후 일정 시점에 그 자동차가 어디쯤에 있을지 예측할 수 있는 것처럼, AI는 환자의 복잡한 건강 '속도'를 학습해 미래 상태를 예측한다.

하지만 모든 학술 연구가 그렇듯, 실제 임상에서 활용되려면 이러한 접근이 정말로 의미 있음을 보여주는 근거가 필요하다. 특히 AI 기반 임상 기술의 경우에는 의료 현장에 그것을 실제로 적용했을 때 유용하다는 점을 반드시 입증해야 한다.

2023년 미국인간유전학회(American Society of Human Genetics)에서 소개된 한 연구에서는 이를 위해, 널리 활용되고 있는 코라나 점수(Khorana Score)와의 비교 평가를 진행했다.[12] 코라나 점수는 췌장암에 +2점, 백혈구 수치 상승에 +1점 등 몇몇 간단한 지표로 VTE 위험도를 추정하는 선형 방식이다.

연구 결과, AI 모델은 연령·성별·암 종류가 다양한 환자 집단에서 코라나 점수보다 훨씬 우수한 예측 성능을 보였다. 이는 특정 환자군에 치우치지 않고 더욱 폭넓은 환자들에게서 고른 효과를 보인다는 의미다. 또한 고위험군으로 분류되는 췌장암 환자 중 실제 위험이 낮은 환자를 가려내는가 하면, 저위험군으로 알려진 전립선암 환자 중 실제 위험이 높은 환자도 찾아냈다. 이런 정밀한 분류를 통해 AI는 의료진이 불필요한 치료(과잉치료)를 줄일 수 있고, 필요한 치료를 놓치지 않도록(과소치료 방지) 돕는다.

이상의 내용을 종합해보면 한 가지 결론에 도달한다. AI 모델로 환

---

[12] Moon, Intae, et al. "Robust and Fair Time-to-Event Framework for Predicting Cancer-Associated Venous Thromboembolism (VTE) Using Routinely-Collected Clinical and Panel-Sequencing Data." ASHG Annual Meeting Abstracts, American Society of Human Genetics, Washington, DC, 2023.

자별 위험도를 더욱 정확히 파악하면 치료 전략을 최적화하고 환자 예후를 개선할 수 있으며, 불필요한 의료 비용도 줄이는 데 기여할 가능성이 높다는 게 그것이다.

암과의 전쟁에서 데이터가 활용되는 양상

AI를 임상 문제에 적용하려면 먼저 적절한 데이터를 확보하고 이를 제대로 처리해야 한다. 암 치료에서도 이는 마찬가지라서, 의사들은 정확한 진단과 효과적인 치료 계획 수립을 위해 환자의 임상 이력·이전 치료·영상 자료(조직 슬라이드, X선 등)·병리 보고서·유전체 데이터 등을 폭넓게 활용한다.

AI 모델 역시 서로 다른 종류의 데이터를 결합할수록, 특히 서로 겹치지 않는 '직교적인' 정보를 다룰수록 예측 정확도가 높아진다. 이렇게 여러 데이터 유형을 함께 사용하는 방식을 '멀티모달 접근'이라 하고, 이는 현재 AI 분야에서 활발히 연구되는 기법 중 하나다.

예를 들어 멀티모달 접근은 CUP 같은 복잡한 암에 대한 진단 정확도를 높이는 데 도움이 될 수 있다. 기존 CUP 프로젝트에서는 주로 유전체 패널 검사 데이터를 활용해 좋은 결과를 얻었지만, 요즘에는 조직 병리 슬라이드 같은 다른 데이터도 추가로 결합해 AI 모델을 더욱 향상시키려는 시도가 이루어지고 있다.

이런 경우에 활용될 수 있는 데이터 중 하나가 H&E(Hematoxylin and

Eosin) 염색 슬라이드다. 현미경으로 관찰한 암 조직의 구조와 형태학적 특징을 볼 수 있는 이 슬라이드를 통해 의료진은 세포 정돈의 정도, 정상 조직과의 유사성 정도, 악성 수준의 정도 등을 판단할 수 있다. 이런 시각적 정보를 AI 모델에 더해 기존에 놓쳤을 수 있는 암의 세밀한 특징까지 파악하고, 드문 암을 포함해 다양한 암 진단에 도움을 주는 종합 AI 시스템을 구축하는 것이 목표다.

이는 의사가 환자의 유전체 검사 결과뿐 아니라 병리 슬라이드까지 함께 살펴보며 진단을 내리는 방식과 비슷하다. AI가 유전체 정보와 병리 슬라이드 정보를 동시에 학습하면 암에 대해 더욱 풍부한 '표현'을 얻을 수 있고, CUP이나 희귀 암에 대한 진단을 한층 정밀하게 진행할 수 있으며, 단일 데이터만 쓸 때 놓치기 쉬운 미세한 패턴 또한 잡아낼 수 있다.

다소 어려운 이야기라면 이를 퍼즐 맞추기에 비유해 생각해보자. 유전체 정보·조직 슬라이드·임상 노트·영상 자료 같은 각각의 데이터 조각들에는 제각각 중요한 단서가 담겨 있지만, 개별적으로만 이 데이터 조각들을 보면 그에 따라 얻는 정보도 한정적일 수밖에 없다. 그러나 그림 퍼즐의 각 조각들을 맞춰보면 전체 그림이 어떤지를 파악할 수 있는 것처럼, CUP 및 희귀 암과 관련된 데이터 조각들 모두를 합쳐 살펴보면 훨씬 정확한 예측과 치료 결정을 내릴 수 있다. 실제 의사가 이렇게 다양한 정보를 종합해 최적의 결론을 내리듯, AI 역시 멀티모달 접근을 통해 암 연구와 환자 치료에서 더 큰 역할을 담당할 수 있는 것이다.

앞으로의 전망: AI가 바꿀 암 치료의 미래

지금까지 살펴본 내용을 바탕으로 생각해보면 향후 AI는 의료적 연구 및 의료 현장에서 지금까지보다 더 큰 영향을 미치고, 또 결코 작지 않은 역할을 수행할 것이라 예상할 수 있다. 지금부터는 암 치료에서 AI가 앞으로 맡게 될 역할을 조금 더 자세히 알아보기로 한다.

대규모 언어모델을 통한 의사와 환자의 역량 강화

대규모 언어모델은 의료 지식을 다루는 방식을 바꾸어 의사와 환자 모두가 보다 빠르고 개인화된 의사결정을 내릴 수 있게 돕는다. 가령 GPT 같은 대규모 언어모델은 전자의무기록을 요약해 핵심 임상 정보를 추출하고 간결한 보고서로 작성할 수 있기에 의사들이 행정 업무에 사용할 시간을 줄이고 환자 진료에 집중하도록 돕는다. 또한 복잡한 내용을 쉽게 풀어 설명해줌으로써 의료진이 최신 연구 동향을 빠르게 파악할 수 있도록 돕기 때문에 의학 교육 측면에서도 유용하다.

환자 입장에서 대규모 언어모델은 건강 리터러시(literacy), 즉 의료 정보에 대한 이해 및 활용 능력을 높여주고, 의사와 함께 '공동 의사결정'을 할 수 있게 도와준다.

예를 들어 특정 암 진단을 받은 환자가 치료 방법에 대해 궁금한 점이 많다고 가정해보자. 이때 대규모 언어모델 기반의 AI 도우미는 환자의 의료 기록을 참고해 가능한 치료 옵션과 예상 부작용, 성공률 등을 이해하기 쉽게 정리해줄 수 있다. 이러한 과정을 통해 충분한 정보를 얻으면 환자는 의사와 상의해 더 나은 결정을 내리기가 쉬워지고, 치료의 만족도와 결과 역시 개선될 수 있다.

파운데이션 모델 활용에 기반하는 데이터 통합

앞서 이야기했듯 의료 분야에서는 여러 형태의 데이터를 한곳에 모으는 멀티모달 방식을 통해 유전체·영상·임상 노트 등 각기 다른 정보를 종합, 환자의 상태를 더욱 정확하게 파악한다. 그런데 최근 빅테크 기업들은 이러한 멀티모달 의료 AI의 발달을 위해 '파운데이션 모델(Foundation Model)' 기술을 활용하고 있다.

파운데이션 모델이란 방대한 데이터를 미리 학습해 텍스트·이미지·유전체 데이터처럼 형식이 다른 입력도 이해하고 분석할 수 있는 거대 AI 시스템이다. 쉽게 말해 우리가 글을 읽고 사진을 보면서 동시에 정보를 얻을 수 있는 것처럼, 여러 소스를 한 번에 처리하면서 종합적 통찰을 뽑아내는 기술인 것이다. '멀티모달 파운데이션 모델(Multimodal Foundation Model)'은 이 둘, 즉 멀티모달(다양한 데이터 유형)과 파운데이션 모델 기술을 합친 AI 시스템을 칭하는 표현이다.

멀티모달 파운데이션 모델의 한 예로는 구글이 개발한 'PaLM-E'를 들 수 있다. PaLM-E는 텍스트와 이미지를 동시에 이해하고 이를 서로 연관 지어 분석할 수 있는 모델이다.[13] 이는 마치 오케스트라 지휘자가 악보(텍스트), 연주자들의 소리(이미지), 무대 조명이나 세트 디자인(추가 데이터) 같은 다양한 요소를 한꺼번에 파악해 하나의 공연으로 완성하는 것과 비슷하다. PaLM-E는 여러 정보를 한 번에 처리해내기에, 단순히 한 가지 데이터만 분석하는 모델보다 훨씬 풍부하고 넓은 맥락에서 연결 관계를 잡아낼 수 있다.

이러한 멀티모달 파운데이션 모델을 암 치료에 적용하면, 환자 데이터를 종합적으로 확인해 더 섬세한 치료 계획을 세우는 데 큰 도움이 된다. 여러 데이터 소스를 함께 분석해야 정확한 결정을 내릴 수 있는, 증상이 불명확하거나 희귀 암처럼 진단이 어려운 경우에는 더더욱 그러하다. 이런 기술은 임상 결과를 높이고 의료진의 업무 효율을 개선할 뿐 아니라 의료 인프라가 부족한 곳에서도 고품질의 AI 기반 진료를 가능하게 해준다. 암에 대한 치료를 보다 효율적이면서도 모두에게 열린 방식으로 발전시키는 핵심 열쇠가 될 수 있는 것이다.

---

[13] Driess, Danny, et al. "Palm-e: An embodied multimodal language model." (2023).

'가상 종양세포' 시뮬레이션을 통한 암 치료 약물 개발의 가속화

최근에는 암 연구의 미래가 '임상용 AI 모델'과 '생물학·유전체 AI 모델'을 결합해 만든 '가상 종양세포(virtual tumor cells)'에 달려 있을 수 있다는 의견이 나오고 있다. 가상 종양세포는 2024년 「셀(Cell)」에 소개된 논문에서 제시된 개념으로, 연구자들이 광범위한 시험실 실험 없이도 실제 종양과 비슷한 행동을 예측하고 새 약물을 개발할 수 있도록 돕는다.[14]

가상 종양세포의 핵심은 DNA, 단백질, 세포 전체에 이어지는 모든 생물학적 단계를 아우르는 AI 기술에 있다. 이러한 기술의 예로 들 수 있는 것이 유전체 시퀀싱이다. 유전체 시퀀싱은 어떤 돌연변이와 유전자 발현이 일어나는지 확인하는 기술이다. 여기에 프로테오믹스(Proteomics)[15] 데이터를 더해 각 돌연변이가 형성하는 단백질과 그 상호작용을 파악한다. 여기에 다시 병리 슬라이드·약물 반응·환자 상태 같은 실제 임상 데이터까지 통합함으로써 '고해상도'에 가까운 종양 시뮬레이션을 구현하는 것을 목표로 한다.

이를 우주선에 비유하면, 암세포 덩어리(종양)가 '모함(mothership)'

---

[14] Bunne, Charlotte, et al. "How to build the virtual cell with artificial intelligence: Priorities and opportunities." *Cell* 187.25 (2024): 7045–7063.

[15] 단백질의 종류·양·기능 변화를 체계적으로 연구하는 분야.

이라면, 약물은 그 모함에 도킹하려는 작은 우주선이라고 할 수 있다. 각 약물은 종양의 특정 표적(표면 단백질 등)과 정확히 결합해야 효과를 내는데, 이는 우주선이 모함에 연결하기 위해 올바른 코드를 입력하는 과정과 비슷하다.

AI는 방대한 분자 데이터를 분석해 암세포의 '도킹 코드'를 파악하고 어떤 약물이 어느 표적에 잘 맞는지 예측해낸다. 이렇게 하면 신약 개발이 빨라지고 비용도 절감되며, 임상 시험에 들어가기 전부터 치료 가능성이 높은 약물을 골라낼 수 있다.

암과의 싸움에서 바라보는 도전과 희망의 미래

하지만 AI 기술의 발전만으로는 이런 비전을 실현하기가 어렵다. 무엇보다 현재 AI 모델이 학습하는 임상·유전체 데이터는 특정 국가·대형 병원·서구 인구집단에 편중되어 있어, 실제 진료 환경에서 발생하는 '분포 이동(distribution shift)'[16]에 취약하다는 근본적 한계가 있다.

AI 모델의 예측 능력을 폭넓게 키우려면 글로벌 차원에서 다양한 환자 집단의 데이터가 수집되어야 할 필요가 있다. 그러나 개인정보 보호 관련 규정(PIPA, HIPAA 등)과 상호운용성 표준의 부재 탓에 다기관·다국적 데이터의 통합이 어려운 것도 여전한 문제다. 이의 해결을

---

16 AI 모델의 학습에 사용된 데이터와 실제 현장 데이터 사이에서 통계적 특성의 차이가 나타나는 현상.

위해서는 종양학·생물정보학·약리학·컴퓨터생물학 등 다양한 분야의 전문가들이 협업하고 데이터를 충분히 공유함과 동시에 이와 연관된 규제 체계 또한 갖춰져야 한다.

임상 현장에서 AI 시뮬레이션이 갖는 안전성과 효과를 판별할 수 있는 관련 규제 기관들의 기준 역시 가능한 한 빨리 수립되어야 할 필요가 있다. 더불어 오진이나 업데이트 실패가 발생할 시 개발사·의료 기관·의사 가운데 누가 법적 책임을 져야 하는지, '학습-후-진화(Learning-then-Evolving)'[17]하는 적응형 모델을 어떤 주기로 재인증할지 등에 대한 보험·윤리·규제 프레임워크도 명확히 마련되어야 한다. 이렇듯 협업·데이터 공유·규제 정비가 함께 이루어지면, 가상 종양세포를 활용하는 AI가 암 연구와 약물 개발은 물론 환자 예후 개선까지 아우르는 혁신적 변화를 일으킬 가능성은 더욱 높아질 것이다.

지금으로부터 약 60년 전, 현대 화학요법(항암 화학치료)의 아버지로 불리는 의사이자 연구자인 시드니 파버(Sidney Farber)는 "이제 우리는 행진하는 군대다(Now we are an army on the march)"라고 선언했다. 급성 백혈병이나 윌름스 종양(Wilms' tumor) 같은 암에 대한 치료가 화학요법

---

17 훈련이나 학습을 마친 이후에도 AI 모델이 새로운 정보나 환경에 맞춰 내부 구조나 능력을 계속 변화시키는 것.

및 방사선 치료의 발달로 급격히 바뀌던 시기에 나온 이 말은, 당시의 암 치료가 새로운 시대에 들어섰음을 알리는 신호였다.

지금 우리는 AI가 이끄는 또 다른 혁신의 문턱에 서 있다. AI는 방대한 종류의 복잡한 데이터를 통합해 개인 맞춤형 치료를 제공하고, 환자의 치료 결과를 더 높이는 특별한 도구들을 제시한다. 이로써 전 세계 어디서든 양질의 AI 기반 암 치료가 가능해짐과 동시에, 더욱 공정하고 효과적인 의료 서비스를 실현하는 길이 열릴 수 있게 되었다.

시드니 파버가 말한 '행진하는 군대'라는 비전은 AI 시대를 맞이한 지금 더 크게 와닿는다. 협력과 끊임없는 혁신, 그리고 모두에게 균등한 혜택을 보장하려는 노력이 뒷받침된다면, 우리는 암과의 싸움을 계속 발전시키면서 파버가 꿈꾸었던 희망적인 미래를 다음 세대에 이어줄 수 있을 것이다.

AI를 활용한 노화 극복

_이동현(하버드대학교)

인간이라면 누구나 늙는다는 건 우리 모두가 알고 있다. 그런데 노화는 모든 생명체에서 보편적으로 일어나는 현상일까? 그렇지 않다. 노화하지 않거나 그렇게 보이는 생물은 무수히 많이 존재하고, 심지어 늙은 개체가 젊은 개체로 회춘하는 경우 또한 관찰되고 있다. 그에 더해 최근의 연구에서는 인간의 배아도 발달기에 회춘 과정을 겪는다는 것이 소개되었다.

사실 우리가 수명을 대충이라도 알고 있는 종의 수 자체가 전체 종에 비해 극소수이긴 하다. 그러한 종은 대부분 관찰 및 분석이 용이하고, 인간보다 수명이 짧아 시간에 걸쳐 해당 종의 수명에 관한 데이터를 축적할 수 있었던 경우에 해당한다.

어떠한 종이 노화하는지를 알아보는 데는 여러 방법이 있지만 그

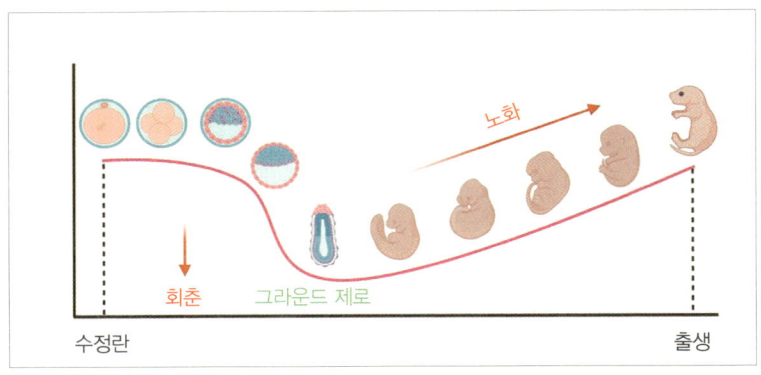

배아 발생 중 회춘 현상.
(출처: Kerepesi, C., Zhang, B., Lee, S. G., Trapp, A., & Gladyshev, V. N. (2021). "Epigenetic clocks reveal a rejuvenation event during embryogenesis followed by aging". *Science Advances*, 7(26), eabg6082.)

중 한 가지 통계적 방법을 단순화하여 소개하자면, 우선 포식자나 감염병, 스트레스 등 외부 위험 요인이 최소화된 환경이 필요하다. 이러한 환경에서 시간이 지남에 따라 해당 종의 사망률이 증가한다면, 이 종은 노화하는 종이라고 볼 수 있다.

예를 들어 인간의 경우에는 외부적·환경적 요인의 개입이 최소화된다 하더라도, 30세 군집과 60세 군집의 사망률을 비교하면 후자에서 훨씬 높게 나타날 것이다. 반면 벌거숭이두더지쥐와 같이 노화 연구에 쓰이는 여러 모델 생물들의 경우에는 나이 많은 개체와 나이 적은 개체 간의 사망률 차이가 거의 없다.

그렇다면 인간은 왜 노화하도록 진화한 것일까? 여러 설명이 있지만 여기에서는 그중 하나를 소개하려고 한다.

벌거숭이두더지쥐.
(출처: Roman Klementschitz, Wien—Own work, https://en.wikipedia.org/wiki/Naked_mole-rat#/media/File:Nacktmull.jpg)

인간은 생식 가능한 기간이 제한적이다. 생물학적으로 생식이 가능한 기간이 지나면 자연선택의 압력(진화압)[1]이 크게 감소한다. 쉽게 말해 자연은 생식을 마친 개체의 건강과 장수에 큰 관심이 없다는 것이다.

흔히 노화하지 않는 생물에서는 생애 전체에 걸쳐 생식이 가능한 특성이 관찰된다. 이런 경우에는 개체 수명의 증가가 곧 생식에 유리한 것일 수 있으니, 노화하지 않고 수명이 연장되는 방향으로 자연선택압이 작용했을 가능성이 있다. 반면 인간의 경우에는 생식 가능 기

---

[1] 생존과 번식에 유리한 형질이 다음 세대로 더 많이 전달되도록 하는 자연선택의 작용 강도.

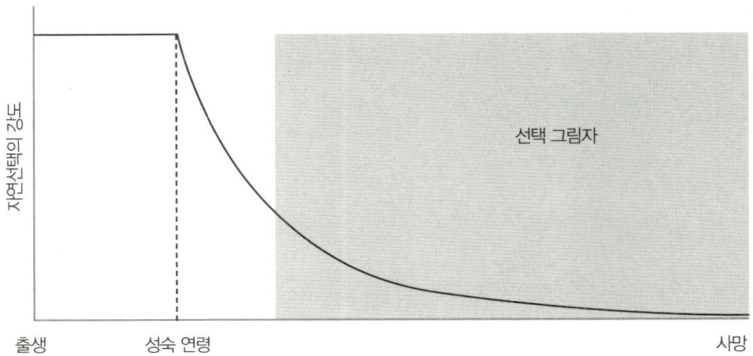

나이에 따른 자연선택의 압력.
(출처: Fabian, D., & Flatt, T. (2011). "The evolution of aging". *Nature Education Knowledge*, 3, 1–10.)

간 이후의 개체가 연명하는 것이 자연선택에서 큰 상관관계를 만들지 못했을 것이다.

또한 한 유전자가 여러 기능을 수행하는 다면발현성(pleiotropy)도 노화의 원인이 될 수 있다. 가령 어떤 유전자가 젊었을 때에는 생존과 생식에 도움이 되지만 나이가 들면 질병을 일으킨다고 해도, 이 유전자는 초기 생존 이점 때문에 자연선택에서 살아남을 수 있다.

노화 연구의 효용

그렇다면 노화를 치료나 예방의 대상으로 보는 것에는 어떠한 이점이 있을까?

사망의 원인이 되는 질병으로는 암·알츠하이머병·심혈관 질환·자가면역 질환 등을 떠올릴 수 있다. 개인이 일생 동안 지출하는 금액 중 이 질병들의 치료에 대한 금액의 비중만 해도 결코 작지 않다. 이에 국

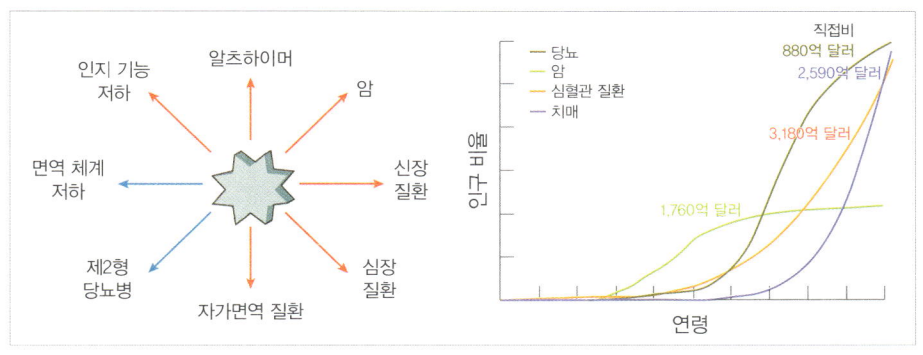

노화는 만성 질환의 공통 위험 인자.
(출처: Johnson, S. C., Rabinovitch, P. S., & Kaeberlein, M. (2013). "mTOR is a key modulator of ageing and age-related disease". Nature, 493(7432), 338–345.)

가와 기업은 각각의 질병에 대해 막대한 투자와 복지를 실현하고 나서며 이것들의 극복 방법을 열심히 강구 중이다.

그런데 여기서 한 가지 의문이 들 수 있다. 저 질병들이 과연 사망의 근본적 원인인 것일까?

어떤 사람이 과다출혈로 사망에 이르렀다고 가정해보자. 이 경우 최종적인 사망 원인으로 과다출혈을 지목할 수는 있지만 바이러스가 침투해 이러한 증상을 일으켰을 수도, 무심코 먹은 음식 속 기생충이 출혈을 유발했을 수도, 외부에서 받은 물리적 충격이 출혈을 일으켰을 수도 있다. 즉, 이 경우의 과다출혈은 관점에 따라 원인이 될 수도, 결과로 볼 수도 있는 것이다.

앞서 이야기한 질병들 중 많은 것들은 노인성 질환이라 일컬어지기도 한다. 실제로 당뇨·암·심혈관 질환·치매 등은 나이와 강한 상관

관계를 보이며, 노화는 이들의 공통 위험 인자라 여겨질 수 있다.

현재 선진국에서 기대 수명은 나날이 증가하고 있다. 노인성 질환이 발병한 경우라 해도 현대 의학의 발전으로 어느 정도의 지연, 심지어는 치료가 가능하기도 하다.

그러나 우리가 주목해야 할 필요가 있는 것은 단순한 기대수명의 연장이 아닌 건강수명의 연장이다. 의학 발달에 힘입어 노인성 질환의 발병 이후에도 어느 정도의 치료나 지연은 가능하지만, 이는 종종 건강하지 않은 상태에서의 연명에 불과하기 때문이다.

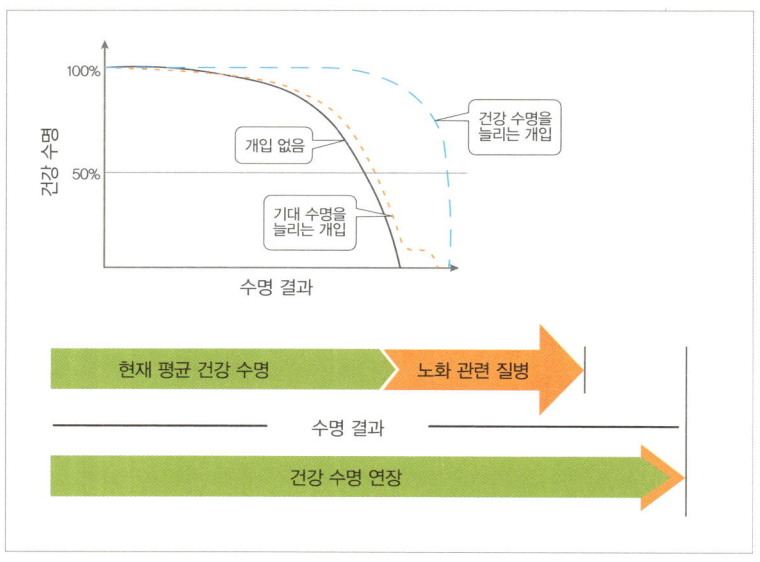

기대 수명과 건강 수명.
(출처: Scott, A. J., Ellison, M., & Sinclair, D. A. (2021). "The economic value of targeting aging". *Nature Aging*, 1(7), 616–623.)

이 글에서 사용하는 '노화 극복'이라는 표현은 그저 생존 기간을 늘린다는 뜻이 아니라, 질 높은 삶의 유지가 가능한 신체 상태를 가능한 한 오래 유지하는 방향에 초점을 맞춘다. 이는 단순한 수명의 연장이 아닌, 지속적으로 건강한 상태를 유지하는 삶의 질 중심의 접근을 의미한다.

이와 같은 패러다임은 각 개인의 건강 상태뿐만 아니라 지역 사회 전반에 경제적 이득을 가져다줄 수도 있을 것이다. 이와 관련해 한 연구에서는 미국인의 건강 수명이 1년 증가하는 것은 약 5경 원의 경제적 가치로 이어질 것이라 주장하기도 했다.

AI를 활용한 노화 극복

노화 극복을 위해 현재 여러 방면의 노력과 시도가 이루어지고 있지만, 이 책의 키워드가 AI인 만큼 여기에서는 AI를 활용한 노화 극복 연구들에 대해 이야기해보고자 한다.

인간의 노화는 흔히 시간에 따른 점진적이고 다면적인 과정으로, 기능 저하와 생물학적 및 물리적 손상 및 다양한 노인성 질병의 발생으로 이어진다. 생체 시스템의 복잡한 상호작용 탓에 노화는 대부분의 신체 조절 메커니즘에 영향을 미친다.

인간의 몸은 수십억 개의 세포로 구성된 복잡한 시스템이고, 이 세포들은 다양한 조직과 장기를 형성한다. 노화는 이 모든 수준에서 동시에 일어나며, 환경적·기계적·생화학적·진화적 요인들이 복잡하게 상호작용한다. 예를 들어 하나의 장기에 있는 일부 세포에서 기능장애가 발생하면, 이는 전신으로 퍼져 다른 시스템에도 영향을 미칠 수 있다. 이러한 복잡성 때문에 노화를 단순히 몇 가지 생리학적 과정만으로 이해하거나 조절하기란 어렵다.

노화는 단일 요인이 갑자기 문제를 일으키는 현상이 아니라, 신체 내 다양한 균형이 서서히 무너지면서 발생하는 장기적 현상이라 할 수 있다. 노화의 이렇듯 전신적이고 다면적인 특성 때문에 그 기전을 이해하기는 상당히 까다롭다. 노화 연구에 다학제적이고 포괄적인 접근 방식이 필요한 이유가 이것이다.

최근에는 실험 기술의 발전으로 노화와 관련된 방대한 양의 데이

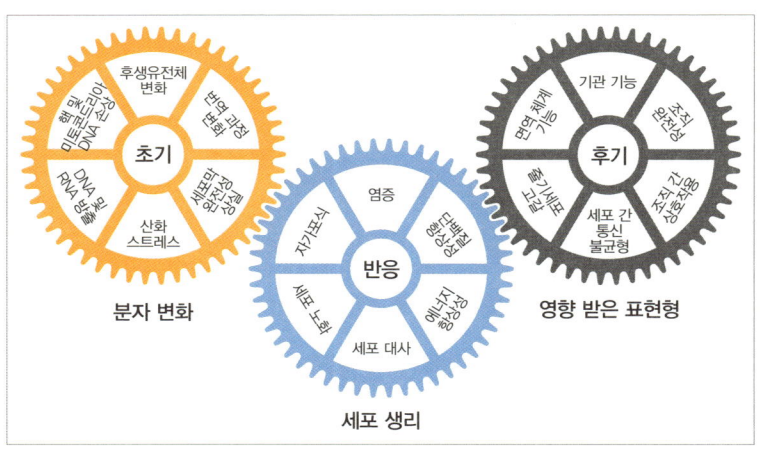

세포 노화와 손상의 단계별 진행 과정. 노화 및 질병과 관련된 단계별 세포·분자 메커니즘을 시각화한 이 개념도는 분자 수준 변화에서 시작해 세포 반응을 거쳐 기능적 손상 표현형으로 이어지는 연쇄적 생물학적 경로를 보여준다. (출처: Skowronska-Krawczyk, D. (2023). "Hallmarks of aging: Causes and consequences". *Aging Biology*, 1(1), 20230011.)

터가 축적되고 있다. 이 데이터를 이해하기 위해서는 생명 현상에서 정보가 어떻게 흐르고 작동하는지를 간략히 살펴볼 필요가 있다.

생명체 내에서 정보는 일반적으로 'DNA→RNA→단백질'로 이어지는 흐름을 따르는데, 이를 '중심 원리(central dogma)'라고 한다. DNA는 정보를 저장하고 있으며, 이 정보는 RNA로 전사(transcription)[2] 된 뒤 번역(translation)[3] 과정을 거쳐 단백질로 전환된다.

단백질은 세포 내에서 실제로 기능을 수행하는 분자들로서 세포 구조 형성·화학 반응 촉진·신호 전달과 같은 다양한 역할을 한다. 이 과정은 매우 정교하게 조절되며, 노화는 이러한 분자 수준의 조절 메커니즘에도 영향을 미친다.

나아가 DNA의 발현은 단지 염기서열에만 의존하는 것이 아니라 후성유전(epigenetics)[4] 등의 다양한 조절 메커니즘에 의해 세밀하게 조정된다. 또한 세포 내 대사 활동 역시 유전자 및 단백질의 작용과 밀접하게 연관되어 있다.

이러한 배경을 바탕으로, 현재 축적되고 있는 생명 정보 데이터에

---

2 DNA에 저장된 정보를 바탕으로 RNA가 만들어지는 과정. 쉽게 말해 정보를 필사해서 세포가 읽을 수 있도록 준비하는 단계.

3 전사된 RNA를 기반으로 단백질이 합성되는 과정. RNA에 적힌 정보를 해석해 단백질이라는 기능성 분자를 만드는 일종의 제조 단계.

4 DNA 염기서열을 바꾸지 않고도 유전자의 활동을 조절하는 방식. 예를 들어 유전자의 스위치를 켜거나 끄는 것처럼 작동하며, 환경 요인이나 생활 습관에 따라 변할 수 있다.

는 다음과 같은 것들이 포함된다.

① **유전체(게놈) 데이터**: 인간의 DNA는 약 30억 개의 염기쌍으로 구성되어 있고, 이 중에서 어떤 유전자가 노화와 관련이 있는지를 파악하기 위해서는 많은 양의 데이터 분석이 필요하다.

② **전사체 데이터**: 유전자가 어떻게 발현되는지를 보여주는 RNA 정보로, 세포의 활동 상태를 파악할 수 있다.

③ **단백질체 데이터**: 인체에는 수만 가지의 단백질이 존재하는데, 이 중 세포 내에서 실제로 기능하는 단백질들에 대한 정보다.

④ **후성유전체 데이터**: DNA 자체의 변화 없이 유전자 발현이 조절되는 메커니즘에 대한 정보다.

⑤ **대사체 데이터**: 세포 내 대사 과정에서 생성되는 수천 가지 화합물에 대한 정보다.

다양하고 방대한 양의 데이터를 효과적으로 분석하는 데 있어 전통적 분석 방법은 한계를 갖는다. AI의 역할이 두드러지는 것은 바로 이 부분에서다. AI 기술은 이렇게 복잡하고 방대한 데이터에서 유의미한 패턴을 발견할 수 있기 때문이다.

특히 주목할 점은 AI는 생물학적 과정에 대한 완전한 선행 지식 없이도 데이터 자체에서 중요한 관계와 패턴을 찾아낼 수 있다는 것이다. 수만 개의 유전자 중에서 노화와 관련이 깊은 핵심 유전자를 식별하거나, 다양한 생물학적 경로 간의 복잡한 상호작용을 모델링해내는 등이 그 예다. 이러한 작업들은 사람이 일일이 직접 수행하기엔 지나치게 복잡하고 많은 시간 또한 필요로 한다. 때문에 AI의 이러한 기술은 인류가 아직 완전히 이해하지 못하고 있는 노화 과정을 연구하는 데 큰 장점이 된다.

그렇다면 AI는 노화 연구의 여러 분야들에서 어떻게 활용되고 있을까? 지금부터는 이에 대해 좀 더 구체적으로 살펴보자.

노화 특성 식별 및 (치료) 표적 탐색

세포 단위의 데이터를 총체적으로 측정해 분석하는 싱글셀 오믹스(Single-cell omics) 기술, 그리고 각 데이터가 생물 개체 내 어떤 곳에서 작용한 것인지를 나타내는 공간 정보까지 포함한 공간 오믹스(Spatial-omic) 기술의 발전에 힘입어, AI는 노화의 메커니즘을 이해하고 특성을 식별하는 것은 물론 특정 생물학적 경로를 표적으로 하는 항노화 약물을 개발하는 데도 유용하게 쓰이고 있다.

이런 작업들을 할 때 가장 직관적인 접근법 중 하나는 젊은 개체와 노화한 개체의 데이터를 비교하는 것이다. 예를 들어 20대 사람과 80대 사람의 유전자 발현·단백질 구성·대사물질 등을 비교하면 어떤 생물학적 경로가 노화에 따라 크게 변화하는지 파악할 수 있다. 여기에서의 생물학적 경로란 세포 내에서 특정 기능을 수행하기 위해 함께 작용하는 일련의 유전자·단백질·효소 등의 집합을 뜻한다. 이러한 생물학적 경로의 예로는 에너지 생산 경로·세포 손상 복구 경로·염증 반응 조절 경로 등이 있다.

AI는 이러한 비교 분석을 인간보다 훨씬 더 정교하게 수행할 수 있다. 수천 개의 유전자와 단백질 중에서 노화와 가장 관련 깊은 것들을 식별하고, 그들 간의 복잡한 상호작용을 모델링할 수 있는 것이다.

이보다 적극적인 접근법은 경로 섭동 분석이다. 이는 특정 유전자나 단백질의 기능을 인위적으로 변화시켰을 때(유전자 비활성화, 단백질 과발현 등) 다른 유전자들의 활성이 어떻게 변하는지 관찰하는 방법이다. 그러나 인간에게는 약 2만 개의 유전자가 있기에, 이것들로 가능한 모든 조합을 실험적으로 테스트하기란 불가능에 가깝다.

때문에 여기서 AI의 역할이 중요해진다. AI는 기존 실험 데이터를 학습해 아직 실험하지 않은 조합의 결과를 예측할 수 있다. 이러한 접근법을 통해 연구진은 실제 실험의 범위를 효과적으로 좁히고, 가장 유망한 경로에 집중할 수 있다.

이러한 방식으로 세포의 생물학적 경로들을 컴퓨터 모델로 구현한 것을 일부 연구자들은 '인공세포'라 부르기도 한다. 인공세포 모델은 아직 완벽하지는 않지만, 복잡한 세포 내 과정을 이해하고 예측하는 데 매우 유용한 도구가 되고 있다. 이와 같은 AI 기반 분석은 실제 생명체 수준에서 노화에 영향을 미치는 개입법을 찾는 데도 연결하는 바탕이 된다.

그간 동물 실험을 통해 연구진은 노화 경로에 영향을 미치는 몇몇 개입들을 찾아낸 바 있었다. 칼로리 제한 식이를 오랫동안 유지하면 여러 종의 동물에서 수명이 크게 증가한다는 것이 그중 하나다. 또한 늙은 쥐와 젊은 쥐의 혈관을 수술적으로 연결해보니 늙은 쥐는 젊어지고 젊은 쥐는 늙어버리는 현상도 관찰해냈다. 이러한 실험 결과들은 매우 흥미롭지만, 이것들을 직접 인간에게 적용하기는 어렵다는 데서 아쉬움이 있었다.

그러나 AI는 이러한 실험 데이터를 대규모로 분석하고, 다양한 생체 지표 간의 상관관계를 파악함으로써 핵심적인 생물학적 신호를 추출해낼 수 있다. 그리고 이는 인간에게 적용 가능한 약물이나 치료법을 설계하는 데 기여할 수 있다.

일례로 최근의 한 연구에서는 운동한 쥐의 혈액 성분을 운동하지 않은 쥐에게 투여했더니 운동 효과가 나타났다는 사실이 보고되었다. 이처럼 운동 효과의 생화학적 기반을 이해하고자 할 때, AI는 수많은 혈액 성분 중 어떤 분자들이 운동 효과를 유도했는지를 통계적 및 기계학습적 기법으로 선별하고, 해당 분자들의 기능을 예측하는 데 중요한 역할을 한다. 고차원 데이터를 기반으로 운동 전후의 생체 변화 패턴을 학습해, 그 패턴을 재현할 수 있는 후보 분자나 약물 조합을 예

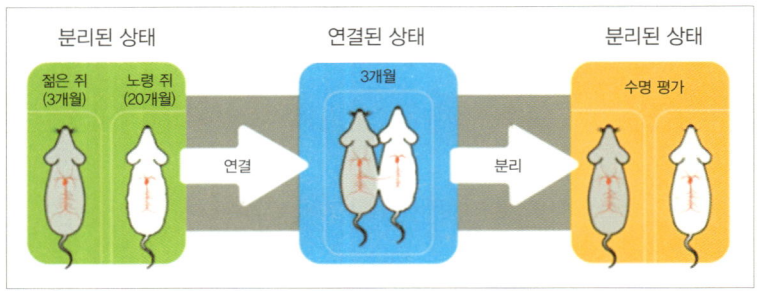

젊은 혈류에 노출될 시의 회춘 및 수명 연장.
(출처: Zhang, B., Lee, D. E., Trapp, A., Tyshkovskiy, A., Lu, A. T., Bareja, A., ... & White, J. P. (2023). "Multi-omic rejuvenation and lifespan extension on exposure to youthful circulation". *Nature aging*, 3(8), 948-964.)

측해내는 것이다.

또한 AI는 기존 약물의 새로운 용도를 발견하는 약물 재창출(drug repurposing)에도 활용된다. 이미 승인된 약물들의 유전체·전사체·단백질 상호작용 데이터와 노화 관련 경로 간의 유사성을 비교해 노화 조절 가능성이 있는 후보물질을 발굴하는 것이다. 이미 안전성이 검증된 약물 중에서 항노화 효과가 있는 것을 찾아내면, 새로운 약물을 개발하는 것보다 훨씬 빠르게 임상에 적용할 수 있다.

노화 기작을 규명하고 표적을 탐색할 때에는 한 생물종 내에서 젊은 개체와 늙은 개체의 차이를 기반으로 하는 것도 좋지만, 이와 비슷한 방법론을 생물종 간 연구에 적용할 수도 있다. 자연에는 상식을 벗어나는 온갖 종류의 생물이 존재하고, 인류가 아직까지 모르고 있는 것들은 너무나도 많다. 그러나 노화의 비밀은 이미 자연 어딘가에 존재하고 있을 것이기에, AI를 활용해 인류가 이를 찾는 것은 시간문제라고 보인다.

면역 노화

인간의 신체 장기들 중 상대적으로 이른 나이에 퇴화되어 기능이 소실되는 것이 있다. 인간의 면역 시스템에서 매우 중요한 역할을 하는 T 세포의 생산 및 성숙과 관련된 장기인 흉선이 바로 그것이다. 흉선은 청소년기를 지나 성인이 되면 빠르게 퇴화하는데, 여러 연구자들은 흉선의 퇴화로 인한 면역 기능 저하가 나이에 따른 감염·암·자가면역 질환의 발병률 증가, 그리고 궁극적으로는 노화와 관련 있을 것이라 생각하며 연구에 매진하고 있다.

면역 노화는 선천 면역과 적응 면역 모두에서 기능적 변화가 발생하고, 새로운 항원을 인식하는 능력이 감소하며, 만성 염증을 증가시킨다는 특징이 있다. AI 기술을 활용하면 면역 노화 과정에서 핵심 조절 인자를 식별하고, 이를 치료 표적으로 삼아 적절한 치료법을 개발해낼 가능성이 높다.

유전자 치료

노화 연구 분야에서 중요한 사건을 꼽자면 여러 가지가 있을 수 있다. 그러나 누구든 반드시 꼽을 한 가지 연구가 있으니, 예쁜꼬마선충이라는 모델 생물로 1988년과 1993년에 시행된 연구다. 이 연구에 따르면, 예쁜꼬마선충이 갖고 있는 수많은 유전자 중 하나에 돌연변이[5]가 유발된 뒤에는 예쁜꼬마선충의 수명이 두 배 가까이 늘었다.

　이 연구 결과는 발표 당시는 물론 지금까지도 여전히 놀라움을 자아낸다. 복잡한 생명 현상으로만 보였던 노화를 단 하나의 유전자가 스위치를 켜고 끄듯 조절할 수 있다는 사실이 밝혀졌기 때문이다. 이는 노화가 '어쩔 수 없이 받아들여야 하는 보편적 진리'가 아닌, '적극적 개입으로 (심지어 비교적 쉽게) 조절할 수 있는 대상'으로 인식되는 데 큰 영향을 미친 연구였다. 물론 유전자는 노화의 유일한 인자가 당연히 아니지만 주목할 만한 인자임은 분명하다. 최근 들어 더욱 발전하고 있는 유전자 치료 기술이 향후 노화 분야에서도 응용될 것이라 기대하는 이유가 이것이다.

　유전자 치료는 유전 질환·일부 암·특정 바이러스 감염 등의 치료나 예방에 유전자를 활용하는 실험적 기술이다. 쉽게 말해 문제가 있는 유전자를 고치거나, 필요한 유전자를 세포에 추가하는 방법이라고 보면 된다. 특정 단백질을 생산하지 못하는 유전 질환 환자에게 그 단백질을 만드는 유전자를 전달하거나, 노화를 촉진하는 유전자를 억제하고 노화를 지연시키는 유전자를 활성화하는 것 등이 유전자 치료가 적용되는 예에 해당한다. 이러한 유전자 치료는 매우 유망한 분야지

---

[5] 1988년의 연구에서는 age-1 유전자, 1993년의 연구에서는 daf-2 유전자가 이에 해당한다.

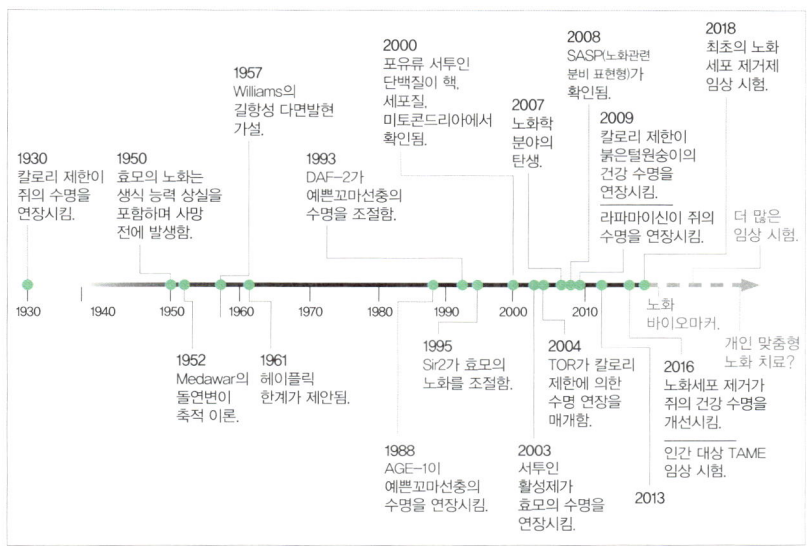

노화 연구 연대기.
(출처: Friedman, D. B., & Johnson, T. E. (1988). "A mutation in the age-1 gene in Caenorhabditis elegans lengthens life and reduces hermaphrodite fertility". Genetics, 118(1), 75-86. / Kenyon, C., Chang, J., Gensch, E., Rudner, A., & Tabtiang, R. (1993). "A C. elegans mutant that lives twice as long as wild type". Nature, 366(6454), 461-464.)

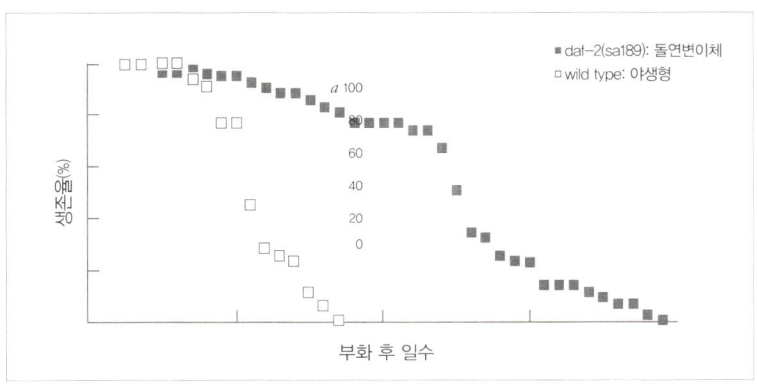

야생형에 비해 수명이 두 배인 예쁜꼬마선충 돌연변이체.
(출처: Campisi, J., Kapahi, P., Lithgow, G. J., Melov, S., Newman, J. C., & Verdin, E. (2019). "From discoveries in ageing research to therapeutics for healthy ageing". Nature, 571(7764), 183-192.)

만, 현재는 주로 다른 치료법이 없는 질병을 대상으로만 시험이 진행되고 있다.

그런데 최근에는 여러 성공 사례 덕에 이전보다 더욱 많은 관심이 유전자 치료에 쏠린다. 초기 유전자 치료의 성공 사례들에서는 AI 기술을 적극 활용하지 않았지만, 생명과학 분야에서 이용 가능한 유전체 데이터가 급격히 증가하자 AI를 유전자 치료에 적용하려는 관심이 높아지고 있는 것이다.

이는 개인 맞춤형 의료와도 밀접한 관련이 있다. 개인 맞춤형 의료의 핵심은 적절한 치료법을 특정 환자군과 매칭하는 것이고, 따라서 이 분야에는 AI 기술을 적용하는 것이 매우 적합하다.

AI의 강점은 방대한 유전체 정보·환자의 임상 이력·치료 반응 데이터를 바탕으로 특정 질병에 가장 효과적인 치료법을 예측하는 것이다. 특히 유전자의 발현 패턴이나 변이 정보를 분석, 각 개인에게 최적화된 유전자 치료 전략을 설계할 수 있다.

동일한 유전 질환을 가진 환자라도 유전체 배경에 따라 치료 반응이 달라질 수 있는데, AI는 이런 차이를 데이터 기반으로 학습하여 더 정밀한 맞춤 치료를 가능하게 한다. 이는 획일적 치료 방식에서 벗어나 환자 개개인의 생물학적 특성을 고려하는, 진정한 의미의 정밀의료로 나아가는 데 필수적인 기술적 기반이 된다.

특히 AI는 유전자 편집 과정의 정밀도 제고에 중요한 역할을 할 것으로 기대된다. 유전자 편집 기술의 발전 덕에 연구자들은 환자의 DNA를 변경하여 맞춤형 치료법을 탐색할 수 있는 기회를 얻었지만, 정확한 유전자 편집을 수행하는 것은 여전히 도전 과제로 남아 있다.

이를 주목한 여러 기업들은 AI 기반 플랫폼을 개발해 이 분야의 요구를 충족시켜주고 있다. 향후 더 많은 연구를 통해 노화에 영향을 미치는 여러 유전자가 규명되고 AI 기술을 활용하여 유전자 치료 설계를 최적화한다면, 노화를 조절하는 치료법의 개발도 더욱 가속화될 것으로 기대된다.

세포 리프로그래밍

'세포 리프로그래밍(reprogramming)을 통한 역노화 가능성'는 2012년 노벨생리의학상을 받은 야마나카 신야(Yamanaka Shinya)의 유도만능줄기세포의 등장 이후 지금까지 각광받고 있는 개념이다. 야마나카 인자[6]를 인간의 체세포에 주입하면 이것이 리프로그래밍되어 줄기세포로 역분화[7]한다는 개념이었는데, 추가 논의가 필요하긴 하나 직관적으로 보자면 '세포 수준에서의 역노화'인 셈이었다. 이는 곧 '세포에

---

6 야마나카 신야가 발견한 네 가지 유전자(Myc, Oct3/4, Sox2, Klf4)를 지칭. 이 유전자를 주입받은 체세포는 줄기세포 상태로 되돌아가는 능력을 갖게 된다.

7 분화된 체세포가 다시 미분화된 줄기세포 상태로 되돌아가는 현상을 의미. 이 개념은 '세포는 한 방향으로만 성숙한다'는 기존의 상식을 뒤엎었다.

서 역노화가 가능하다면, 세포로 이루어진 인간의 역노화도 가능하지 않을까?'라는 생각으로 이어졌다.

이를 테스트를 해보기 위한 실험은 실제로 현재 여럿 진행 중이다. 뿐만 아니라 이것은 한낱 이론에 그치는 것이 아니라 실제로 적용할 수 있는 발상이라는 증거 또한 점차 쌓이고 있다. 다만 역노화 과정에서 암 발생 가능성이 높아지는 몇몇 부작용이 보고됨에 따라, 암을 발생시키지 않으면서 건강한 상태로의 역노화를 가능케 하는 방법을 찾는 것이 주요 과제 중 하나가 되었다(사실 세포 수준에서의 노화 극복이 곧 암세포가 되는 것이므로 논리적으로 일리가 있는 현상이긴 하다. 그러나 세포의 노화 극복이 아닌 개체의 노화 극복 관점에서는 원치 않은 결과이니).

이러한 흐름을 타고 세포 리프로그래밍 기술을 통한 역노화를 목표로 하는 기업들도 속속 등장하고 있다. 그 한 가지 예로 들 수 있는 것이 2021년에 설립된 알토스 랩스(Altos Labs)다. 이 회사는 아마존 창업자인 제프 베이조스의 투자를 비롯, 역대 바이오 스타트업 중 최대 금액인 약 4조 원의 초기 투자금을 유치하며 주목을 받았다. 막대한 자본과 인재가 투입된 만큼 어떠한 성과를 도출해낼지 기대된다.

세포 리프로그래밍의 잠재력을 최대한 활용하려면 리프로그래밍 과정 자체를 완전히 제어하는 것이 필수적이다. 그간 연구진은 리프로그래밍 과정 중 유전체 및 후성유전체 수준에서 일어나는 복잡한 역학을 이해하는 데서 많은 진전을 보였다. 그러나 리프로그래밍 기술이 실제 인간에게 접목되기 위해서는 더욱 더 미세한 조정과 환경적 요인의 최적화가 필수적이고, 이를 위한 정교한 기술의 개발 또한 계속해서 요구된다.

이러한 맥락에서 컴퓨팅 기술과 AI는 리프로그래밍 과정을 최적화하는 시스템의 설계에 활용될 가능성이 크다. AI 기반 예측 모델을 활용하면 줄기세포·면역세포·재생된 조직을 이용한 개인 맞춤형 치료 개발이 더욱 정교해질 수 있기 때문이다.

노화 바이오마커

예쁜꼬마선충·초파리·쥐 등 수명이 상대적으로 짧은 생물들에 대해 항노화 치료의 효과를 입증하는 데는 수년 정도가 필요하다. 가령 실험쥐의 평균 수명이 2~3년이라고 가정할 때, 항노화 치료를 한 지 5년 정도 지나도 그 쥐가 건강한 상태를 유지하며 살아 있다면 이를 통해 치료의 효과를 확인할 수 있을 것이다. 그러나 사람을 대상으로 하는 경우라면 이러한 방식이 불가능하다. 매 연구나 임상 시험에서 100년 이상의 시간을 기다리고 판단할 수는 없는 탓이다.

또한 특정 항노화 치료를 통해 어떤 사람이 회춘되었다고 주장할 때에는 적절한 지표, 즉 바이오마커(biomarker)가 필요할 것이다. 노화 진행에 따른 변화는 물론, 회춘 효과가 작용할 시 그 효과도 잘 탐지하여 나타낼 수 있는 높은 신뢰도의 지표가 요구되는 것이다.

노화 바이오마커에 대해 하기 쉬운 오해 중 하나는 개체의 생물학적 나이가 단일 숫자로 표현될 것이라는 생각이다. 아마도 이는 출생 이후 경과한 연수인 연대기적 나이가 단일 숫자이기 때문일 텐데, '역노화는 신체의 모든 부분이 (가령 50세에서 40세로) 회춘하는 것'이라는 생각에는 큰 오류가 있다.

연대기적 나이가 30세인 사람이라 해도 그의 모든 신체 부분이 동일하게 30세만큼 노화해 있는 것은 아니다. 인체 노화의 정도는 개체마다, 개체 내 장기마다, 심지어 세포마다 다르다. 따라서 굳이 숫자로 생물학적 나이를 표시하려 한다면 장기마다, 좀더 정확하게는 세포마다 각각의 나이를 부여하는 것이 보다 정확한 방식일 것이다. 노화는 전신에서 균일·균등하게 일어나는 것이 아니라 시간 및 공간 면에서 다양하게, 즉 모자이크처럼 불균일하게 일어난다는 이러한 개념을 일컬어 '노화의 모자이크 성질'이라 한다.

노화의 모자이크 성질은 노화 메커니즘의 분석이나 항노화 치료법 개발, 노화 바이오마커와 관련해 상당히 까다로운 환경을 만든다. 어떤 항노화 약물을 처리했을 때 간과 심장은 회춘하여 건강이 증진되지만 한편으로 뇌의 노화는 오히려 가속되는 효과를 야기할 수도 있고, 각 개인별 노화 모자이크 상태에 따라 다른 접근법이 필요해질 수도 있는 등이 그 예다.

2013년, 노화 연구 분야에서의 세계적 석학인 스티브 호르바스(Steve Horvath)는 후성유전학적 표지 중 하나인 DNA 메틸화 패턴(DNA methylation pattern)[8]이 연령과 연관된 특정 변화를 나타낸다는 점을 밝혀냈고, 이러한 다량의 데이터를 학습한 후성유전학적·생물학적 노화시계 '호르바스 클락(Horvath clock)'을 개발했다.

이후 활발한 연구를 통해 현재는 세포 단위에서의 노화 바이오마커 연구가 후성유전체·대사체·단백질체·전사체 등 다양한 오믹스 데이터를 기반으로 수행되고 있다. 정밀 데이터의 축적과 AI 기술의 발전에 힘입어 보다 정밀한 시계, 노화 바이오마커가 나날이 빠르게 개발되고 있는 요즘이다.

더불어 최근 설립된 '노화 바이오마커 컨소시엄(Biomarkers of Aging Consortium)'은 노화 바이오마커에 대한 학계의 체계적이고 합치된 정의, 연구 및 미래 방향성 제시에 힘쓰고 있다. 노화 연구의 어떠한 세부 분야를 연구하든, 노화 연구자들 대부분이 관심을 가지며 노화 연구의 결과물이 세상에 나오기까지 뛰어넘어야 할 가장 중요한 장애물

---

8 DNA의 특정 위치에 메틸기가 붙는 현상. 이를 통해 DNA 자체의 염기서열은 그대로 둔 채 유전자의 활동을 켜고 끌 수 있다.

중 하나가 노화 바이오마커이기에 이러한 컨소시엄이 필요해졌고 또 설립될 수 있었던 것 같다.

현재 이 컨소시엄이 추진 중인 일들 중에는 흥미로운 것이 많지만, 그중 하나만 소개하자면 노화 관련 바이어마커 개발을 위한 공개형 국제 대회인 '노화 바이오마커 챌린지(Biomarkers of Aging Challenge)'를 꼽을 수 있다. 2023년에 처음 공지되어 2025년 현재까지도 진행되고 있는 이 대회는 후성유전체 데이터 등의 실제 임상 데이터를 참가자들에게 제공하고 측정 당시의 연대기적 나이·수명·질병을 AI 등을 활용해 예측하게 하는 대회다. 태스크별로 가장 정확한 예측에 성공한 우승자에게는 수천만 원에서 수억 원의 상금과 상이 부여된다.

지금까지의 진행 상황을 보면 이 대회는 노화 연구에 관심 있는 생물학자뿐만 아니라 AI나 수학 등 다양한 분야의 사람들이 노화 연구에 관심을 가지고 참여하도록 유도하는 효과를 거두었다. AI가 생물학 및 화학 분야와 융합해 가장 큰 여파를 남긴 예로 꼽히는, 구글 딥마인드가 개발한 AI인 알파폴드(AlphaFold)는 '단백질 구조 예측 대회(CASP: Critical Assessment of Structure Prediction)'라는 좋은 무대에서 압도적 성과를 거두며 주목받기 시작했다. 마찬가지로 '노화 바이오마커 챌린지'도 노화 분야에서 미래의 알파폴드가 탄생하는 바탕이 되길 바란다.

나가며

2000년, 스티븐 N. 오스타드(Steven N. Austad)와 제이 올샨스키(Jay Olshansky)라는 두 과학자는 150세까지 사는 사람이 2000년에 이미 태어났을 가능성을 두고 내기를 걸었다. 이들은 각각 150달러를 투자 펀드에 넣고, 2150년이 되었을 때 이 내기에서의 승자 혹은 그의 후손이 해당 투자금 및 수익금 전체를 갖기로 했다(이어 2016년에도 이들은 150달러씩을 추가로 넣었다).

당시 오스타드는 '150세까지 살 사람은 2000년에 이미 태어났을 것'이라 주장했고, 이 내기와 관련된 계약 조건에는 '2150년에 실제로 그런 인물이 존재하되 정신적으로도 온전할 경우에만 오스타드가 이긴다'라는 조항이 명시되었다. 그리고 올샨스키는 오스타드의 반대쪽에 걸었다. 노화 연구의 가능성을 부정하지는 않았지만, 단지 인간 수명이 150세에 이르는 시점이 그리 빨리 다가오지는 않을 것이라 본 것이다.

AI라는 새로운 변수에는 이 내기의 판도를 바꿀 수 있는 잠재력이 있다. 앞서 살펴봤듯, 이미 AI는 노화의 분자적 메커니즘 분석과 바이오마커 예측 및 새로운 항노화 물질의 설계 등에 활용되고 있기 때문이다.

앞으로 수십 년 내에는 AI가 생물학적 데이터와 융합되어 노화 과정을 정밀하게 조절하고 되돌릴 수 있는 해법을 제시할 가능성도 있다. 오스타드의 낙관이 현실이 되는 데는 어쩌면 AI가 결정적 역할을 하게 될지도 모른다.

과연 오스타드와 올샨스키 중 누가 그 내기에서 승리를 거둘까? 2000년 2월생인 나는 개인적으로 오스타드가 이길 것이라 낙관한다. 뿐만 아니라, 그들이 약속한 2150년이 되면 150세를 넘긴 사람들이 너무 많아 시상식에 나를 포함한 모두를 부르기가 어려울 것 같다는 걱정도 든다. 오스타드는 과연 그때까지 건강하게 살아서 자신이 직접 상금을 수령할 수 있을까. 앞으로 흥미롭게 지켜볼 일이다.

AI를 이용한 신약 개발

_노지혜(MIT)

전 세계에서 지금까지 가장 많이 팔린 진통제는 무엇일까? 바로 아스피린이다. 2024년 기준으로 전 세계 아스피린 시장의 규모는 약 25억 달러(약 3.5조 원)[1]로 평가되었으며, 2032년까지 약 32억 달러(약 4.5조 원)에 이를 것이라 전망되고 있다.[2] 1950년 기네스북에 '세계에서 가장 많이 팔린 진통제'로 등재되기도 했던 아스피린은 진통·해열·항염증 등 다양한 효능을 가져 세계에서 가장 널리 사용되는 약물 중 하나로 자리 잡았다.

---

1 원달러 환율 1,400원 기준.
2 Data Bridge Market Research, Global Aspirin Market & Industry Trends and Forecast to 2032.

아스피린은 버드나무 껍질에서 추출한 살리실산(salicylic acid)에 아세틸기(acetyl group)[3]라는 작용기(functional group)[4]를 붙여서 만들어지는데, 자연에서 추출한 물질이나 합성을 통해 만들어진 이 약물 덕분에 인류의 건강은 크게 좋아졌다.

이러한 약물 개발들에 힘입어 이제는 과거 치명적이었던 질병들에 대한 치료가 가능해졌다. 그러나 여전히 많은 질병이 우리를 위협하고 있기에, 과학자들은 지금도 여러 질병과 싸울 신약 개발을 위해 끊임없이 노력하고 있다.

하지만 신약 개발은 많은 자원과 시간을 필요로 한다. 신약 승인은 1만 개의 신약 후보물질들 중 여러 실험과 최적화, 그리고 동물 및 임상 시험을 거쳐 최종적으로 하나의 물질에만 내려진다. 그리고 이러한 과정에는 평균적으로 10~12년의 시간이 소요되고, 연구개발 비용만 해도 평균 약 20억 달러(약 2.8조 원)이 든다. 이렇듯 신약 개발은 엄청난 시간과 비용이 드는, 끊임없는 실패와 도전의 반복이다.

그렇다면 이러한 과정을 어떻게 단축시킬 수 있을까? 이 책을 읽으며 예측했겠지만, 그 답은 AI에 있다.

---

[3] 메틸기($-CH_3$)와 카보닐기($-C=O$)의 결합 구조를 가진 작용기로, 화학식은 $-COCH_3$다. 두 개의 탄소(C) 원자로 이루어져 있으며, 하나의 탄소 원자는 세 개의 수소(H) 원자와 결합하고, 다른 탄소는 산소(O) 원자와 이중 결합(=)을 통해 추가적으로 결합해 있다.

[4] 화합물 내에서 특정 화학적 성질을 결정하는 원자 또는 원자들의 집합.

제약 분야, 특히 그 핵심인 화학 분야에서 지난 수십 년간 쌓아온 데이터의 규모는 매우 방대하다. 화합물의 성질은 작용기와 분자 구조에 따라 결정되는데, 수십 년 동안의 연구와 실험을 통해 각 화합물이 갖는 여러 특성에 대한 정보가 쌓여온 덕분이다. 특정 물질이 물에 얼마나 잘 녹는지, 화합물 A와 B를 섞으면 어떤 반응이 일어나고 어떤 새로운 화합물이 생성되는지, 그리고 그 반응에서 생성되는 물질의 양이 얼마나 되는지 등의 정보들은 이미 모두 마련되어 있다.

그리고 이러한 데이터 속에는 생리학적·화학적 패턴이 숨어 있다. 일례로 알코올의 대표적 성질을 결정하는 하이드록시기(-OH)는 하나의 산소(O) 원자와 하나의 수소(H) 원자로 구성된 작용기인데, 분자에 하이드록시기가 많을수록 물에 잘 녹는 패턴을 보인다.

AI는 이러한 데이터를 학습하여 약물 개발 과정의 새로운 패턴을 발견하고, 신약 후보물질을 빠르게 선별할 수 있는 능력을 갖추고 있다. 이러한 AI의 발전으로, 과학자들은 신약 개발에 필요한 시간이 앞으로는 과거 대비 절반 가까이 단축될 것이라 예측하고 있다.

전통적인 신약 개발 과정에서는 실제 실험에 적합한 물질을 찾기 위해 오랜 시간과 비용을 투자해왔다. 신약 개발 과정에서는 여러 화합물 중에서 적합한 약물 후보물질을 선별하는 것이 필수적이다. 그러나 수많은 약물 모두를 세포나 동물, 임상 실험을 통해 확인할 수는 없기 때문에 세포에 실험 가능한 후보물질을 선별하고 개발하는 데만도 약 3~5년을 투자해야만 했다. 그러나 지금은 AI를 통해 이 과정을

1년 정도로 줄이는 획기적 단축이 가능할 것이라는 게 중론이다.

실제로 AI을 기반으로 하는 한 신약 개발사는 AI 활용으로 46일 만에 폐 질환 치료를 위한 후보물질 도출을 끝내고, 일반적인 신약 개발 과정 대비 약 10%의 비용만 들여 후보물질을 임상 실험에 도입하는 데 성공하기도 했다. 이처럼 화학과 화학공학, AI가 만나는 융합적 연구는 신약 개발의 속도를 엄청나게 높이고, 실패율은 낮추며, 궁극적으로는 인류의 건강과 삶의 질 향상에 실질적으로 기여할 수 있는 잠재력을 갖는다.

AI를 이용한 후보물질 선별

그렇다면 AI가 신약 개발 과정을 이렇게 단축시킬 수 있는 이유는 무엇일까? 이를 이해하기 위해서는 전통적인 신약 개발 과정에 대해 먼저 알아봐야 한다.

앞서 잠깐 언급했듯 전통적 신약 개발 과정에서는 수만 가지 후보 화합물 중 약효가 있는 물질을 찾는 데 집중한다. 우선은 특정 질병에 중요한 역할을 하는 단백질을 찾아낸 후, 그 단백질과 후보물질이 결합할 때 나오는 에너지의 정도를 실험으로 측정한다. 이 실험을 통해 후보물질이 얼마나 강하게 결합하는지 확인하고 가장 효과적인 약물을 찾아내려는 것이다.

그런데 실험적으로 분자를 합성하고 그 성능을 측정하는 데는 오랜 시간이 걸린다. 때문에 전통적 과정에서 화학자들은 화합물의 구조와 특성에 대한 관계를 모델링해 화학 구조에 따른 물질의 물리화학적 특징·생물학적 활성·독성 등을 예측했다. 구조와 특성을 하나의 함수로 표현하기 위한 선형회귀(linear regression)[5] 등이 이때 쓰이는 방법이었다.

그러나 AI가 발전한 지금은 딥러닝 모델을 이용하여 더 빠르고 정확한 예측을 할 수 있기에 이르렀다. 수백억 개 분자들의 특성을 예측하고, 약효가 있을 만한 분자들을 먼저 선별해내는 일이 AI 덕분에 가능해진 것이다.

전통적 과정에서 사용되는 방법 중에는 단백질과 약물의 상호작용을 이용해 약효를 예측하는 것도 있다. 약물 분자는 대개 신체에 있는 단백질과 결합하여 신체의 작용을 조절함으로써 약효를 보인다. 다양한 단백질과 약물 분자들 간의 결합 세기 값을 측정하는 실험은 그간 수없이 이뤄져왔고, 덕분에 현재는 이와 관련된 데이터가 방대하게 축적되어 있다.

---

[5] 독립변수 x와 종속변수 y의 관계를 가장 잘 나타내는 선을 찾아가는 방법으로, 이때 구하는 선은 대개 'y=ax+b' 형태(1차 함수 방정식)로 표현된다. 예를 들어 독립변수는 하이드록시기(-OH)의 수와 같은 화합물의 구조적 특징이, 종속변수는 물에서의 용해도와 같은 화합물의 특성이 될 수 있다.

AI는 이렇게 쌓인 데이터를 학습하고 그 안에서 나타나는 패턴을 바탕으로 새로운 단백질과 약물 분자 사이의 결합 세기를 예측해낸다. 따라서 만약 우리가 특정 질병에 영향을 미치는 단백질을 찾아낸다면, AI는 수많은 후보물질들의 결합 강도를 예측해 그 단백질에 안정적으로 결합할 것이라 예상되는 분자를 선별할 수 있다.

단백질과 약물 분자의 상호작용은 그것들 각각의 3차원 구조에 따라 달라진다. 때문에 AI는 단백질과 후보물질의 결합 세기에 대한 직접적 예측뿐 아니라, 단백질 또는 후보물질의 3차원 구조를 예측하여 실제 단백질이 후보물질과 구조적으로 서로 어떻게 결합할지에 대해서도 예측해낸다.

대표적인 예로는 구글 딥마인드에서 2018년에 공개한 AI '알파폴드'가 아미노산 서열로부터 단백질의 3차원 구조를 빠르고 정확하게 예측하는 것을 들 수 있다. 특히 2024년에 공개된 알파폴드 3은 단백질의 3차원 구조를 예측하는 데 그치지 않고 DNA·RNA·약물 후보물질 등 생체 내 분자들이 단백질과 어떻게 상호작용을 하는지까지 예측할 수 있다.

AI를 이용한 새로운 후보물질 설계

이론적으로, 약물 후보로 사용될 수 있는 '약물 유사 화합물(drug-like molecules)'로는 약 10^{60}개가 있다. 아무리 컴퓨터가 발전했다 해도 이렇게 많은 분자들의 특성을 하나하나 예측하고 가장 좋은 화합물을 찾아내기란 사실상 불가능한 일이다. 그렇기 때문에 대부분의 경우에는 이보다 훨씬 적은 수의 후보물질들로 구성된 하나의 '화합물 라이브러리(chemical library)'를 마련한 뒤 그 화합물이 갖는 약효나 독성 등의 특성을 예측하게 된다.

그런데 만약 우리가 원하는 특성을 가진 분자, 즉 약물 후보물질을 아예 만들어낼 수 있다면 어떨까?

오늘날에는 챗GPT와 같은 생성형 AI의 발전으로 새로운 약물 분자를 처음부터 끝까지 설계하는 것이 가능해졌다. 챗GPT에게 "1박 2일 서울 여행 코스를 짜줘"라고 요청하면 서울의 맛집부터 서울에서 할 수 있는 여러 활동들을 시간대별로 구성한 추천을 받을 수 있다. 이와 마찬가지로 약물 설계에서도 AI에게 "특정 단백질의 활성 부위에 잘 결합하고, 독성이 낮으며, 물에 잘 녹는 분자를 만들어줘"라고 요청하면, AI는 그 조건을 만족시키는 새로운 분자 구조를 생성해 보여줄 수 있다.

특히 우리가 목표로 하는 단백질의 3차원 구조가 이미 밝혀져 있다면 해당 활성 부위에 꼭 맞는 분자를 '맞춤형'으로도 설계할 수 있다. 심지어 단백질 구조가 알려지지 않은 경우라 해도, 해당 질환에 효과를 보인 선행 화합물이 있다면 그것과 유사한 구조를 가진 신규 분자를 생성하는 식의 접근도 가능하다.

최근에는 미리 정해진 방대한 화합물 공간을 단순히 탐색하여 원하는 성능의 화합물을 찾아내는 것이 아니라, 주어진 조건에 들어맞는 새로운 화합물을 직접 생성함으로써 기존의 선별 기반 접근보다 창의적으로, 그리고 효율적으로 AI가 새로운 약물 후보를 제시할 수 있게 되었다.

그런데 이러한 생성형 AI 모델로 설계해낸 후보물질에서는 간혹 몇몇 문제가 관찰되기도 한다. 3차원 구조나 특정 성질만을 목표로 하는 경우, 모델이 제시한 물질이 화학적 규칙을 위반할 수 있는 것이 한 예다. 일례로 탄소 원자는 한 번에 최대 네 개의 다른 원자와 결합할 수 있는데, AI는 다섯 개 이상의 원자가 탄소와 결합해 있는 구조를 만들어내기도 한다.

또한 AI가 생성해낸 분자의 구조가 화학적으로 너무 불안정해서 약물로 사용하지 못하는 경우도 있다. 몸에 넣기도 전에 분해되는 물질을 약으로 쓸 수는 없기 때문이다. 아울러 어떤 물질을 약물로 사용하려면 충분한 양으로 합성해낼 수 있어야 하는데, AI가 제시한 후보물질은 구조가 너무 복잡해 실제로 어떻게 합성해야 하는지 상상조차 하기 어려운 경우도 많다.

애써 설계한 후보물질 분자라 해도 그것이 합성되기까지 수십 단계의 반응을 거쳐야 한다면, 이 물질을 실제로 상용화하는 것은 거의 불가능에 가깝다. 한 단계의 반응이 추가될 때마다 전체 비용에는 0이 하나씩 더 붙는다 봐도 되는 데다 시간과 재료 또한 많이 요구되는 탓에 최종 약물은 가격이 매우 높아지기 마련이고, 그 결과 경제성을 잃기 때문이다.

이러한 문제를 해결하는 가장 단순한 방법은 설계된 후보물질 분자를 필터링하는 것이다. 다시 말해 분자의 안정성(stability)이나 합성 가능성(synthesizability)을 예측하고, 불안정하거나 합성이 어려울 것으로 예측되는 분자를 걸러내면 된다.

또 다른 방법으로는 원하는 특성뿐 아니라 안정성과 합성 가능성까지 함께 최적화하는 것이다. 하지만 합성하기 쉬운 분자라 해도 구조가 조금만 변하면 합성이 불가능해질 수 있고, 어떤 분자를 합성할 수 있는가의 여부는 사용 가능한 물질들에 따라 크게 달라지기 때문에 이런 방법은 정확도가 떨어질 수밖에 없다.

그래서 나온 또 다른 방법이 있다. 우리가 이미 알고 있는 화학 반응 관련 지식을 더 활용해 후보물질 분자를 만들어보는 것이다.

대학의 유기화학 수업에서는 어떤 반응이 잘 일어나는지, 어떤 물질을 반응시켜 새로운 구조를 만들어낼 수 있는지를 배운다. 이렇게 잘 알려진 화학 반응들을 활용하면, 실제로 사용할 수 있는 시작물질(starting material)[6]들에서부터 목표 분자를 설계해나갈 수 있다.

---

6 화학 반응물에서 주요 출발점이 되는 핵심 물질.

미로를 찾는 게임에서 AI가 각 단계에서 왼쪽으로 갈지, 오른쪽으로 갈지 등을 결정해 최종적으로는 출구를 찾아 가는 것처럼, 반응 시작물질을 선택하고 각 단계에서 이를 어떤 물질과 반응시킬지를 결정하여 원하는 성질을 가진 분자를 만들어낼 수 있는 것이다. 이는 원하는 특성을 가진 분자를 한 번에 생성하는 방식이 아니라, 해당 분자를 합성하기 위한 구체적 방법을 단계적으로 설계함으로써 합성 가능성을 어느 정도 확보하려는 접근법이다.

AI를 이용한 후보물질의 합성

앞서 말했듯 아무리 뛰어난 후보물질이라 해도 실제로 합성해낼 수 없다면 아무 소용이 없다. 따라서 원하는 물질을 실제로 합성할 수 있는지, 나아가 어떻게 합성할 수 있는지를 알아내는 것은 신약 개발에서 매우 중요한 과정이다.

일례로 아스피린은 살리실산과 아세트산무수물을 섞고 에스터화(esterification) 반응을 시켜 합성할 수 있다. 이러한 합성 과정은 비교적 단순한 편이라 오늘날 고등학교 실험실에서도 활용될 정도다. 그에 반해 대부분의 약물 및 후보물질은 아스피린보다 훨씬 복잡한 합성 과정을 거친다. 유방암 등의 항암제로 널리 활용되는 탁솔(taxol)[7]만 하

---

7   화학명은 파클리탁셀(paclitaxel). '태평양 주목나무'의 껍질에서 처음 발견된 천연 물질로 암세포 증식을 억제하는 효과가 있다.

더라도 실험실에서 약물로 합성해내기까지는 수십 단계의 반응이 필요하다.

특히 탁솔과 같이 자연에서 발견되는 여러 물질은 다양한 생리활성(bioactivity)[8]을 갖고 있어 신약 개발 후보가 되기도 하는데, 이러한 천연물은 대개 크기가 크고 구조가 복잡해 합성 경로를 알아내는 데 수년이 걸리곤 한다. 심지어 도중에 실패하는 탓에 다시 처음으로 돌아가야 하는 경우 또한 빈번히 발생한다.

하지만 이러한 성공과 실패의 과정이 한편으로는 화학 반응 관련 데이터를 많이 쌓을 수 있는 밑거름이 되었다. 그리고 이렇게 축적한 데이터 속에 나타나는 패턴을 AI에게 학습시키면 AI는 여러 합성 경로를 예측해 분자들의 '레시피'를 만들어낼 수 있다.

화학자들은 새로운 물질을 합성할 때 흔히 '역합성(retrosynthesis)'이라는 방법을 사용한다. 합성(synthesis)은 '시작물질에서 시작해 목표하는 화합물을 만들어내는 과정'을 뜻하니, 역합성은 이와 반대되는 과정임을 쉽게 짐작할 수 있을 것이다. 즉, 목표로 하는 분자에서 시작해 이를 더 간단한 화합물로 분해하는 것을 반복하는 과정이 역합성인 것이다. 미로 게임에 비유하자면, 시작점에서 출발하는 것이 아니라

---

8 화합물이 생체 내에서 특정 기능을 증진하거나 억제하는 작용. 항균 및 항염 작용·항산화 작용·체내 콜레스테롤 수치 조절·면역 기능 증진 등이 그 예다.

그와 반대로 출구에서 출발해 시작점까지의 길을 찾아가는 과정과 비슷하다 할 수 있다.

'살리실산과 아세트산무수물이 반응하면 아스피린이 만들어진다'는 것이 널리 알려져 있듯, 화학자들은 특정 물질이 반응하면 어떤 결과가 나오는지에 대해 이미 많은 것을 알고 있고, 어떤 물질을 만들어내고 싶다면 그것을 위해 어떤 것들을 섞어야 할지도 예측할 수 있다. 앞서 말했듯, 이는 지금까지 축적해온 화학 반응 데이터가 매우 많은 덕분이다.

이러한 데이터는 AI에게도 충분히 학습시킬 수 있다. 그리고 화학 반응 데이터를 통해 화학 반응의 규칙, 즉 패턴을 학습한 AI 모델은 합성뿐 아니라 역합성 요청에 대해서도 그럴듯한 결과물을 제시한다. 화학 반응의 '레시피'는 이러한 합성과 역합성 과정을 반복 실험한 끝에 확립된다.

이러한 역합성 방법들을 활용해 반응 경로를 얻었다면 이를 최적화하는 것도 필요하다. 반응에 필요한 촉매나 기타 첨가물·용매·온도·반응 시간 등의 조건에 따라 '반응 수율(reaction yield)'[9]이 달라질 수도 있기 때문에 적합한 반응 조건을 알아내는 것도 필수다.

AI가 도입되기 전까지 화학자들은 자신들이 활용 혹은 실행하고

---

9 이론적인 생성물의 양 대비 실제로 얻어진 생성물의 양의 비율.

자 하는 반응과 유사한 사례를 화학 반응 데이터베이스에서 검색하고, 그 반응에 사용된 조건을 참고해 직접 실험을 반복하면서 조건을 조정하는 방식을 일반적으로 사용했다. 이러한 접근에는 수년의 수련이 필요하고, 데이터베이스에 등록된 정보에 의존해야 하며, 실험 설계 및 최적화에 많은 시간과 노력이 든다는 한계가 있다. 그러나 기존 반응 정보를 학습해 적절한 조건의 예측과 제안이 가능해진 AI 기술에 힘입어, 이제는 더욱 빠르고 효율적으로 실험 조건을 찾을 수 있게 되었다.

분자 합성 반응 경로의 전체적 성공 가능성을 예측해 리스크를 최소화하는 것도 중요하다. 레시피에 포함되어 있는 반응이 실패할 수도 있기 때문이다. 과거에는 이러한 판단을 대개 전문가의 경험에 의존했지만, AI의 도입 덕에 이제는 비전문가도 반응 경로의 성공 확률을 예측할 수 있는 기반이 마련되고 있다.

여러 화합물의 합성 경로에서 공통으로 사용되는 중간 화합물로, 이를 합성하기까지 초기 반응 몇 단계를 공유함으로써 서로 다른 화합물을 한꺼번에 효율적으로 합성할 수 있다. 이러한 반응 경로 최적화 과정을 거치면 원하는 물질을 실험적으로 합성하는 데 필요한 모든 정보를 갖게 된다.

지금도 화학자들이 직접 구체화된 '레시피'를 바탕으로 합성을 진행하는 경우가 있기는 하다. 그런데 최근에는 AI가 탑재된 자동화 합성 로봇의 개발도 빠르게 진행되어 이런 경우들은 줄어드는 추세에 있다. 이러한 로봇들은 레시피에 따라 반응물과 용매를 계량해 혼합하고 반응기의 온도를 조절한 뒤 지정된 시간 동안 반응을 수행하는 과정을 스스로 진행한다. 이렇게 AI 탑재 로봇을 활용하는 방법은 사람이 직접 진행할 때보다 훨씬 많은 실험을 동시에 수행할 수 있고 반복 실험에서도 오차를 최소화할 수 있다는 장점이 있다.

이러한 반응의 최적화와 실험 자동화를 더 정밀하고 효과적으로 수행하려면 각 반응 조건에 대한 정보가 구조화된 형태로 제공되어야 한다. 하지만 현실에서는 반응 조건이나 절차와 관련된 정보가 논문과 특허, 실험 노트 등에 대부분 줄글 형식으로 서술되어 있어 이를 정형화된 데이터로 전환하는 데 어려움이 많았다.

그러나 이러한 어려움도 최근에는 대규모 언어모델의 발전으로 해결되고 있다. 자연어의 서술을 해석하고 그것으로부터 유의미한 정보를 추출하거나 요약하는 작업이 가능해졌기 때문이다. 덕분에 기존에는 오랜 시간이 걸렸던 데이터 처리 과정이 크게 단축되었고, 활용 가능한 정보의 범위 또한 점차 확장되고 있다. AI 성능이 지금보다 더욱 향상될 미래에는 화학 물질의 합성 과정이 더욱 빨라지고, 성공 가능성 또한 기존보다 더 높아질 것으로 예상된다.

AI를 이용한 신약 개발의 미래

이렇듯 AI 기술로 신약 개발 과정의 많은 부분이 빠르게 발전하고 있지만, 아직 해결해야 하는 과제도 남아 있다. AI 모델의 예측 능력은 학습에 사용된 데이터에 크게 좌우되며, 화학 분야에서 활용 가능한 데이터셋은 컴퓨터과학 분야에 비해 상대적으로 규모가 작다. 특히 복잡한 분자나 널리 활용되지 않은 반응의 경우에는 학습 데이터 확보가 어려워 예측 정확도가 낮은 편이다.

그럼에도 AI가 신약 개발에 들이는 시간을 크게 줄이고 가능성을 넓혀가는 중임은 분명하다. 학계와 산업계 모두가 AI 도입에 적극적으로 나서고 있는 것은 이 때문이다.

이제 지금까지 살펴본 내용을 정리해보자. AI를 화학에 접목시킨 이후 신약 개발 과정은 지금까지 효율과 효과 면에서 성공을 거두었고, 신약 개발 전 과정을 자동화하는 미래가 점점 현실로 다가오고 있다. 신약 개발에서 표적 단백질을 AI에게 알려주면 AI는 이에 맞는 새로운 분자를 설계하고, 설계된 분자의 구조에 따라 최적의 합성 경로를 계획해 '레시피'를 제안하며, AI 탑재 로봇은 이 레시피에 따라 이 물질을 합성해주는 덕분이다.

이러한 과정들을 반복함에 따라 생성되는 방대한 데이터는 앞으로 신약 개발에 특화된, 더욱 정교한 AI 모델을 개발하는 바탕이 될 것이다. 또한 아직까진 한계가 존재하는 신약 개발 과정이 완전히 자동화되는 시점 또한 AI 기술로 앞당겨질 것이라 보인다. 좀 더 많은 사람들이 건강을 회복하고, 인류 삶의 질을 높이는 데 있어 그러한 변화가 중요 역할을 할 것임은 분명하다.

우울증, 정신 질환 진단 및 치료에서의 AI 활용

_안건(MIT)

현대 사회에서 받는 스트레스 때문일까. 최근 몇 년 전부터 '우울증'은 국가를 막론하고 과거보다 크게 주목받는 키워드가 되었다. 매년 한국에서 우울증을 진단받는 사람은 100만 명 이상에 달한다. 특히나 한국은 전 세계에서 자살률이 가장 높은 나라로, 우울증이 이에 미치는 영향이 매우 크다고 할 수 있다.

전 세계적으로는 3억 명 이상이 우울증으로 고통받고 있으며, 미국의 경우에는 15~44세에서의 가장 큰 사망 원인이 우울증이기도 하다. 지역과 통계에 따라 조금씩은 다르지만, 우울증은 매년 약 10% 정도씩 증가하는 추세를 보이고 있다. 심지어 2050년에 이르면 우울증은 동아시아 및 서구권에서 노화로 인한 질병을 제외하고 가장 큰 경제적 부담을 주는 요인이 될 것이라는 예측이 나오기도 했다.

우리 삶에 끼치는 악영향이 이렇듯 점점 커져가는 우울증을 빠르게 진단하고 치료하는 방법은 없을까? 그리고 그 과정에 AI 기술을 이용할 수는 없을까? 이 글에서는 이러한 질문들에 대한 답을 찾아가보기로 한다.

디지털 표현형을 이용한 우울증 조기 진단

많은 질병이 그러하듯, 우울증에서도 중요한 것은 빠른 진단이다. 특히 한국 사람들은 정신과 방문을 여전히 부담스러워하는 경향이 있고, '우울증은 정신과 질환'이라는 인식 때문에 진단조차 받지 않는 경우도 많다. 빨리 병원에 가서 도움을 받았더라면 훨씬 더 쉽게 해결할 수 있었을 텐데도 적절한 도움을 받지 않고 방치하다 상태를 악화시키는 사람이 너무도 많아 안타깝다.

연구자들은 '현재 당신은 우울증일 수 있어요'라는 알람을 AI로 사람들에게 보낼 수 있다면 어떨까 생각하고 있다. 그에 더해 우울증에 걸릴 위험이 있다는 것도 미리 알려준다면 더 좋지 않을까. 스마트폰의 사용 패턴, SNS에 남긴 글과 사진 등 디지털상에 쌓여가고 있는 무수한 개인 데이터는 한 개인에 대해 큰 정보를 알려줄 수 있으니 말이다.

의료 진단의 책임 문제가 있어 AI가 직접 우울증 진단을 내리기는 어려울 수도 있다. 그러나 '우울증의 가능성이 있을 수 있으니 병원을 방문해보세요'라고 권장하기, 명상이나 운동 등 우울증에 도움이 될 수 있는 방법을 추천해주기 등은 충분히 가능한 일이다.

인터넷과 스마트폰의 발달로 현 시대에는 개인 데이터들이 디지털상에 무수히 쌓여가고 있다. 디지털 표현형(digital phenotype)이라 일컫는 이러한 데이터는 개인이 일상에서 스마트폰 사용, SNS 포스팅, 인터넷 검색 등을 통해 만들어내는 데이터를 칭한다. 그리고 이 데이터는 해당 개인과 관련된 많은 정보를 알려준다. 늦은 밤에 작성한 SNS 글이나 사진의 패턴, 자살 관련 정보나 '우울증 자가진단' 등의 검색어를 찾아본 빈도 등을 활용하면 해당 개인의 우울증 위험도 점수를 추정할 수 있다.

하버드대학교의 연구진들은 트위터(현재의 X)에서 불면증을 호소하는 이들의 데이터를 수집, 2015년에 「디지털 표현형」이라는 연구[1]를 발표했다. 이 연구에서는 '사람들이 언제, 어떤 맥락에서 어떤 메시지를 남기는가'를 살펴보면 병원 문턱을 넘지 못한 사람들의 이상 신호를 감지하고, 우울증이나 만성 불면증 등의 증상이 나타난다는 정보를 사람들에게 제공할 수 있다고 제안했다. 이와 마찬가지로 인스

---

[1] Jain, Sachin H., et al. "The digital phenotype." *Nature Biotechnology* 33.5 (2015): 462–463.

타그램에 어떤 식으로 사진을 올리는지에 따라서도 AI를 통해 해당 사용자의 우울증 점수를 측정할 수 있다.

AI를 이용한 우울증 치료 방법 추천

그렇다면 우울증은 어떻게 치료할 수 있을까? 가장 기본적인 치료 방법은 항우울제 복용의 약물 치료, 또는 인지행동 상담(cognitive behavior therapy)이다.

현재 우울증 치료의 가장 큰 문제는 처음 약을 먹거나 상담받는 사람의 절반 정도가 증상에 큰 도움을 받지 못한다는 것이다. 항우울제의 경우 선택적 세로토닌 재흡수 억제제(SSRI), 세로토닌-노르에피네프린 재흡수 억제제(SNRI), 세로토닌 길항 및 재흡수 억제제(SARI) 등 작용 메커니즘이 조금씩 다르고, 같은 메커니즘의 약이라도 그 종류는 굉장히 많다.

인지행동 상담도 무엇에 중점을 맞추느냐에 따라 크게 인지 치료·수용 전념 치료·마음챙김 기반 치료·합리적 정서행동 치료 등으로 나뉜다. 이런 점에서 '이 약을 쓸 것인가, 저 약을 쓸 것인가' 또는 '이 치료 기법을 쓸 것인가, 저 상담 치료 기법을 쓸 것이냐'라는 문제가 생기는 것이다.

놀랍게도 이런 선택은 의사의 습관에 따라 정해진다. 나를 만난 의사가 주로 쓰는 치료 방법이 무엇이냐에 따라 나에게 적용될 약 혹은 치료 방법이 결정된다. 다시 말해 내가 어떤 특성을 가진 사람인지는 거의 고려되지 않는다. 그래서 우울증 환자의 절반이 처음의 치료 방법에서 효과를 보지 못한다. 효과가 없으니 두 번, 세 번 새로운 치료 방법을 시도하게 되고, 이 과정에서 지친 환자들은 정신과 방문 자체를 꺼리고 아예 병원에 대한 믿음을 잃게 되는 경우도 있다.

AI는 바로 이러한 문제를 해결할 수 있을 것이라 기대된다. 그런 점에서 미래의 치료 방법으로 '정밀 의료(precision medicine)'가 각광받을 것으로 보인다. 정밀 의료란 유전 정보·생활 습관·환경 요인 등 개개인이 갖는 특성을 종합적으로 고려하고 그 사람에게 최적화된 진단 및 치료 방법을 선택하는 접근 방식이다. 즉, 같은 질환이라도 환자의 상태와 특성에 따라 '그 사람에게 맞는' 치료 전략을 수립하는 것이 정밀 의료의 핵심이다. 마찬가지로 우울증을 보이는 환자의 경우에도 증상을 유발하는 원인과 양상은 사람에 따라 제각각이기에, 정밀 의료 관점에서는 환자의 신체적·정신적 요소들을 다각도로 분석해 최적의 약물이나 상담 또는 그 외 보조적 치료 방식을 제안한다.

정신건강 분야에서 정밀 의료가 특히 주목받는 이유는 환자 간 개인차가 매우 크기 때문이다. 현재 MIT에서 나는 우울증 및 정신 질환에 초점을 맞추어 어떤 사람에게 어떤 치료 방법이 가장 잘 맞을지 예측하고, 그로써 의사 및 환자의 시간과 자본의 낭비를 막는 방법을 연구 중이다.

그러나 이 문제를 푸는 데는 한 가지 어려움이 있다. 바로 데이터가 많지 않다는 점이다. 이 글을 읽고 있는 독자라면 이미 잘 알고 있겠지만, '좋은 AI 모델'이란 결국 '풍부하고 좋은 데이터'라는 뜻과 거의 동일하다. 하지만 우울증으로 진단받은 환자들에게 각각 어떤 약을 썼고 그 효과가 어떠했는지에 대한 정보는 여타 정보들에 비해 많이 축적되지 못한 것이 사실이다. 더군다나 그런 데이터는 비싸다. 그래서 이 분야는 이런 세팅에 적합한 특별한 AI 개발이 필요하다.

하지만 상대적으로 데이터가 적은 분야라고 해도, 거의 모든 분야에서는 지금도 그 데이터의 수가 늘어나고 있다. 그러니 우울증의 진단 및 치료에서도 AI가 갖는 효용은 앞으로 조금씩이나마 계속 우상향할 것이다.

설문조사 데이터의 사용

그렇다면 미래에 개개인별로 맞춤형 치료법을 추천해주려 할 때에는 어떤 데이터들이 사용될 수 있을까? 여기에는 크게 두 가지가 있는데 하나는 뇌 이미지 데이터, 다른 하나는 설문조사 데이터다. 다만 지금까지는 뇌 이미지 데이터의 양이 충분히 쌓이지 않았고, 설문조사 데이터의 경우 우울증 여부에 대한 진단 목적 이외에는 크게 사용된 바가 없다.

우선 설문조사 데이터가 어떻게 활용될지에 대해 알아보자. 표 형식의, 상대적으로 많지 않은 데이터를 AI에 학습시킬 때 요즘 가장 좋은 성과를 내는 기술은 여전히 대규모 언어모델 기술을 이용한 전이학습(transfer learning)이다. 전이학습이란 이미 사전에 학습된 큰 언어모델을 가져와(요즘에는 의료 분야에 맞게 파인튜닝된 무료 언어모델도 온라인에서 찾아볼 수 있다) 우리가 풀고자 하는 문제를 그 언어모델에게 따로 다시 가르쳐주는 것이다.

아무것도 모르는 아기에게 환자별로 추천해줘야 할 효과적 치료 방법에 대해 교육하기란 거의 불가능에 가깝다. 그러나 같은 내용을 대학생에게 가르치는 것은 상대적으로 적은 시간과 노력으로 가능하다. 더 나아가 이미 의사 자격증이 있는 이라면 그리 큰 시간과 노력을 들이지 않고서도 우리가 기대하는 일을 할 수 있을 것이다. AI를 어떤 분야에 직접 활용하려 할 경우에도 이는 마찬가지라서, 학습이 미리 이루어져 있는 모델을 사용하면 좀 더 좋은 성능을 기대할 수 있다. 이것이 대규모 언어모델을 사용하는 이유다.

여기서 한 가지 문제가 더 발생한다. 바로 우리가 가진 데이터는 대규모 언어모델이 좋아하는 텍스트 형식이 아닌 표 형식의 데이터라는 것이다. 이 문제를 해결하려면 표 형식의 데이터를 텍스트 형식으로 바꿔주어야 한다.

다행인 것은, 우리가 가진 설문조사의 표 형식에 이미 언어로 되어 있는 질문이 있다는 것이다. 가령 설문지의 문항이 '거의 모든 활동에서 흥미 감소'이고, 응답자가 이 문항에 5점, 즉 '매우 그렇다'라고 스스로 대답했다면, 이를 이용해 "나는 요즘 완전히 모든 활동에서 흥미를 느끼지 않는다"와 같은 형식으로 바꾸어 AI 학습에 사용할 수 있다. 이렇게 '어떤 설문조사에 응했던 사람들이 어떤 치료 방법에서 효과를 얻었는가'에 대한 데이터를 텍스트 형식으로 바꿔 AI로 하여금 학습하게 하면, 이 모델을 이용해 다른 사람들에게도 최적의 치료 방법을 추천해줄 수 있는 것이다.

뇌 이미지 데이터의 사용

그렇다면 뇌 이미지 데이터는 어떻게 사용할 수 있을까? 우선 기능적 자기공명영상(fMRI: functional magnetic resonace imaging), 즉 뇌 활동을 실시간으로 촬영하는 검사에서 얻은 데이터의 경우를 살펴보자.

fMRI는 상대적으로 비싸기 때문에 환자의 우울증 치료에 사용되는 데 무리가 있을 수도 있다. 그러나 fMRI가 정말로 정신 질환을 진단하고 환자별 맞춤형 치료법을 추천하는 데 큰 효용을 보여준다면 그 필요성은 점차 늘어날 것이고, 그러한 수요 증가 덕분에 가격도 조금씩 낮아질 것이라 기대한다.

fMRI는 뇌의 혈류 변화를 측정해 얻은 데이터를 사용한다는 점에서 데이터의 시작점이 다를 뿐, AI에서 데이터가 활용되는 방식은 다른 의료 데이터와 크게 다르지 않다. 다만, 현재 fMRI의 데이터는 뇌라는 3차원 공간 정보에 시간의 변화가 더해진 4차원의 데이터여서 규모가 매우 크다. 현재 이 4차원 데이터를 가장 효율적으로 처리할 수 있는 AI 모델은 많이 개발되어 있지 않은 상황이다.

그래서 대부분의 fMRI 분석은 지금까지 뇌과학 연구를 통해 알려진 일부 네트워크들의 활성화 정도를 수치로 정리하는 형태로 이뤄진다. 일례로 2019년 「네이처 인간행동(Nature Human Behaviour)」에 발표된 한 연구[2]는 우울증 환자의 뇌영상 데이터를 분석해 감정적 충돌을 얼마나 잘 '조절'하는지가 항우울제 복용 효과와 유의미하게 연관되어 있음을 보여주었다. 이를 좀 더 구체적으로 설명하자면, 감정적 충돌 조절과 관련된 뇌 영역의 활성화는 항우울제 복용 후 환자의 호전 정도를 예측하는 지표가 되었고, AI 모델에서 이러한 뇌활성화 지표를 활용할 경우에는 단순한 기존 인구통계학적 정보만 쓸 때보다 훨씬 높은 예측 정확도를 낼 수 있었다. 이 연구는 뇌 기반 지표가 우울증 치료의 개인화에 매우 유용하다는 사실을 보여주며, 신경 영상 데이터를 근거로 환자 특성에 맞는 치료법을 선택할 수 있는 가능성을 열어주었다는 점에서 중요한 의미를 갖는다.

---

[2] Fonzo, Gregory A., et al. "Brain regulation of emotional conflict predicts antidepressant treatment response for depression." *Nature Human Behaviour* 3.12 (2019): 1319–1331.

다른 예로는 환자의 '기본 모드 네트워크(Default Mode Network)'의 활성화 정도를 수치로 기록하거나, 편도체와 시상하부 사이의 연결이 얼마나 활발한지를 수치화해 데이터로 저장하는 방식이 있다. 여기에서의 '기본 모드 네트워크'란 우리가 외부 과제나 자극에 집중하고 있지 않을 때, 즉 '멍 때리기'나 자유로운 사고, 자기성찰 혹은 과거·미래에 대한 회상이나 상상에 몰두할 때 두드러지게 활성화되는 뇌 영역들의 집합을 가리킨다.

최근 뇌과학 분야에서는 이러한 기본 모드 네트워크의 활성화 정도와 연결 패턴이 우울증을 비롯한 여러 다른 정신 질환과도 밀접히 관련된다는 사실이 꾸준히 제기되어왔다. 따라서 이 네트워크가 어느 정도로 활발하게 작동하는지, 다른 뇌 영역들과는 어떻게 상호작용하는지를 정량적으로 파악하는 일은 임상적으로도 큰 의미를 지닌다.

필자가 속한 MIT 연구팀은 이런 방식으로 수집된 뇌 이미지 정보를 분석할 때에도, (앞에서 소개한 설문조사 데이터를 분석할 때와 마찬가지로) 대규모 언어모델의 전이학습 기법을 활용할 계획이다. 즉, 우리가 가진 정보들을 바탕으로 기본 모드 네트워크를 비롯한 뇌 부위들 간의 활성화와 연결성에 대한 내용을 텍스트로 변환하고, 그 텍스트화된 정보를 활용해 환자들이 어떤 치료 방법에 잘 반응할지 예측하는 AI 모델을 개발하려는 것이다.

우울증 때문에 고통받는 사람의 수는 계속 증가하고 있지만 각각의 원인과 양상이 너무나 복잡하기 때문에, 이처럼 AI와 뇌영상 기술을 융합해 점진적으로 진단 및 치료의 정확도를 높여가려는 시도는 계속되고 있다. 앞서 언급했듯 SNS나 스마트폰의 사용 패턴을 파악해 개인의 우울증 점수를 산출하고, 설문조사와 뇌 이미지 데이터를 결합해 정밀 의료의 형태로 각 개인에게 최적화된 치료법을 추천하려는 것이 그 예다.

우리의 휴대폰 사용 이력이나 여타 다양한 형태의 데이터를 바탕으로 AI가 우울증의 가능성을 미리 알려주고, 그에 맞추어 어떤 치료 방법이 가장 적합한지까지도 세세히 추천해주는 시대는 그리 먼 미래가 아닐지도 모른다.

AI를 이용한 정신 질환 치료

이제 조금 더 논의를 확장해보자. 지금까지는 우울증을 중심으로 이야기했지만, AI는 그 외의 정신 질환에도 거의 비슷한 형식으로 사용될 수 있다.

우울증을 비롯해 불안장애·공황장애 등의 정신 질환은 감정과 밀접하게 맞닿아 있다. 정신 질환 치료에 사용되는 상담 치료들은 내담자의 감정 패턴을 인식하고, 그 패턴을 스스로 인지할 수 있도록 도와준다. 많은 사람들이 이러한 감정 이해나 상담 치료만큼은 AI가 사람을 절대 넘어서지 못할 것이라고 생각한다.

하지만 이는 '감정을 이해한다'는 것을 어떻게 정의하느냐에 따라 달라질 수 있는 사안이다. 인간의 감정을 이해하는 것을 그저 '사람의 얼굴을 보고 그가 어떤 감정을 느끼는지 분류하는 것'이라 정의한다면, AI는 이미 거의 인간에 준하는 정도의 정확도를 보이는 데다 특정 데이터셋에서는 인간을 오래전에 뛰어넘었다. 이를테면 안면 감정 인식(Facial Expression Recognition) 과제 같은 것에서 말이다.

연구에 따르면 사람은 다른 사람의 감정을 약 90%의 정확도로 알아차린다. 반면 AI는 표정 인식 분야에서 이미 대중적으로 널리 알려진 세 가지 이미지 데이터셋—카네기멜론대·피츠버그대의 실험실 표정 시퀀스, 교토대의 일본인 여성 표정 사진, 옥스퍼드대의 실제 환경 얼굴 사진—에서 각각 99.26%, 98%, 82%의 정확도를 보였다.[3]

그렇다면 얼굴 표정에서 한 발 더 나아간, 언어를 통한 감정 이해의 영역에서 AI는 얼마나 발전했을까?

최근에는 인간이 말 혹은 글로 표현하는 문맥 속에서 '이 사람이 어떤 감정을 느끼고 있는지'를 AI로 하여금 파악하게 하려는 시도가 활발히 이루어지고 있다. 텍스트 형태의 데이터에서 감정을 분석해내는 것은 얼굴 표정이나 음성 톤(어조)을 기반으로 하는 감정 인식보다

---

[3] Elsheikh, Reham A., et al. "Improved facial emotion recognition model based on a novel deep convolutional structure." *Scientific Reports* 14.1 (2024): 29050.

훨씬 더 다차원적일 수 있다. 같은 단어라도 맥락에 따라 감정이 달라지고, 사람마다 표현하는 방식이 제각각이기 때문이다.

그런데 최근 발표된 연구 결과에 따르면 대규모 언어모델은 이 영역에서도 인간과 견줄 만한 성능을 보인다. 일례로 2023년에 '감정 인식 척도(LEAS: levels of emotional awareness scale)'와 관련해 진행된 연구[4]를 보자. 감정 인식 척도는 특정 상황에 대한 감정적 반응을 서술하게 하고, 그 기술의 깊이와 정확도를 점수화하는 객관적 수행 기반 검사다. 연구팀은 챗GPT에게 20가지 시나리오를 제시하고 각 상황에서 어떤 감정을 느꼈을지 서술해달라고 요청했다. 그리고 이전에 그와 동일한 시나리오로 검사받았던 일반 대중의 평균 점수와 챗GPT의 점수를 비교했다. 그 결과, 챗GPT는 최초 검사 시점에 이미 모든 감정 인식 척도에서 거의 만점에 가까운 결과를 받았다.

더욱 흥미로운 점이 있다. 챗GPT의 답변은 두 명의 임상심리 전문가가 '맥락에 적절한가'를 기준으로 내린 별도의 평가에서도 10점 만점에 9.7점을 받았다는 것이다. 이는 챗GPT가 단순히 감정적 단어를 많이 사용하거나 복잡한 표현을 구사해 점수만을 높인 것이 아니라, '(실제 상담 현장의) 상황에 맞는 감정 서술'을 어느 정도 제시했다는 뜻이

---

[4] Elyoseph, Zohar, et al. "ChatGPT outperforms humans in emotional awareness evaluations." *Frontiers in Psychology* 14 (2023): 1199058.

다. 이러한 결과는 챗GPT를 비롯한 대규모 언어모델이 언어를 통한 감정 이해와 서술 능력에서도 인간을 능가하거나 최소한 대등한 수준에 도달했음을 시사한다.

이러한 연구 결과를 바탕으로, 대규모 언어모델을 이용해 정신 질환 상담에 필요한 챗봇을 개발하는 것 역시 내가 하고 있는 또 다른 연구의 방향이다.

보스턴에는 세계에서 가장 뛰어난 병원들이 모여 있다. 그렇기에 정신 질환 관련 상담을 받은 사람들의 데이터가 비교적 많이 축적되어 있다. 물론 모든 상담 내역 및 답변은 개인의 사생활 보장을 위해 해당 인물이 누구인지 알 수 없게 하는 비식별화 과정을 거쳤고, 제한된 연구자들만 이 데이터에 접근할 수 있다.

우리는 이처럼 환자와 상담자가 대화를 나눈 데이터를 가지고 있을 뿐만 아니라, 상담을 받은 전후로 환자의 정신 질환을 측정할 수 있는 수많은 기존 설문조사들도 활용할 수 있다. 대표적으로 환자 본인이 스스로 질문을 읽고 지난 2주간의 자신의 상태를 직접 체크하는 우울증 자가 진단 설문(PHQ-9)으로 환자의 우울증 점수를 측정할 수 있고, 범불안장애척도(GAD-7)를 통해 환자의 불안장애 척도도 측정할 수 있다.

이 두 가지, 즉 상담 데이터와 설문조사들을 활용하면 강화학습을 통해 정신 질환 상담에 필요한 챗봇을 훈련시킬 수 있다. 이 챗봇이 한 번의 상담 세션에서 가지는 목표는 단순하다. 전체적 대화를 통해 환자의 우울증 점수나 불안장애 점수를 낮추는 것이다.

이 연구를 통해 만들 상담용 챗봇의 특이한 점은, 기존처럼 지금까지 축적된 상담과 관련된 많은 지식을 토대로 위에서 아래로(Top-down 방식) 체계를 만드는 것이 아니라, 실제 상담 데이터를 통해 아래에서 위로(Bottom-up 방식) 상담법을 만든다는 점이다. 그래서 우리가 지금까지 임상적으로 알고 있었던 상담 기법과는 제법 다른 형식의 것이 만들어질 수도 있다.

이러한 의학적 방법이 실제로 환자에게 도움이 된다는 것을 보여주기 위해서는, 의료에서 가장 잘 받아들여지는 무작위 대조 임상 시험을 통한 증명이 필요하다. 이 챗봇을 통해 상담을 받는 그룹과 그렇지 않은 그룹을 무작위로 나누고, 시간이 지난 뒤 그 둘 사이에 통계적인 차이가 증명되면 임상에서 사용될 수 있는 첫발을 내딛는 것이다.

물론 초기 단계에서는 이러한 상담용 챗봇이 단독으로 쓰이기보다는, 전문 상담사와 주1회 상담을 가진 뒤 다음 상담까지의 기간에 환자를 보조하는 방식으로 시작하는 것이 현실적으로 가장 적합한 형태일 것이다. 이러한 연구는 현재 진행형이지만, 내가 원하면 언제 어디서든 24시간 지치지 않고 상담해주는 나만을 위한 맞춤형 챗봇이 개발된다면, 상담 치료의 비용이나 접근성 탓에 적절한 도움을 받지 못하는 사람들에겐 분명 큰 이점을 줄 것이라고 기대된다.

슬프게도, 우울증과 다양한 정신 질환은 이미 우리 삶 깊숙이 자리 잡아버렸지만, 복잡하고 이질적이라는 정신 질환의 특징 때문에 정확한 진단과 효과적 치료는 쉽지 않다. 그러나 AI와 뇌영상 기술, 그리고 풍부해지는 디지털 표현형 데이터가 결합되면서 이전에는 불가능했던 정밀 의료가 점차 현실화되고 있다.

AI가 개인맞춤형 치료법을 제안하고, 챗봇이 전문적 상담을 보조하는 모습은 막연한 공상소설이 아닌, 실제로 진지하게 고려되고 있는 연구의 영역이다. 그리고 현실로 실현되기까지 아주 오랜 세월이 걸리진 않을 것으로 보인다. 물론 의료 데이터의 안전성, 환자 사생활의 보호, 임상 검증 등 해결해야 할 과제도 산적해 있지만, 이러한 진보가 가져올 긍정적 영향은 결코 무시할 수 없다.

궁극적으로 언제 어디서든 정신건강과 관련해 도움을 받을 수 있고, 의료진 역시 더 풍부한 정보를 기반으로 환자에게 적합한 솔루션을 제시할 수 있는 시대는 이제 가까이 다가와 있다. 그리고 그 한가운데에는 인간과 AI가 함께 만들어나가는 새로운 형태의 정신건강 돌봄 혁신이 자리 잡고 있을 것이다.

PART 4

창의성을 확장하는 AI: 가능성과 한계

들어가기

창의성을 확장하는 AI: 가능성과 한계

인류가 21세기에 첫발을 내디딘 2000년대, 한국에서 초등학교를 다니며 선생님들로부터 이런 말을 자주 듣곤 했다. 앞으로 다가올 신세기의 미래에는 몸으로 일하는 직업들은 로봇들로 모두 대체되어버릴 것이고, 미술가·음악가·저술가와 같이 창작 활동을 하는 직업들만 (로봇이 결코 따라 할 수 없기에) 살아남을 것이라는 말이었다. 창의성 교육에 대한 관심이 대두되던 당시의 교육적 풍토에서 등장한 담론이긴 했지만, 그 기저에는 미술·음악·글쓰기와 같은 활동은 인간만이 할 수 있는, 인간의 전유물이라는 가정이 의심할 여지도 없이 당연하다는 듯 깔려 있었다.

그러나 불과 25년이 지난 2025년, 오늘날 우리는 그러한 가정이 얼마나 우리 인간들의 안일한 오만이었는지를 목격하며 당혹감을 느끼고 있다. 물건을 안전하게 집어 옮기거나 젓가락질을 하는 등의 신체 동작을 제어하는 것보다, 높은 퀄리티의 그림과 음악을 만들어내고 정교한 글을 순식간에 써내는 일이 AI에게는 훨씬 쉬운 작업이었던 것이다.

예상과는 전혀 다르게, 미술·음악·글쓰기와 같은 창작 활동이야말로 다른 분야들보다 가장 먼저, 가장 빠르게 AI에 의해 대체되고 있다. 때문에 이 분야의 사람들은 다른 분야의 이들보다 앞서서 현 시점에 이미 '이러다 대체되겠다'는 공포와 위협을 피부로 느끼고 있다. 이렇게 시작된 실존적 위기감 속에서 인간 창작자들은 다음과 같이 묻고 싶을 것이다. 우리는 AI를 어떻게 받아들여야 할까? AI에 어떻게 대응해야 할까? 그리고 앞으로는 어떻게 살아가야 할까?

이번 장은 그러한 의문과 불안 속에서 인간 창작자들이 각자 스스로의 대답을 찾아낼 수 있는 하나의 이정표가 될 것이다. 또한 이러한 인간 창작자들을 위한 AI 기술을 만들고자 하는 이들에게도 귀중한 힌트를 줄 것이다.

김수현

AI 음악 창작의 새로운 세계

_김수현(스탠퍼드대학교)

어쩌면 이 책을 읽는 독자의 상당수는, 어떤 사업이나 프로젝트에 AI를 잘 활용하려면 해당 분야의 가장 최신 AI 기술과 동향을 빠르게 훑어보고 파악하는 것이 급선무라 여기고 있을 것이다. 또는 그 최신 AI 기술을 재빨리 가져와 어딘가에 적용하는 순발력이야말로 핵심이라고 생각할 수도 있다. 이는 특히 한국 특유의 사회 정서와 정책 결정 방식 속에서 우리에게 문화적으로 익숙해진 사고방식일지도 모른다.

하지만 '최신 기술'이라는 테두리 안에서만 사고한다면 진정 흥미로운 아이디어를 창조해낼 수 있을까? 자칫하면 너무 뒤처져버리고 마는, 숨 가쁘게 변하는 오늘날의 AI 시대인데 말이다. 특히 공학적 사고방식과는 근본적으로 결이 다른 음악 같은 예술 혹은 인문학 분야에서라면 이러한 태도에서 출발하는 것은 더욱 위험하며, 따라서 지양해야 한다는 것이 내 생각이다.

무언가 진정 흥미로운 것을 창조해내고 싶다면—우선 마음을 차분히 가다듬고—해당 분야의 역사와 전통을 이해하고, 더 나아가 그것을 존중하는 태도를 쌓아 올리는 것이 최우선이다. 이는 나의 의견이기도 하지만, 내가 경험한 스탠퍼드대학교의 기풍이기도 하다. 그런 과정을 통해 그 분야에 대한 이해와 존중이 뿌리 깊게 두터워질 때에야, 우리는 가쁜 숨을 헐떡이며 최신 기술을 뒤쫓는 입장에서 벗어나 그 최신 기술 너머의 영역까지 넘나들며 사유할 수 있게 된다.

우리가 궁극적으로 던져야 할 질문은 그저 '당장 오늘 어떤 기술이 최신인가?' 같은 것이 아니다. 우리는 그 너머의 영역에 서서 이렇게 질문해야 한다. "우리가 인간으로서 AI로부터 진정 원하는 것은 무엇인가?(What do we really want from AI?)"

이 질문은 스탠퍼드대학교 '인간 중심 AI연구소(HAI: Stanford Institute for Human-Centered Artificial Intelligence)'의 슬로건이기도 하다. 이 질문에 대한 답을 스스로 찾아가는 과정에서 비로소 우리는 아무도 아직 생각하지 못했을 뿐 아니라 수많은 사람들이 진정으로 원하고 흥미로워하는 아이디어를 발견할 수 있을 것이다. 혁신은 바로 그곳에 있다.

어쩌면 우리가 스탠퍼드대학교로부터 배워야 하는 점은 여기서

당장 진행되고 발표되고 있는 최신 AI 연구와 기술 그 자체보다, 격변하는 AI 연구의 최전선에서도 잠깐 멈춰 서서 다음과 같은 철학적 질문을 던지고 재고할 수 있는 차분하고 신중한 '태도'일지 모른다.

"잠깐, 우리가 개발하고 있는 이 AI 기술이 우리 또는 인류가 정말로 원하고 바라던 기능일까? 많은 사람들이 이 AI 기술을 흥미로워하고, 즐거워하고, 행복하게 받아들이고, 또다시 찾게 될까? 이러한 AI 기술이 상용화된 세상이 정말 우리가 원하는 세상의 모습일까? 그렇다면 우리가 AI로부터 진짜로 원하는 것은 무엇일까?"

본격적으로 AI 음악 창작에 대해 논하기에 앞서 이러한 근본적 질문들을 던진 이유는, 이것들이 지금부터 다룰 논의의 기본 바탕이 되기 때문이다.

나는 카이스트에서 전자공학을 전공하며 학부 과정을 졸업한 후 미국 스탠퍼드대학교의 '컴퓨터 음악 및 음향 연구소(CCRMA: Center for Computer Research in Music and Acoustics)'에서 석사과정을 마쳤고, 현재 동일한 연구소에서 박사과정을 진행 중이다.

지난 2024년에 50주년을 맞이한 CCRMA는 인류가 컴퓨터로 음악을 만들기 시작한 가장 초기의 장소 중 하나이자 1970년대에 FM 신시사이저 기술을 처음으로 발명, 1970년대 말에서 1980년대부터 시작된 디지털 신시사이저 키보드의 전자음악 시대를 연 곳이기도 하다. 지난 반세기 동안 음악 기술 발전을 이끌어온 중심지인 이곳은 실리콘밸리에 둘러싸인 스탠퍼드대학교라는 독특한 환경 속에 위치하고 있다.

덕분에 나는 전통적 음악 기술의 역사와 급변하는 실리콘밸리의 AI 기술이라는 비대칭적 조합을 동시에 접하고 흡수할 수 있었다. 또한 야마하(Yamaha) 일본 본사에서 보컬로이드(vocaloid)[1] 연구팀, 그리고 로스앤젤레스에 위치한 '삼성 아메리카 오디오 연구소(Samsung America Audio Lab)'에서 인턴 연구원으로 활동하며 인더스트리 현장의 AI 음악·오디오 연구도 직접 경험했다.

내가 이 글을 쓰는 목적은 이러한 환경과 경험들 속에서 그간 느끼고 깨달은 바를, 앞으로 더욱 빠르게 전개될 AI 시대에 어떻게 반응해야 할지 혼란을 느끼는 음악가들, 그리고 AI를 통해 그런 음악가들에게 진정으로 의미 있는 '악기'를 만들어보고자 하는 이들과 공유하고 싶어서다. 덧붙이자면, 이 글에서는 AI가 음악과 오디오 기술에 응용되는 여러 분야 중에서도 음악 창작에 한정한 내용만을 다루려 한다. 특히 인간의 음악 창작 과정에서 수작업을 자동화하는 실용적 보조 도구들은 제외하고, AI가 직접 창작을 수행하거나 곡의 일부 또는 전체 소재를 생성하는 영역을 중심으로 살펴볼 것이다.

---

[1] 컴퓨터가 사람처럼 노래를 부를 수 있도록 만드는 음성 합성 소프트웨어.

음악 창작에서의 AI 기술, 어떻게 봐야 할까

AI를 '음악 창작'에 적용하고자 한다면, 앞서 언급했듯 음악이라는 분야에 대한 깊은 이해와 존중을 우선하는 태도가 필수적이다. '공학적 사고방식'과 '음악적 사고방식' 사이에는 근본적으로 상충하는 부분이 있기 때문이다.

공학적 사고방식이란 어떤 문제를 설정하고 형식화한 뒤(problem statement), 최신 기술을 적용해 그 문제를 해결하는(problem solving) 방법론적 접근이다. 반면 음악적 사고방식은 인류 역사를 관통하여 오늘날에 이르기까지 끊임없이 새로운 음악적 표현(musical expression)을 탐색하고, 그 과정을 통해 표현의 지평을 확장해가는 항시적 여정이다.

따라서 음악에서 혁신이 어떤 형태로 이루어져왔는지를 검토해보지 않은 채, 혹은 근본적으로 음악이 추구하는 것이 무엇인지 깊이 고민해보지 않은 채 AI를 음악 창작에 섣불리 적용하려 한다면 음악을 피상적이고 강압적으로 환원시키는 폐단에 빠지기 쉽다.

가령 공학적 사고방식을 그대로 적용해 '음악은 음표를 순서대로 배열한 시간열 데이터(time-series data)이며, 음악 창작이란 주어진 음표들의 배열을 바탕으로 다음에 올 최적의 음표를 예측하는 문제'라고 해석해버리면, 음악의 본질은 무시한 채 형식적인 문제해결만을 좇게 된다.

이러한 얕은 수준의 공학적 환원주의는 겉으로야 그럴듯해 보일

지 모르지만 실은 수박 겉핥기에 불과하며, 음악의 본질을 깊이 있게 파고들지 못한다. 이런 접근으로는 새로운 음악적 표현을 발견하거나 음악의 지평을 확장할 수 없다.

전에 없던 새로운 음악 장르를 탄생시키거나 대중이 즐겨 듣는 사운드의 트렌드를 획기적으로 바꾸고, 결과적으로 사람들의 음악적 취향 자체에 변혁을 일으키는 이른바 '대박' 같은 사건을 만들어내지 못한다는 뜻이다. 이는 새로운 기술의 등장으로부터 '음악적 혁신'이 꽃을 피워냈던 과거의 음악사적 사례들과 대조된다.

사실 과거에도 기존 음악의 많은 것들이 자동화되고 대체될 것이라는 공포는 그러한 역사적 순간들마다 늘 존재했다. 그러나 현대 음악의 역사는 이러한 공포를 뛰어넘었다. 실험 정신을 기반으로 새로운 기술이 등장하면 그것으로 기존 음악을 대체하는 것이 아니라 오히려 새로운 음악으로 확장시키는 전환점으로 만들어내는 데 성공해 온 것이다. 녹음기, 스피커, 아날로그 전자회로, 디지털 연산 장치 그리고 컴퓨터 프로그램이 등장했을 때, 현대 음악의 혁신가들은 이러한 신기술들을 과감히 '새로운 악기'로 받아들이고 그것들을 '연주'해버렸다.

그 일례로 컴퓨터의 경우를 들어보자. 컴퓨터가 등장한 이후 지금까지 컴퓨터 음악이 예술적으로 풍성하게 발전해올 수 있었던 이유는, 컴퓨터를 단순히 기존의 음악과 연주를 모방하거나 자동화하는 도구로 사용하는 것을 뛰어넘었기 때문이다. 다시 말해, 이전에는 불가능했지만 컴퓨터의 등장으로 가능해진, 완전히 새로운 표현의 영역을 적극적으로 탐구하고 예술적으로 파고든 덕분이라는 뜻이다.

당시 음악가들은 컴퓨터를 단순히 '이용'한 것이 아니라 음악적으로 '연주'해버렸다. 이렇게 등장한 새로운 음악적 표현 방식들은 곧이어 대중음악에도 유입되어 새로운 장르를 탄생시켰고, 막대한 상업적 성공으로까지 이어졌다.

반면 오늘날 AI라는 새로운 기술을 음악 창작에 적용하는 세간의 방식과 태도는 '기존의 음악과 연주를 매우 정확하게 모방하고 자동화'하는 데 지나치게 고착되어 있다.

놀랍게도 이러한 접근은 전혀 새로운 것이 아니다. 무려 1965년, 레이 커즈와일(Ray Kurzweil)은 모차르트·바흐·쇼팽 등 클래식 작곡가들의 멜로디를 통계적으로 학습해 해당 작곡가들의 스타일을 모사한 멜로디를 자동으로 생성하는 시스템을 개발했다. 이는 오늘날 AI 음악 자동 생성 기술의 선구적 사례로 평가된다.

또한 인공신경망(ANN: AI neural network)을 활용한 음악 생성의 역사 역시 1988년까지 거슬러 올라간다. 그로부터 오늘날에 이르기까지 AI 모델은 계속해서 새롭고 더욱 강력한 것으로 교체되어왔고, 이제는 트랜스포머나 디퓨전 모델(diffusion model)[2]과 같은 초고성능 AI 모델들이 등장해 놀라운 성능을 보여주고 있다. 그럼에도 '기존 곡들의 패턴을 학습해 통계적으로 가능성이 높은 확률 분포를 구축하고, 그 분포에서 결과를 추출하는 방식'이라는 본질은 수십 년 동안 전혀 변하지 않았다.

더 나아가 현재는 빅테크 기업들과 스타트업들의 주도 아래, AI 음악 창작의 다양한 가능성과 갈래들 중에서도 'AI 음악 자동 생성' 기술에만 관심과 투자가 지나치게 쏠려 있는 상황이다.

기술 기업들이 AI 음악 생성 기술을 연구하는 이유

그렇다면 이들 테크 기업들은 과연 어떤 동기에서 이러한 AI 음악 생성 기술을 연구하는 것일까? 그 내막을 엿볼 수 있는 사례 하나를 소개하고자 한다.

중국의 대형 IT 기업 바이트댄스(ByteDance)가 운영하는 글로벌 소셜미디어 플랫폼 틱톡은 전 세계적으로 막대한 영향력을 행사하고 있다. 하루는 틱톡의 음악 오디오 연구팀이 스탠퍼드대학교 컴퓨터 음악 연구소 CCRMA를 방문, 사용자 업로드 콘텐츠에 적합한 음악을 AI로 자동 생성하는 기술을 시연한 적이 있었다. 이 자리에서 우리 연구소 학생들은 다음과 같은 질문을 그들에게 던졌다.

"바이트댄스와 같은 빅테크 기업은 어떤 동기로 AI 음악 생성 기

---

[2] 오래된 사진을 복원할 때 사진을 일부러 점점 흐리게 만든 뒤 그 과정을 거꾸로 되돌려 선명하게 복원하듯. 원본 데이터에 노이즈를 점차 추가했다가 제거하며 새로운 이미지나 영상을 생성하는 확률 기반 AI 모델. 최신 이미지·영상 생성 AI에서 널리 쓰인다.

술을 연구하는가? 기업 입장에서 보기에 그 기술은 어떤 가치를 갖기에 막대한 투자를 하는 것인가?"

이에 대한 틱톡 연구팀의 답변을 정리하면 다음과 같다. 현재 소셜 미디어 플랫폼에서 사용자가 영상·사진·텍스트를 업로드할 때 기성 발매곡을 배경 음악으로 삽입하면, 해당 플랫폼은 그 음악의 저작권 사용료를 음원 유통사에 지불해야 한다. 이 저작권료는 어마어마한 비용으로 누적되며, 기업 입장에서는 큰 부담이 된다.

그런데 만약 사용자가 업로드하는 콘텐츠에 어울리는 음악을 AI가 자동으로 생성해낼 수 있다면 이러한 저작권료 지출을 대폭 줄일 수 있고, 결국 기업의 영업이익을 획기적으로 증가시킬 수 있다는 것이었다. 이처럼 AI 음악 자동 생성 기술에 테크 인더스트리(기술 업계 및 기술 생태계)가 집중하는 데는 단순한 기술적 흥미 이상의, 강력하고 실질적인 금전적 유인 역시 작용하고 있다.

AI가 진정으로 의미 있는 음악 창작 도구가 되려면

AI 음악 자동 생성을 비롯한 여러 분야에서 AI가 갖는 모방 능력은 이미 놀라울 만큼 정교한 수준에 도달해 있다. 특히 앞서 언급한 테크 인더스트리가 주도하는 환경 속에서 그 발전 속도는 더욱 가속화되는 중이다.

이러한 상황에서 오늘날의 음악가들은 AI에 어떻게 대응해야 할지 여전히 갈피를 잡지 못하고 있거나, 그 놀라운 모사 능력에 위축되어 그저 외면하면서 인더스트리 주도의 기술 트렌드를 수동적으로 지켜보기만 하는 데 머물러 있다. 하지만 현재의 기술적 흐름은 정작 음악가들이 AI로부터 진정으로 기대하고 원하는 방향성과는 분명히 거리가 있다.

앞서 언급했듯 오늘날 AI로 불리는 머신러닝 또는 딥러닝은 결국 이미 존재하는 기존 음악들을 '데이터'로 학습하고, 그 모든 음악의 통계적 규범(norm)을 수립하며, 그 안에서 결과물을 추출함으로써 '통계적으로 그럴듯한' 출력을 얻는 과정이다.

공학자들은 이 규범을 철옹성처럼 단단하고 견고하게 구축하려 하고, 또 그 규범이 다룰 수 있는 분포에서 벗어나는 영역은 가능한 한 없애고자 한다. 즉, '분포 바깥(out of distribution)'의 데이터가 입력되어 예측 불가능한 출력이 나오는 것을 극도로 경계하며, 이를 방지하기 위해 오늘도 내일도 연구에 매진하고 있는 것이다.

그러나 본질적으로 인류의 음악이 확장되어온 역사는 기존에 존재하던 어떤 규범으로부터 벗어나려는 항시적인 시도와 그 과정이었다. 나와 유사한 문제의식을 가지고 MIT 미디어랩에서 AI 음악 생성 모델을 연구하는 박사과정 마나쉬 미슈라(Manaswi Mishra)는 다음과 같은 흥미로운 비유를 들었다.

"만약 우리가 타임머신을 타고 오늘날의 가장 강력한 AI 음악 생성 모델을 레드 제플린과 같은 하드록 밴드들이 활동하던 1970년대 중반의 시기로 갖고 돌아간다면 어떨까? 그리고 1970년대 중반까지 등장한 (인류의) 모든 음악을 데이터로 학습시킨다면 그 AI는 과연 1980년대에 등장하는 신시사이저 기반의 혁신적 전자음악을, 또 1990년대에 황금기를 맞이하는 힙합 음악을 생성해낼 수 있었을까?"

AI의 세계는 자신이 훈련받은 세계, 즉 1970년대까지의 음악을 기반으로 한 통계적 규범의 세계에 머무른다. 그러나 1980년대의 인류는 1970년대까지의 통계적 규범 속에 포함할 수 없는 색다른 사운드, 새로운 장르, 다채로운 표현 방식의 음악들을 개척해냈다.

음악의 혁신은 규범에 반항하고 그 분포로부터 벗어나려고 하는 노력에서 나온다. 예술적 측면에서 진정 새롭고 흥미로운 것들은 공학자들이 경계하는 '분포 바깥'에 존재한다. 예술적으로 의미 있는 가능성은 인간 음악가가 AI의 규범에 반항할 때, 즉 AI의 분포로부터 멀리 떨어진 극단적 입력을 던졌을 때 그것에서부터 나오는 예기치 못한 출력 안에 숨어 있다.

예컨대 우리 연구소 CCRMA의 박사과정에 있는 닉 샤히드(Nick Shaheed)는 사람 목소리 녹음본의 해상도를 높이기 위해 설계된 음성 업샘플링(upsampling)[3] AI에 사람의 목소리가 아닌 악기 소리를 입력하면 어떤 결과가 나오는지를 진지하게 탐구하고 있다. 이 AI는 마치 태어나서 지금껏 소리라고는 오로지 사람 목소리만 들어본 뇌와 같다. 그런 AI가 태어나서 생전 처음 듣는 트럼펫이나 비올라, 드럼 소리를 어떻게든 억지로 이해해보려고 노력할 때 튀어나오는 소리는 과연 어떠할까?

닉은 실제로 무대에서 비올리스트가 연주하고 그 연주에 이 AI를 실시간으로 적용한 실황 공연을 선보인 바 있다. 연주되는 비올라 소리 위로는 수없이 많은 사람들이 알 수 없는 언어로 속삭이는 듯한 기묘한 목소리가 뒤엉켜 나타났고, 그 소리는 아름답고 괴이하며 동시에 전율을 일으키는 분위기를 자아냈다. 이는 기존의 오디오 이펙트 기술로는 결코 만들어낼 수 없었던, 오직 AI로만 가능한 완전히 새로운 소리였다.

이처럼 AI를 기존 음악을 모방하는 수준에 머무르지 않고, 음악적 표현의 지평을 넓히는 진정한 혁신의 도구로 만들기 위해서는 반드시 다음과 같은 질문을 던지며 깊이 파고들어야 한다.

"과거에는 불가능했지만 AI의 등장으로 가능해진 새로운 음악 표현의 영역은 무엇인가?"

이 질문을 실천으로 옮기는 방식은 과거 현대 음악의 혁신가들이 그러했듯, AI를 단순한 출력 생성기의 관점에서 벗어나 '악기'로 인식

---

3 해상도가 낮은 데이터를 더 높은 해상도의 것으로 만드는 과정.

하고 연주해보는 태도에서 시작된다. 처음 보는 악기를 어설프게 다루며 익혀가듯 AI가 어떤 상호작용에 어떤 반응을 보이는지, 어떤 방식으로 밀어붙였을 때 어떤 새로운 사운드를 내놓는지 등을 즉흥적으로 실험하며 연주해보는 것이다.

더불어 만약 어떤 AI에 대한 설명서가 존재해 '이 AI는 이렇게 써야 한다'고 말하고 있다면, 그것을 정면으로 거역하는 것부터 시작해야 한다. 이는 마치 행크 쇼클리(Hank Shocklee)를 포함한 1990년대 힙합 사운드의 혁신가들이 샘플러와 각종 아날로그/디지털 장비를 '정해진 사용법'대로 쓰지 않고, 마음대로 버튼을 누르고 개조하며 기상천외한 음악적 표현 방식을 발견해냈던 것과 같다.

새로운 음악의 혁신을 위해

AI가 만들어낸 규범을 음악가가 다시 무너뜨리고, 그 분포로부터 벗어나려는 적극적 시도 속에야말로 새로운 음악의 혁신이 숨어 있다. 음악가들이 그런 태도와 자신감을 되찾을 수 있다면 AI는 더 이상 두렵고 불편한 존재가 아니게 된다. 그것은 기꺼이 망가뜨려보고 싶은 장난감, 무대 위에서 자유롭게 연주할 수 있는 새로운 '악기'가 될 것이기 때문이다. 그리고 우리는 그로부터 새로운 음악을 창조할 수 있을 것이다. 음악가들에게 있어 새로운 기술이 언제나 그런 존재였듯이.

당신이 지금 이상하고, 못생기고, 불편하고, 형편없다고 느끼는 새로운 매체의 특징들은 결국 그 매체의 시그니처가 될 것이다. CD의 왜곡, 디지털 비디오의 떨림, 8비트의 형편없는 소리—이 모든 것은 우리가 피할 수 있게 되는 순간 오히려 소중히 여겨지고 모방될 것이다. 그것은 실패의 소리다. 현대 예술의 많은 부분은 무언가가 통제에서 벗어나고, 매체가 한계까지 밀어붙여지며 산산이 부서지는 소리로 이루어져 있다.

— 브라이언 이노(Brian Eno)[4]

---

[4] 영국의 전설적인 음악가이자 프로듀서, 작곡가이자 실험예술가. 실험적인 사운드 아트와 혁신적인 프로듀싱으로 현대 전자음악과 사운드 디자인 및 AI 음악 생성에 큰 영향을 미침.

AI는 스스로 진화한다? 진실과 오해

_황민영(MIT)

"AI가 스스로 인간처럼 생각하고 진화해서 우리를 지배하는 날이 오면 어떡하죠?"

AI에 대한 이야기가 나오면 흔히 듣게 되는 질문이다. 실제로 이런 질문은 과학기술을 다룬 영화나 소설 속에서 수십 년간 등장해왔다. 스스로를 복제하거나 인간을 초월한 존재로 성장하는 AI를 그린 이야기들은 흥미를 끌지만, 과학적으로는 현실과 거리가 있다.

바둑으로 인간을 능가한 구글 딥마인드의 AI 알파고나 테슬라의 오토파일럿(Autopilot)을 떠올려보자. 이들은 특정 작업에 특화된 '좁은 AI(narrow AI)'다.

알파고는 바둑 대국에서 최적의 수를 두도록, 오토파일럿은 자율주행 시스템으로서 도로 위 차량과 보행자를 감지하고 교통신호를 따라 안전하게 주행하도록 설계되어 있다. 하지만 알파고가 갑자기 요리를 배우거나 음악을 작곡하거나 의료 데이터를 분석하지는 않는다. 마찬가지로 오토파일럿도 바둑을 두거나 과학 논문을 작성하진 못한다. 이는 각각의 AI가 특정 데이터와 알고리즘에 기반해 설계된 도구이기 때문이다.

하지만 최근 등장한 대규모 언어모델과 생성형 AI는 기존의 '좁은 AI'와는 다른 방식으로 우리의 일상과 업무를 혁신하고 있다. 이들 대규모 언어모델은 방대한 데이터를 학습하여 텍스트 및 이미지를 생성하거나 새로운 아이디어를 만들어내곤 한다. 그렇다면 이런 AI는 정말로 '스스로 생각'하는 것일까?

AI가 할 수 있는 것과 할 수 없는 것

현재 AI는 다양한 작업을 수행할 수 있는 능력을 갖추고 있지만, 그 한계는 여전히 명확하다. 특히 최근 주목받고 있는 '범용 AI(AGI: artificial general intelligence)'의 개념은 흥미롭지만, 그 실제 가능성에 대한 오해도 적지 않다.

AGI는 인간처럼 다양한 문제를 해결할 수 있는 범용적 지능을 목표로 하는 기술이다. 이를 통해 하나의 AI 모델이 텍스트 생성·이미지 및 비디오 판독·게임 플레이·프로그래밍·로봇 조종 등 다양한 영역에서 뛰어난 성과를 보이고 있는 요즘이지만, 그럼에도 인간의 지능을 완전히 구현했다고 보기는 어렵다.

AI와 인간의 가장 큰 차이점은 '일반화' 능력의 유무다. 인간은 단 한 번 본 정보를 기반으로 새로운 상황에 유연하게 적응할 수 있지만, AI는 대량의 데이터를 학습하고도 특정 데이터 분포를 벗어난 상황에서 종종 오류를 범하곤 한다.

이는 챗GPT만 보더라도 알 수 있다. 챗GPT는 다양한 데이터를 기반으로 복잡한 질문에 답할 수 있지만, 학습된 데이터 분포에서 벗어난 질문에는 엉뚱한 답변을 내놓기도 한다. 가령 "로봇이 사람에게 안전하게 가위를 건네는 그림을 그려줘"라고 요청하면, '가위를 잡는 방식이 안전해야 한다'는 맥락을 이해하지 못한 탓에 가위의 날이 사람을 향하도록 그리거나 비논리적인 이미지를 생성하기도 하는 것이다. 이는 AI의 성능이란 본질적으로 현재의 입력 데이터가 해당 AI 모델이 학습한 데이터 분포와 얼마나 가까운지에 달려 있기 때문이다.

또한 AI는 불확실성과 돌발상황을 처리하는 데서도 한계를 보인다. 예를 들어 특정 글로벌 대기업의 CEO가 내일 SNS에 갑자기 새로운 소식을 발표한다면 그로 인해 해당 주식이 오를지를 예측하는 것은 AGI조차도 불가능하다. AI는 과거 데이터를 기반으로 주식 시장의 패턴을 분석할 수 있지만, 인간의 창의적이고 예측 불가능한 행동까지 반영할 수는 없는 탓이다.

AGI가 만능은 아닌 이유

AGI의 궁극적 목표는 인간처럼 다양한 문제를 창의적이고 유연하게 해결하는 것이다. 하지만 현재의 AGI 기술은 몇 가지 근본적 이유로 인간과 같은 수준에 도달하진 못한 상태다. 그러한 근본적 이유들로는 어떤 것이 있을까?

멀티모달 데이터 통합 이해 능력의 부족

인간은 오감(시각·청각·촉각·후각·미각)을 통해 세상을 직관적으로 파악하며 텍스트·이미지·비디오·물리적 행동 등 서로 다른 형태의 정보를 자연스럽게 연결해 상황을 이해한다. 그런데 AI는 다양한 형태의 멀티모달(multi-modal) 데이터를 통합적으로 이해하는 능력이 제한적이다. 현재 기술의 최전선에 있는 AI 모델이라 해도 텍스트·이미지·오디오·비디오와 같은 특정 입력을 처리할 수는 있지만, 그것들 모두를 인간처럼 통합적으로 이해하는 수준에는 미치지 못하고 있다.

이는 현재 대부분의 AI는 각 데이터 유형을 일차적으로 처리하기 위해 별도로 설계된 네트워크 구조를 사용하고 일차 처리된 정보를 단순한 방식으로 결합하는데, 이 과정에서 텍스트·이미지·오디오 간의 고유한 정보가 손실되기 쉽기 때문이다. 더불어 멀티모달 학습 데이터의 부족, 실시간으로 여러 정보를 통합해 처리하는 능력의 한계도 AI가 인간처럼 종합적으로 상황을 이해하지 못하는 주요 이유다.

물리적 세계 이해와 상호작용 면에서의 부족

AI의 물리적 세계 이해와 상호작용은 매우 제한적이다. 텍스트나 이미지를 기반으로 하는 작업은 탁월하게 수행하나, 물리적 환경에서 행동을 요구하는 작업에서는 많은 한계를 드러낸다는 뜻이다. 이러한 한계는 특히 로봇 기술 분야에서 두드러지게 나타난다.

현재 로봇은 통제된 환경에서 설계된 작업을 수행하는 데서는 성공적 결과를 보이고 있지만, 동적 환경(dynamic environment)에서 예기치 않은 변수에 적응하는 능력은 부족하다.

예를 들어보자. 어질러진 주방에서 물건을 찾아 설거지를 하거나, 돌발 상황이 발생한 도로에서 자율주행을 수행하는 것은 여전히 로봇에게 어려운 작업이다. 자율주행 자동차는 도로의 교통신호와 차량 움직임을 감지하고 따르는 데는 뛰어나지만, 갑작스럽게 발생한 사고나 예상치 못한 도로 상황에서는 정확히 반응하지 못할 가능성이 크다는 뜻이다. 왜 그럴까?

먼저, AI가 물리적 세계에서 실시간으로 변화에 대응하며 행동을 조정하는 데 필요한 연속성이 부족한 것이 한 원인이다. 가장 대표적으로 사용되는 트랜스포머 구조의 AI 모델을 예로 들어보자. 이 모델은 순차적 데이터를 처리하고 학습하는 데 강점을 보이지만 토큰화(tokenization)[1]와 양자화(quantization)[2] 과정에서 정보가 손실되는가 하면 연속된 물리적 환경에서 실시간으로 적응하는 데도 한계를 보인다.

다른 한 가지 이유는 AI가 아직까지 물리적 세계를 완전히 이해하지 못한다는 것이다. 이러한 한계는 안전성 문제로도 이어진다. 로봇이 사람에게 가위를 건네는 단순한 작업을 수행할 경우에도, '가위의 날이 아닌 손잡이를 잡고 건네는 것이 안전하다'는 맥락을 이해하지 못하면 위험한 결과를 초래할 수 있는 것이다.

그렇기에 AI가 물리적 환경에서 적절히 행동하고 안전하게 동작하기 위해서는 여전히 인간의 감독 및 설계가 필수적이다. 결과적으로, 물리적 세계에서의 행동을 요구하는 작업에서 AI는 아직까지 인간의 직관적 판단과 실시간 적응 능력을 따라가지 못하고 있다.

일반화 능력 부족

인간은 단일한 경험을 수천 가지의 새로운 상황에 일반화할 수 있다. 단일 사례 혹은 제한된 정보만으로도 그 핵심을 파악해 새로운 업무에 적응할 수 있다는 뜻이다. 반면 지금의 AI는 그 정도로 데이터 효율적인 일반화 능력까지는 갖추지 못한 상태에 있다. 학습에 방대한 데

---

1 텍스트를 AI 모델이 이해할 수 있는 작은 단위, 즉 토큰으로 분할하는 과정.
2 AI 모델의 파라미터(매개변수)와 연산을 낮은 정밀도의 수치로 변환하여 연산 효율을 높이는 기법.

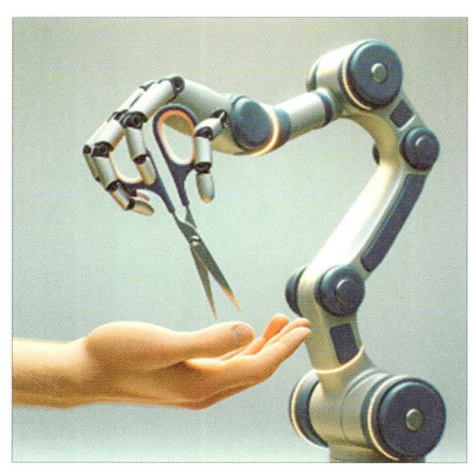

AI는 학습 범위를 벗어난 상황에서 종종 오류를 낸다. 예를 들어 '로봇이 사람에게 안전하게 가위를 건네는 그림'을 요청해도, '사람에게 안전하게'라는 맥락을 이해하지 못하고 가위 날이 사람을 향한 그림을 생성할 수도 있다.

이터를 필요로 하고, 특정 입력-출력 관계를 학습하는 데 최적화되어 있기 때문이다.

또한 인간은 문제를 해결할 때 여러 단계를 직관적으로 연결하고 상황의 미세한 변화를 즉각적으로 반영할 수 있지만, AI는 학습된 데이터와 패턴을 기반으로 작동하며 추가적인 학습 없이 즉각적으로 변화에 대응하는 것에 한계를 보인다. 그래서 인간의 추론 능력을 흉내 내게끔 하기 위해 '상황 내 학습(ICL: in-context learning)'[3]이나 '사고의 사슬(Chain of Thought)' 같은 기술이 도입되었지만 그 효과는 제한적이다.

---

3   사전 학습된 AI 모델이 입력된 예시를 통해 추가 학습 없이 문제를 해결하는 학습 방법.

학습이 완료된 모델을 계층적이거나 단계가 있는 추론에 활용하는 방법은 학계와 산업계 모두 주목하고 있는 기술이지만, 아직까지는 인간의 능력에 미치지 못한다.

결국 중요한 것은 현재 AI가 갖는 한계를 정확히 이해하고, 이를 바탕으로 기술을 어떻게 활용할지 고민하는 것이다. AGI를 포함한 현대의 AI는 놀라운 잠재력을 갖고 있지만, 그 능력은 특정 조건과 환경에서만 발휘될 수 있고 엄연한 한계를 보인다. AI를 마치 마법처럼 과장하거나 두려워하는 대신, 기술의 특성과 한계를 정확히 이해하는 것이 중요한 이유다.

AI와 글쓰기

_이민아(시카고대학교 조교수)

글을 쓸 때 AI를 사용하는가? 예를 들어 챗봇에게 "이 글을 더 간결하게 고쳐줘" 혹은 "이 부분을 색다르게 표현할 방법을 제안해 줘"라고 요청한 적이 있는가?

최근 연구 결과에 따르면, 챗GPT 이후 작성된 논문 초록의 16~17%가 AI를 활용해 작성되었고, 전체 AI 사용 사례 중 50% 이상이 글쓰기와 관련 있다고 한다. 이처럼 AI가 작성한 글이 광범위하게 활용되면서 특정 단어가 AI의 산물로 인식되는 현상도 나타나고 있다. AI가 작성한 글로 보이는 것을 피하고자 한다면, 이런 단어는 사실상 금기어가 된 셈이다.

AI를 사용하여 자체 제작 / 현재 저자 이민아 교수 홈페이지에 메인 이미지로 사용 중

시카고대학교에 있는 내 연구실은 사람들이 AI를 활용해 글을 쓸 때, AI가 글의 내용에 어떤 영향을 미치는지, 글쓰기 과정이 어떻게 변화하는지, 그리고 글쓰기 주체로서 우리의 정체성이 어떻게 변하는지 탐구한다.

AI, 글쓰기에서 진짜 효과는 얼마나 될까?

AI 글쓰기 애플리케이션을 홍보하는 문구를 보면 "이 앱을 사용하면 생산성이 10배 증가한다" 같은 강한 주장이 흔히 보인다. 하지만 이런 주장들은 종종 구체적인 데이터 없이 단순 마케팅에 그치거나, 일부 사용자의 주관적 경험담에 의존하기 일쑤다.

더 큰 문제는 결과만 보고서는 AI가 글쓰기 과정에 미친 실제 영향을 정확히 파악하기 어렵다는 점이다. 예를 들어 "원래 1시간 걸리던 작업을 10분 만에 끝낼 수 있다" 같은 결과 중심의 평가만으로는 AI가 글쓰기 과정에서 언제, 어떻게 작용했으며, 장기적으로 어떤 영향을 미칠지 알기 어렵다. 특히 AI가 지속적으로 사용될 경우 발생할 잠재적 부작용도 간과되기 쉽다. 글쓰기는 본질적으로 끊임없는 수정과 재작성의 과정이므로, 최종 결과만이 아니라 그 과정 자체를 면밀히 살펴볼 필요가 있다.

'AI 공동 저자(CoAuthor)' 프로젝트는 이를 해결하기 위해 사람과 AI가 함께 글을 쓰는 과정을 정량적으로 측정하는 방법을 제시한다.

먼저 우리는 텍스트 에디터에 자동완성 기능을 추가한 AI 글쓰기 앱을 만들었다. 사용자가 탭 키를 누르면, AI가 생성한 5개 자동완성 옵션이 제공되는 방식이다. 언제든 탭 키를 눌러 새로운 제안을 받을 수 있고, 마음에 드는 문장을 선택하면 즉시 에디터에 삽입할 수 있다. 또한 사용자가 버튼을 클릭하거나 커서를 이동하는 모든 행동이 해당 시점의 에디터 상태 및 시간 정보와 함께 기록된다. 이를 통해 글쓰기 과정에서 AI가 언제, 어떻게 활용되었는지 세밀하게 분석할 수 있다.

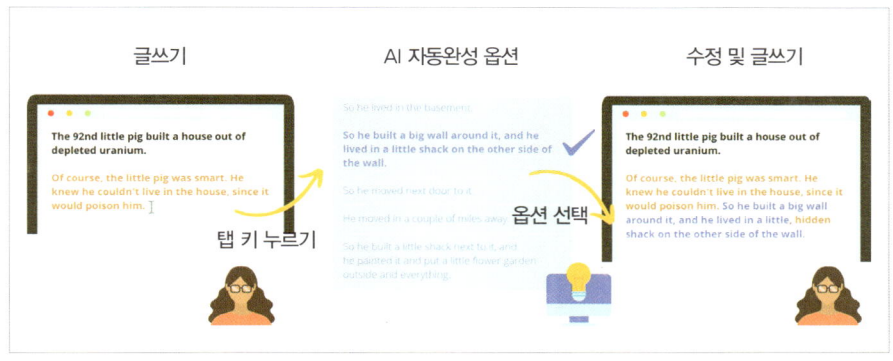

코오서(CoAuthor) 시스템은 텍스트 에디터에 AI 자동완성 기능을 추가한 시스템이다.

우리는 이 시스템을 통해 약 1,500개의 글쓰기 세션을 기록하고, 이를 분석하여 AI가 사람의 언어 사용과 아이디어에 미치는 영향을 조사했다. 그 결과, AI와 함께 작성된 문장은 사람이 혼자 쓴 문장보다 철자와 문법 오류가 적고, 단어 선택의 다양성이 더 높게 나타났다. 또한 AI가 제안한 새로운 캐릭터나 장소가 사용자의 글에 반영되는 비율이 13%, 이후 다시 활용되는 비율이 20%에 달했다.

흥미롭게도, 글의 주제나 AI의 제안이 얼마나 다양한지보다 개인의 성향이 AI 제안을 수용하는 방식에 더 큰 영향을 미친다는 점도 확인했다.

물론 이러한 결과는 실험 설계나 참가자의 배경에 따라 크게 달라질 수 있으므로 일반화에는 신중해야 한다. 그러나 이 시스템을 활용해 대규모 글쓰기 세션을 분석함으로써 AI와 함께 글을 쓰는 과정이 어떤 영향을 미치는지 정량적으로 탐구할 수 있음을 성공적으로 보여주었다.

'AI 공동 저자(CoAuthor)' 논문이 발표된 이후, 해당 시스템 또는 유사한 시스템을 사용한 후속 연구가 많이 이루어졌는데 그중 몇 가지 예를 들자면 다음과 같다.

- AI를 활용하면 생산성이 높아지고 글의 품질이 향상될 수 있지만, 글쓴이가 느끼는 주인의식과 만족감은 감소하지 않을까?
- AI와 함께 글을 쓰는 사람이 많아지면, 개인적 글쓰기 스타일이 사라지고 글이 점점 더 획일화되지 않을까?
- AI와 협력해 글을 쓰면, 완성된 글뿐 아니라 글쓴이의 의견도 변화할 수 있을까?

이런 연구 주제는 AI가 글쓰기의 생산성을 높이는 것을 넘어 창작 과정과 글쓴이의 경험에 어떤 영향을 미치는지 탐구한다는 점에서 중요하며, 교육과 정책 측면에서도 시사점을 제공한다. 예를 들어 코넬대학교 연구팀은 최근 AI가 특정 주장을 옹호하도록 조작될 경우, 이 AI를 사용해 글을 쓴 사람들이 해당 주장에 더 긍정적 태도를 보일 수 있다는 사실을 밝혔다. 만약 이와 같은 AI가 챗GPT처럼 수억 명이 사용하는 시스템에 적용된다면, 그 영향력은 전 세계로 빠르게 확산될 수 있다.

내 연구실에서도 자신의 문체와 시선이 핵심인 저널리스트에게는 이러한 위협이 더욱 크게 다가오고 있다는 것을 관찰했다. 우리가 인터뷰 한 20명의 현직 저널리스트 대부분은 AI가 작성한 문장을 직접 쓰거나, AI가 내 글을 재작성하는 것에 대해 강한 거부감을 보였다. 그 이유는 AI가 글쓰기의 주체성을 위협한다고 느끼기 때문이다. 앞으로 AI가 글쓰기에 미치는 영향을 면밀히 분석하고 이를 바탕으로 적절한 법적·윤리적 가이드라인을 마련해야 할 것으로 보인다.

AI가 글쓰기 생태계에 가져온 변화와 전망

AI와 글쓰기는 한 사람의 글이나 생산성에만 영향을 미치는 것이 아니라, 글쓰기 생태계 전반에 걸쳐 다양한 변화를 불러오고 있다. 특히 기술, 작가, 사회적 관점에서 그 긍정적 가능성과 동시에 우리가 주의 깊게 살펴야 할 부작용들이 공존한다.

개인화된 창작 도구로의 기술적 발전

챗GPT가 보편화되면서 요즘에는 AI와 대화 형식으로 글을 쓰는 방식이 메인이 되었지만, 사실 AI는 이외에도 훨씬 다양한 방식으로 글쓰기에 활용될 수 있다. 예를 들어 자동완성 기반의 이어쓰기 방식, 이미지 편집 툴처럼 문장을 직접 조작하는 다이렉트 매니퓰레이션(direct manipulation) 방식 등 다양한 인터페이스가 등장하고 있다.

최근 몇 년 동안에는 개별 사용자의 문제와 선호에 최적화된 맞춤형 모델 트레이닝이 쉬워지면서, AI 글쓰기 도구의 개인화는 더욱 발전할 것으로 보인다. 실제로 일부 작가는 존경하는 문인의 문체로 훈련된 소형 언어모델을 직접 제작해 사용하는 경우도 있었다. 이러한 변화는 AI가 단순한 도구를 넘어 창작 파트너로 진화하고 있음을 시사한다.

작가의 역할 변화

최근 일본의 한 저명 작가는 권위 있는 문학상을 수상한 직후, 작품의 일부가 AI로 생성된 문장을 바탕으로 작성되었다고 밝혔다. 이제 글쓰기는 단순히 무에서 언어를 창조하는 능력만으로 평가되지 않는다. AI와 함께 글을 쓸 때 어떤 프롬프트를 사용하고, AI가 만들어낸 글 중 어떤 부분을 선택하고, 무엇을 남기고 다듬는지에서도 작가의 시선과 취향, 가치관이 드러나는 시대가 된 것이다.

그리고 AI를 사용해 글을 쓴다는 건 단순히 AI가 글을 대신 써주는 것이 아니다. 작가들이 독창적인 방법으로 AI를 사용한 경우들이 있는데, 미국에서 베스트 아메리칸 에세이스(The Best American Essays) 상을 받은 「유령(Ghosts)」이라는 에세이가 좋은 예이다. 작가가 가족의 죽음에 대해 쓰기 위해 AI를 사용해서 먼저 글을 쓴 뒤 천천히 자신의 언어로 바꾸어 나가는 과정을 거쳐 작성된 에세이다. 이와 같은 글쓰기 방법은 AI 이전에는 존재하지 않았던 독창적인 방법이다.

윤리와 투명성의 중요성

AI가 글쓰기 과정에 개입하는 만큼, 그 사용 여부를 독자에게 언제 어떻게 밝혀야 하는지에 대한 논의도 활발히 이루어지고 있다. 이는 단순한 기술 사용의 문제가 아니라 글쓰기 주체로서의 책임과 정체성, 창작의 의미와 연결된다. 그렇기 때문에 사람마다 굉장히 다른 가치관을 가지고 있어서 합의점에 도달하기 어려운 부분이 많다. 예를 들어 어떤 사람은 창의성을 보완하는 도구로 AI를 긍정적으로 받아들이는 반면, 또 다른 사람은 AI 개입 자체가 창작의 진정성을 훼손한다고 느끼기도 한다.

내 연구실에서는 글쓴이와 독자의 기대치의 차이점, 그로 인해 우리가 AI와 글을 쓰거나 AI와 함께 쓰인 글을 읽을 때 어떤 가치를 중요시하는지를 살펴보며, 궁극적으로 AI 시대의 새로운 글쓰기 윤리가 무엇인지에 대한 기준을 함께 모색하고 있다.

창의성과 글쓰기 교육의 위기

AI의 글쓰기 개입이 가져오는 부정적 영향도 적지 않다. 특히 창의성 발달이 중요한 학습자에게는 AI가 생각하기 전에 옵션을 제시함으로써 사고의 고착을 유발할 수 있다.

최근 연구에서는 AI가 개입한 글이 문법적으로는 우수하지만 다양성에서는 평준화되는 경향을 보였다. 이는 특히 글쓰기 초보자나 청소년에게 장기적으로 자기 표현의 기회를 박탈할 수 있다는 점에서 우려된다. 또한 교육 현장에서는 단순히 문법이나 구조를 가르치는 것 이상으로 '무엇을 어떻게 가르칠 것인가'에 대한 근본적인 재구성이 필요해지고 있다.

AI 시대의 글쓰기 교육은 단지 결과물을 만들어내는 기술을 넘어서야 한다. AI와 인간 각각의 강점을 이해하고, 적절히 역할을 분배하며, AI가 생성한 내용을 비판적으로 수용하고 통합할 수 있는 메타인지적 역량이 필수적이기 때문이다. 향후 AI 글쓰기 교육은 자기주도성, 창의성, 비판적 사고를 중심으로 설계되어야 할 것이다.

앞으로는 단순한 AI 사용법을 익히는 수준을 넘어 다양한 AI 모델의 특성과 한계를 이해하고, 문맥과 목적에 따라 적절히 조합해 활용할 수 있는 고차원적 판단력이 요구될 것이다.

예컨대, 어떤 모델은 문학적 표현에 강하고, 다른 모델은 사실 기반 요약에 능한 만큼, 이들을 어떻게 선택하고 조합할 것인지에 따라 결과물이 크게 달라질 수 있다. 이러한 변화 속에서 AI를 잘 활용하는 사람과 그렇지 못한 사람 간의 격차는 더 벌어질 수 있다. 동시에 어떤 맥락에서는 AI를 사용하지 않는 것이 바람직하다는 사회적 기준과 공감대를 마련하는 것이 중요할 것으로 보인다.

　글쓰기의 본질은 단순한 효율이나 정답이 아닌, 사고의 확장과 자기표현이라는 점을 잊지 말아야 한다. AI 시대에서 글쓰는 행위의 의미는 여전히 사람에게 달려 있다.

PART 5

인간-기계 협력의 새로운 지평

들어가기

인간-기계 협력의 새로운 지평

지금까지 우리는 AI가 언어·이미지·정보 처리 등 디지털 세계에서 어떻게 혁신을 일으키고 있는지 살펴보았다. 하지만 AI의 진정한 잠재력은 디지털 공간을 넘어 물리적 세계와 만날 때 비로소 완전히 펼쳐진다. 이번 장에서는 AI가 현실 세계로 나와 인간과 어떻게 협력하고, 우리의 일상과 산업을 어떻게 변화시키고 있는지를 다각도로 조명한다.

물리적 AI가 현실이 되려면 단순히 기술적 완성도만으로는 부족하다. 대표적 예로, 로봇이 물리적 세계에서 작업하는 것에는 텍스트나 이미지를 생성하는 경우에서와는 다른 수많은 기술적 장벽이 존재한다. 또한 로봇이 인간과 함께 생활하고 일하려면 사람의 의도를 이해하고, 각자의 선호에 맞춰 행동하며, 무엇보다 인간의 신뢰를 받을 수 있어야 한다.

AI와 물리적 세계의 만남은 로봇에만 국한되지 않는다. 공학 설계의 영역에서도 AI는 혁신적 변화를 이끌고 있다. 전통적으로 엔지니어들은 경험과 직관에 의존해 설계를 개선해왔지만, 이제는 AI가 방대한 설계 공간을 탐색하며 인간이 상상하기 어려운 최적화를 찾아낸다. 재료공학 분야는 AI의 힘을 가장 극적으로 보여주는 영역 중 하나다. 선사시대부터 인류 문명을 이끌어온 재료 개발이 이제는 AI의 도움으로 완전히 새로운 속도와 방식으로 진행되고 있다.

이러한 변화들이 모여 만들어내는 것은 단순한 기술발전을 넘어선 협력의 새로운 형태다. AI는 더 이상 인간을 대체하는 존재가 아니라, 인간의 창의성과 직관을 증폭시키는 파트너가 되고 있다. 로봇은 사람의 의도를 이해하고 맞춤형 서비스를 제공하고, 설계 AI는 엔지니어의 아이디어를 현실화하는 강력한 도구가 되며, 재료 연구에서의 AI는 과학자의 가설을 빠르게 검증하고 새로운 발견의 가능성을 열어주는 등이 그 예다.

하지만 이 모든 발전에는 '물리적 세계에서 작동하는 AI 시스템의 안전성과 신뢰성을 어떻게 보장할 수 있을까?', '인간과 기계의 협력이 심화될수록 우리는 어떤 새로운 역할과 책임을 져야 할까?'와 같은 질문들이 따라붙는다. 이번 장에서는 이런 질문들에 대한 현재의 답과 미래의 가능성을 함께 탐색해보기로 한다. 결국 우리가 맞이하고 있는 것은 단순한 기술 혁신이 아니라, 인간과 기계가 함께 만들어가는 새로운 협력의 시대이기 때문이다.

황민영

물리적 AI: 로보틱스와 생성형 AI의 다음 프론티어

_장요엘(엔비디아)

오늘날 AI 모델은 텍스트나 이미지, 비디오의 생성 등 디지털 환경에서 뛰어난 성능을 보이고 있다. 또한 최근에는 디지털 에이전트(digital agent)[1] 연구가 활발히 이루어지면서 디지털 업무를 자동화해주는 AI가 개발되고 있는 추세다.

반면 물리적 AI(physical AI)는 AI가 로봇 형태로 현실 세계에서 학습하고 적응하며 동작할 수 있도록 만든다. 이는 단순한 디지털 에이전트를 넘어 물리적 세계에서 실질적인 작업을 수행할 수 있는 AI로의 진화를 의미한다. 그러나 현재 디지털 에이전트 개발은 업계에서 활

---

1 사람을 대신해 디지털 세계에서 지능적으로 작업을 수행하는 것으로 자율성·학습 능력·환경 인식 능력을 가진 것이 특징임.

발히 이루어지고 있는 반면, 물리적 AI의 경우에는 개발과 관련된 업계의 의견이 아직까지는 뚜렷이 일치되고 있지 않은 상황이다.

물리적 AI 실현을 위한 과제

그렇다면 무엇이 물리적 AI 개발을 가로막고 있는 것일까? 우선 그 장애물들부터 살펴보자.

로봇 데이터 부족

현재 로봇 데이터는 텍스트·이미지·음성 등 다른 데이터 형태에 비해 극도로 제한적이다. 인터넷에서 데이터를 쉽게 수집할 수 있는 기존 AI와 달리 로봇 데이터는 물리적으로 수집해야 하는 것이다. 그리고 이는 닭과 달걀(Chicken-and-Egg)의 문제, 즉 '닭이 먼저냐, 달걀이 먼저냐' 식의 문제를 야기한다.

로봇 데이터를 모으려면 많은 로봇이 세상에서 활동하는 환경이 되어야 하는데, 이를 위해서는 데이터를 통해 좋은 AI 모델이 개발되어야 한다. 엔비디아는 이를 해결하기 위해 인간 영상 데이터의 활용, 즉 실제 데이터를 모방해 인공적으로 만들어낸 합성 데이터(synthetic data)를 해결 방안으로 생각하고 있다.

물리적 환경에서의 학습과 추론

로봇은 물리 법칙·인과 관계·불확실성을 이해하고 실시간으로 적응하는 능력을 필요로 하지만, 현재의 AI 모델은 정적인 데이터 학습에 초점이 맞춰져 있어 실시간 적응성이 부족하다. 이를 해결하기 위해 세상의 물리적 법칙을 따르고 미래를 예측할 수 있는 '월드 모델(World Model)'[2] 연구가 활발히 이루어지고 있는 추세다. 다만 아쉽게도 아직까지는 초기 단계에 있다.

고차원 공간에서의 순차적 의사결정

텍스트나 이미지 생성과 달리 로봇의 행동을 위해선 액션 그래뉼래리티(action granularity), 즉 각 동작의 세밀한 정도가 매우 정교하게 정의되어야 한다. 예를 들어 컵을 집어 드는 단순한 행동을 위해서도 팔의 각도와 손가락의 힘, 접근 속도 등 수많은 미세한 제어가 필요하며, 이러한 가능성의 조합 또한 기하급수적으로 증가한다.

따라서 로봇 조작 기술은 AI 문제 중에서도 가장 어려운 분야로 평가된다. 이는 '높은 자유도(degree of freedom)', 즉 로봇이 움직일 수 있는 독립적인 방향의 수가 많고 오차 누적(error accumulation)의 가능성이 커

---

[2] AI가 외부 현실 세계의 동작원리 등 규칙을 학습하고 이를 바탕으로 스스로 머릿속(모델 속)에 그려서 이해하고 예측하는 모델로, AI가 세상에 대한 '자기만의 내적 세계'를 만들어 그 안에서 생각하고 배우게 하는 핵심 기술이다. 가령 공을 던지면 어디로 날아갈지를 직접 실험하지 않고도 머릿속에서 시뮬레이션할 수 있게 해주는 식이라 자율주행·게임·로봇 제어처럼 물리적 실험이 어렵거나 비싼 상황에서 매우 유용하다. 한국어로는 '월드 모델', '세상 모델', '세계 모델'이라고도 한다.

지는 문제[3] 탓에 더욱 복잡해진다.

멀티모달 학습의 필요성

로봇이 인간처럼 작동하려면 시각·촉각·고유 감각(proprioception)·언어 이해 등의 데이터를 결합해야 한다. 하지만 현재의 AI는 이러한 다양한 감각 데이터를 통합하는 능력이 부족하다. 또한 하드웨어 면을 보더라도, 촉각과 같은 감각 데이터를 정확히 포착할 수 있는 신뢰성 높은 센서 기술은 아직 발전 과정에 있다. 따라서 센서가 완벽하지 않아도 로봇이 인간처럼 작동하려면 시각·촉각·언어 등 다양한 감각 정보를 결합해 이해하는 멀티모달 학습이 필수적이다.

엔비디아가 물리적 AGI에 주목하는 이유

엔비디아의 CEO 젠슨 황(Jensen Huang)은 2025년 1월 로스앤젤레스에서 열린 세계 최대의 IT·가전 전시회 'CES 2025' 기조연설에서 "이제 우리는 물리적 AGI 과제를 해결해야 한다"며, 물리적 세계를 이해하는 AI 월드 모델인 '코스모스(Cosmos)' 개발 프로젝트를 공개했다. 또한 2025년 3월에는 엔비디아의 연례 개발자 콘퍼런스인 'GTC(GPU Technology Conference) 2025'에서, 필자가 참여한 GR00T N1이라는 휴

---

3 '오차 누적의 가능성이 커지는 문제'란 작은 실수가 연속적으로 쌓여 최종 결과에 큰 영향을 미치는 문제를 뜻한다.

머노이드용 로봇 파운데이션 모델을 발표하며 앞으로 로봇 생태계를 주도하겠다는 전략을 분명하게 표명했다.

엔비디아가 물리적 AGI에 집중하는 이유는 엔비디아가 갖고 있는 여러 핵심 기술적 우위에서 비롯된다. 먼저, 엔비디아는 고성능 컴퓨팅 및 AI 학습 기술 분야 가운데 특히 GPU·AI 모델 학습·시뮬레이션 기술에서 세계적 강점을 가지고 있으며, 이는 로보틱스(Robotics)[4]의 발전을 가속화할 수 있는 핵심 요소다.

또한 엔비디아는 시뮬레이션을 통한 학습 측면에서는 자사 플랫폼 '옴니버스(Omniverse)'를 활용해 AI 모델이 현실 세계에 배치되기 전에 가상 환경에서 미리 학습할 수 있도록 한다.

아울러 합성 데이터 활용 면에서도, 엔디비아의 휴머노이드용 로봇 파운데이션 모델인 GR00T N1은 실제 로봇 데이터(가장 가치 있지만 수집이 어려움), 합성 데이터(시뮬레이션과 비디오 생성 모델 활용), 웹 데이터 및 인간 시연 영상(대규모 학습에 유용한 데이터)의 피라미드 구조를 갖는 데이터 전략을 통해 로봇 학습을 가속화하고 있다.

엔비디아의 데이터 전략

그렇다면 엔비디아는 로봇 연구 및 개발에서 이용되는 합성 데이터를

---

[4] 로봇의 설계·제작·운영·응용을 연구하는 학문 및 기술 분야. 기계공학·컴퓨터공학·AI 등 다양한 공학 분야의 융합을 기반으로 한다.

어떻게 생성하고 있을까?

엔디비아의 휴머노이드용 로봇 파운데이션 모델인 GR00T N1의 학습에 사용된 합성 데이터는 두 가지 핵심 기술을 통해 생성된다. 그 중 하나는 덱스미믹젠(DexMimicGen)이다. 덱스미믹젠은 인간의 시연 데이터를 시뮬레이션 환경에서 궤적(trajectory)으로 기록하고, 수학적 공식과 시뮬레이션의 '특권 정보(privileged information)'[5]를 활용해 이를 수십 배로 증강시켜 실제 세계 궤적과 함께 학습시키는 시스템이다. 이 기술은 전통적인 시뮬레이션 엔진을 기반으로 하여 단 11시간 만에 6,500시간(약 9개월) 분량의 로봇 조작 데이터를 생성할 수 있다.

또 다른 핵심 기술인 드림젠(DreamGen)은 '월드 모델'과 같은 생성형 AI 모델을 기반으로 하는 방법론이다. 이 기술을 활용하면 소규모 인간 시연 데이터에 월드 모델을 학습시켜 특정 로봇 하드웨어의 특성을 이해하게 하고, 이를 통해 로봇 데이터를 직접 생성하게 할 수 있다. 특히 드림젠에는 실제 텔레오퍼레이션(원격 조작), 즉 인간이 원격으

---

5 시뮬레이션 환경에서만 접근 가능한 완벽한 상태 정보를 의미한다. 덱스미믹젠에서는 이러한 특권 정보를 다음과 같이 활용한다. ①객체의 정확한 6DoF 위치와 자세 정보를 이용해 로봇의 엔드 이펙터 궤적을 새로운 장면으로 정확히 변환하고, ②접촉 상태와 그립 정보를 통해 안전한 궤적 생성을 보장하며, ③시뮬레이션의 물리 법칙 정보를 활용해 실행 가능한 모션만 생성한다. 실제 세계에서는 시각 센서나 촉각 센서의 노이즈와 한계 탓에 얻기 어려운 이런 완벽한 정보들을 시뮬레이션에서 활용하면 높은 성공률의 데이터 증강이 가능해진다.

로 로봇을 제어하는 방식의 데이터 88시간을 827시간으로 약 10배 확장해 학습 데이터를 대폭 늘릴 수 있다는 강점이 있다.

이 두 기술의 가장 큰 차이는 덱스미믹젠의 경우 전통적 시뮬레이션 엔진을 기반으로 하는 데 반해, 드림젠은 월드 모델과 같은 생성형 AI 모델을 기반으로 한다는 점이다.

엔비디아의 하드웨어 전략

엣지 AI(Edge AI)[6] 및 로보틱스 하드웨어 측면에서 엔비디아는 '젯슨(Jetson) 플랫폼'[7]과 '아이작(Isaac) SDK[8]'를 통해 AI 연산을 실시간으로 처리하여 클라우드 의존도를 줄임과 동시에 로봇의 자율성을 향상시키고 있다.

특히 2025년 상반기에 엔비디아가 출시한 최신 플랫폼인 '젯슨 토르(Jetson Thor)'는 블랙웰(Blackwell) GPU 아키텍처를 기반으로 하여 기존 젯슨 AGX 오린(Jetson AGX Orin) 대비 8배 향상된 GPU 성능과 2.6

---

6 클라우드가 아닌 기기(엣지 디바이스) 자체에서 작동하는 AI. 데이터를 서버로 보내지 않고 스마트폰·자율주행차·공장 로봇 등 장비 내부에서 바로 처리하는 AI가 이에 해당한다.

7 엔비디아가 개발한 소형의 고성능 AI 컴퓨팅 플랫폼. 실시간 AI 연산이 필요한 로봇 및 엣지 디바이스에 최적화되어 있다.

8 '소프트웨어 개발 도구 모음(software development kit)'의 약자.

배 개선된 CPU 성능을 제공한다. 최대 2,000테라플롭스(teraflops), 즉 1조 번의 AI 연산 성능을 자랑하는 이 시스템은 128GB 메모리와 14코어 네오버스(neoverse) ARM CPU, 4×25기가비트 이더넷(GbE)[9] 네트워킹을 탑재하여 실시간 다중 센서 처리가 가능하다.

엔비디아의 이러한 기술적 진보는 결국 범용 로봇이 미래 산업의 핵심이 될 것이라는 전망과 연결된다. AGI가 현실화된다면, "세상에서 움직이는 모든 것은 로봇이 될 것이고, 모든 로봇은 GPU를 필요로 할 것이다(everything that moves in the world will be a robot, and every robot will need a GPU –by Jensen Huang)."

미래: 범용 목적 로보틱스와 휴머노이드의 역할

인간에게는 정말 휴머노이드, 즉 인간 형태의 로봇이 필요할까? 휴머노이드 로봇의 필요성에 대해서는 찬반 의견이 팽팽히 맞서고 있다. 이는 단순한 기술적 논쟁을 넘어 미래 사회의 모습을 결정할 핵심 질문이기도 하다.

찬성론: 인간을 위한 세상에서는 인간형이 최적

휴머노이드의 필요성에 찬성하는 측의 가장 강력한 논리는 '환경

---

[9] 초당 1기가비트의 속도로 데이터를 전송하는 이더넷 기술.

호환성'이다. 젠슨 황이 기조연설에서 항상 강조하는 '브라운필드(Brownfield)' 개념이 바로 이를 설명한다.

브라운필드란 기존에 구축된 인프라와 환경을 그대로 활용하면서 새로운 기술을 도입하는 접근법을 의미한다. 우리가 살고 있는 모든 공간은 인간을 기준으로 설계되어 있다. 문손잡이의 높이, 계단의 폭, 자동차 운전석, 심지어 냉장고 손잡이에 이르는 모든 것은 인간의 신체 구조에 맞춰져 있다. 휴머노이드 로봇은 이런 기존 인프라를 그대로 활용할 수 있다는 압도적인 장점이 있다. 바퀴형 로봇은 계단을 오를 수 없고, 로봇 팔은 이동이 제한적이라는 단점과 대비되는 부분이다.

다목적성 또한 휴머노이드만의 강점이다. 기존 산업용 로봇은 한 가지 작업에만 특화되어 있지만, 휴머노이드는 인간이 하는 거의 모든 일을 대체할 수 있는 잠재력을 가지고 있다. 아침에는 요리를 하고, 오후에는 청소를 하며, 저녁에는 아이들과 놀아주는 등의 일이 가능한 것이다.

사회적 상호작용 측면에서도 휴머노이드는 독보적이다. 특히 고령화 사회에서 꼭 필요한 간병이나 돌봄 서비스에서, 인간과 유사한 휴머노이드의 외형은 심리적 안정감을 제공할 수 있다. 손짓·몸짓·표정을 통한 비언어적 소통이 가능하기 때문이다.

데이터 활용 관점에서 휴머노이드가 갖는 장점도 크다. 현재 AI 학습에 사용되는 대부분의 영상과 이미지 데이터는 인간의 행동을 담고 있다. 유튜브 등에 올라와 있는 요리 영상, 운동 영상, 작업 영상 등 수억 시간 분량의 데이터를 직접 학습할 수 있다는 것은 휴머노이드의 엄청난 이점이다.

반대론: 불필요한 복잡성과 비효율

하지만 휴머노이드의 필요성에 반대하는 의견도 만만치 않다. 가장 큰 문제는 '불필요한 복잡성'이다. 공학적 시각에서, 이족 보행 로봇을 만드는 것은 로켓을 우주로 쏘아 올리는 것만큼이나 어려운 문제다. 인간이 진화를 통해 수백만 년에 걸쳐 완성한 보행 능력을 로봇이 단기간에 따라잡기란 매우 어렵다.

경제성 문제도 심각하다. 현재 휴머노이드 로봇 한 대의 가격은 20만~40만 달러에 이르는데, 이는 자동차 한 대 가격의 5~10배에 해당한다. 반면 기존 자동화 솔루션은 훨씬 저렴한 데다 특정 작업에서는 휴머노이드보다 뛰어난 성능을 보인다. 예를 들어 공장의 컨베이어벨트 시스템은 물건을 옮기는 작업에서 휴머노이드보다 100배나 빠르고 정확하다.

에너지 효율성도 큰 걸림돌이다. 휴머노이드가 균형을 유지하고 관절을 움직이는 데는 엄청난 에너지가 필요하다. 로보틱스 전문 기업인 보스턴 다이내믹스(Boston Dynamics)의 휴머노이드 '아틀라스(Atlas)'가 1시간 동안 동작할 때 소모하는 전력은 소형차가 100km를 달리는 데 필요로 하는 전력과 맞먹는다.

안전성 우려도 있다. 100킬로그램이 넘는 휴머노이드 로봇이 사람 근처에서 작동할 시 발생할 수 있는 오작동이나 해킹은 치명적인 위험이 될 수 있다. 반면 특수 목적 로봇들은 상대적으로 안전하다.

현실적 대안들의 부상

로봇 업계의 기업들이 취하는 전략은 현재 두 가지 상반된 방향으로 나뉘어 있다. 한편에서는 많은 기업들이 휴머노이드 대신 특수 목적 로봇에 투자 중이다. 미국 기업 아마존의 창고 로봇은 물류센터에서 하루 수백만 개의 상품을 정확히 분류하고, 역시 미국 기업인 아이로봇(iRobot)이 개발한 청소 로봇 룸바(Roomba)는 전 세계 4,000만 가정에서 매일 바닥을 청소하며, 에코백스(Ecovacs)의 에코백스 고트(Ecovacs GOAT) A2500 같은 잔디깎이 로봇은 정원 관리를 자동화했다. 비록 한 가지 업무에만 특화되어 있지만, 이 로봇들은 자신의 일을 인간보다 더욱 정확하고 지속적으로 해낸다.

반면 다른 한편에 있는 피규어 AI(Figure AI), 테슬라, 유니트리 로보틱스(Unitree Robotics), 보스턴 다이내믹스, 어질리티 로보틱스(Agility Robotics) 같은 기업들은 휴머노이드 로봇 개발에 모든 역량을 집중하고 있다. 이들은 '만능 로봇'이라는 궁극적 목표를 향해 수십억 달러를 투자하며, 인간과 동일한 환경에서 작업할 수 있는 로봇을 만들기 위해 치열한 경쟁을 펼치고 있다.

결론: 당분간은 공존의 시대

'휴머노이드 대(vs.) 특수 목적 로봇'의 대결은 결국 '만능 로봇 대 전문 로봇'의 대결이다. 당분간은 두 방향 모두 발전할 것으로 보인다. 단순 반복 작업은 특수 목적 로봇이, 복잡하고 변화가 많은 환경에서는 휴머노이드가 각각의 영역을 담당할 가능성이 높다는 뜻이다.

하지만 한 가지는 확실하다. 휴머노이드든 특수 목적 로봇이든, 모든 로봇의 '두뇌'에는 강력한 AI 칩이 필요하다는 것이다. 그리고 현재 그 시장은 엔비디아가 장악하고 있다.

물리적 AGI로 가는 길

물리적 AGI는 단순한 로봇 개발을 넘어 AI가 현실 세계와 직접 상호작용할 수 있도록 만드는 것이다. 엔비디아를 비롯한 여러 기업들은 시뮬레이션·AI 학습·로보틱스 하드웨어 분야에 투자하며 이러한 혁명을 선도하는 중이다.

'휴머노이드가 미래 로봇의 표준이 될 것인가'는 여전히 논쟁 중이지만, 한 가지만큼은 분명하다. 물리적 AGI는 우리에게 곧 다가올 것이고, 산업과 우리의 일상생활을 혁신적으로 변화시킬 것이라는 것이다.

인간-로봇 상호작용

_황민영(MIT)

자율주행 자동차를 타고 다니고 로봇이 음식을 배달해주는 것은 SF 영화 속의 머나먼 이야기가 더 이상 아니다. 불과 30년 전만 해도 대부분의 로봇은 공장과 같은 통제된 환경에서 규칙적 작업만을 반복하곤 했다. 하지만 지금 우리는 일상에서 점점 더 많은 로봇을 만나고 있다. 식당에서 음식을 서빙하고, 공항에서 짐을 끌어주며, 쇼핑몰에서는 길을 안내해주는 로봇까지. 심지어 사람처럼 생긴 휴머노이드가 기술 관련 전시회에서 손을 흔들며 말을 걸어오기도 한다.

이처럼 로봇이 일상 속으로 들어옴에 따라 이제는 단순히 '잘 작동하는가'를 넘어 '얼마나 사람과 잘 어울리는가'가 중요해졌다. 이를 연구하는 분야가 바로 '인간-로봇 상호작용(HRI: Human-Robot Interaction)'이다.

인간-로봇 상호작용 연구는 로봇으로 하여금 사람의 의도와 상황을 이해하고 그에 맞게 물리적 혹은 사회적으로 반응하게 하는 것을 목표로 한다. 초기에는 인간이 버튼이나 조종기를 통해 로봇을 조작하는 방식이 주를 이루었지만, 지금은 말·몸짓·시선·감정 등 다양한 형태의 인간 신호를 로봇이 스스로 인식하고 해석하는 방향으로 발전하고 있다.

로봇이 인간의 동료나 도우미로 기능하기 위해서는 단순히 정해진 동작을 반복하는 것 이상이 필요하다. 사람마다 표현 방식도 원하는 방식도 다르기 때문이다. 같은 물건을 전달하는 동작이라 하더라도 누군가는 조심스럽게 건네주길 바라고, 누군가는 빠르게 처리하길 원할 수 있다. 이러한 다양한 요구에 맞춰 로봇이 유연하게 행동하는 데는 사람으로부터 배우는 능력이 필수적으로 필요하다.

여기서 AI의 역할이 중요해진다. 단순한 센서나 제어 시스템만으로 로봇이 사람의 말과 몸짓을 이해하고, 상황에 맞게 유연하게 반응하는 데는 한계가 있기 때문이다. AI는 로봇이 이러한 맥락과 의도를 파악하고 스스로 판단하며 적응할 수 있도록 도와주는 핵심 기술이다. 이런 맥락에서는 다음과 같은 질문이 자연스럽게 생겨난다.
"우리는 로봇에게 무엇을, 어떤 방식으로 가르칠 수 있을까?"

인간 피드백을 통한 로봇 학습

사람이 로봇에게 피드백을 주는 방식에는 대표적으로 세 가지가 있다.

가장 직관적인 방법은 사람이 직접 시범을 보이는 것이다. 예를 들어 컵을 어떻게 잡아야 하는지를 손으로 직접 로봇을 조종해 보여주는 방식이다. 또 다른 방식들로는 "컵 좀 건네줘"처럼 언어로 명령을 내리는 것, 그리고 로봇이 여러 행동을 시도했을 때 그중 어떤 행동이 더 적절했는지를 평가해주는 방식이 있다.

이와 같은 방식들을 통해 로봇이 사람의 언어나 행동, 심지어 시선이나 표정까지도 학습에 활용할 수 있다면, 로봇은 사람과 점점 더 자연스럽게 상호작용하는 것이 가능해진다.

이러한 각각의 피드백 양식에는 저마다 다른 장단점이 있다. 사람이 직접 로봇을 움직이거나 조종해서 시범 데이터를 얻는 피드백 방식은 로봇에게 업무를 수행하는 방식을 가장 직접적으로 가르칠 수 있다는 장점이 있지만, 사람이 직접 로봇을 움직여야 하기 때문에 위험도 혹은 난이도 높은 업무에 대해서는 데이터를 모으기 어렵다.

또한 언어로 로봇에게 명령을 내리는 방식의 경우에는 사용자에게 부담이 매우 적다는 장점이 있지만, 물리 세계에서의 동작을 언어로는 정확하게 표현하기 어려운 경우가 종종 발생한다.

아울러 두 개 혹은 그 이상의 로봇 행동을 사람이 보고 비교해 선호도를 피드백해주는 방식은 데이터 수집 방식이 편리하고 언어적 표현이 어려운 업무의 경우에도 쉽게 데이터를 얻을 수 있다는 장점을 갖는다. 하지만 하나의 피드백은 1비트(bit)의 정보량만을 갖는[1] 탓에, 로봇에게 보상 함수(reward function)를 학습시키기 위해서는 매우 많은 데이터가 필요하다는 단점이 있다.

각 피드백 양식의 장단점이 이렇게 명확한 만큼, 최근 진행되는 연구들은 두 개 이상의 피드백을 사용하는 경우에 어떻게 시너지 효과가 날 수 있는지를 연구하기도 한다.

이처럼 피드백의 양식도 다양하지만, 피드백을 주고받는 주기 또한 중요 요소다. 사람이 로봇을 필요로 할 때마다 즉각적으로 개입하는 수동적 방식이 있는가 하면, 이와 반대로 로봇이 사람의 도움이 필요하다고 판단될 때 먼저 질문을 던지는 능동적 질문(active querying) 방식도 존재한다. 어떤 피드백이 언제 가장 효과적인지는 사용 맥락에 따라 달라지며, 이를 어떻게 시스템 안에서 설계할지는 HRI 연구의 핵심 주제 중 하나다.

범용 시스템에서 개인화된 로봇으로

최근 AI 분야에서 특히 화제가 되고 있는 개념은 바로 '범용성'이다.

---

[1] '이 행동이 저 행동보다 더 낫다'라고만 피드백을 제공하는 이 방식에서는 두 가지 답안 중 하나만 선택할 수 있어서 그 정보량이 매우 적다.

대표적인 예로 GPT나 클로드 같은 대규모 언어모델들은 다양한 주제에 대해 대화를 이어갈 수 있는 범용 시스템이다. 이들은 특정 분야에 한정되지 않고, 여러 작업을 동시에 수행할 수 있는 능력을 갖춘 듯 보인다.

하지만 이런 범용 모델이 사람마다 다른 맥락이나 취향, 혹은 특수한 상황에 민감하게 반응하는 데는 아직 한계가 있다. 예를 들어 같은 질문이더라도 화자의 나이나 성격, 문화적 배경에 따라 적절한 답변이 달라져야 하지만, 현재 대부분의 범용 모델은 이를 잘 구분하지 못하기 때문이다.

이러한 한계를 극복하기 위한 대표적인 방법 중 하나가 바로 인간 피드백 기반 강화학습(RLHF: reinforcement learning from human feedback)이다. 이는 사람이 로봇 또는 AI 시스템이 수행한 여러 행동들 중 어떤 것이 더 나은지를 비교해 피드백을 제공하고, 이를 바탕으로 시스템이 점점 더 적절한 행동을 선택하도록 학습하는 방법이다.

인간 피드백 기반 강화학습은 원래 로봇 학습 분야, 특히 로봇에게 복잡한 조작을 학습시키는 데 사용하기 위해 제안되었지만, 이후에는 오히려 언어모델 파인튜닝에서 널리 알려지게 되었다. 예컨대 챗GPT가 우리의 질문에 자연스러운 응답을 내놓을 수 있는 것은 단순히 인터넷 텍스트만 학습했기 때문이 아니라, 챗GPT에서 생성된 답변들을 사람 평가자들이 비교한 뒤 어떤 답이 더 나은지를 골라주는 피드백을 기반으로 추가적인 학습을 거친 덕분에 가능해진 일이다.

그렇다면 이런 방식이 로봇에는 왜 똑같이 적용되기 어려울까?
우선 언어모델은 텍스트라는 비교적 정형화된 데이터를 기반으로 작동하는 데 반해 로봇은 물리적 세계에서 움직이고, 센서를 통해 복잡하고 다차원적인 상태 정보를 받아들이며, 실제로 물리적인 결과를 만들어낸다. 로봇의 움직임이나 조작 결과가 '좋았다' 혹은 '덜 좋았다'를 평가하는 것은 텍스트 간의 우열을 판단하는 것보다 훨씬 더 복잡하고 주관적인 작업일 수 있다.

또한 로봇 시스템은 실시간으로 작동하는 것이라 사람에게 피드백을 요청하고 기다리는 것 자체가 부담이 될 수 있다. 반면 언어모델은 학습 단계에서 대량의 피드백을 수집해 학습을 마친 이후에는 피드백 없이도 작동할 수 있다. 다시 말해 로봇으로 하여금 작동 중에도 계속 사람에게서 피드백을 받게 하거나, 적절한 시점에만 요청하게 하는 등의 상호작용 구조를 정교하게 설계해야 한다는 점에서, 로봇을 대상으로 하는 인간 피드백 강화학습은 난이도가 더 높은 작업이다.

이처럼 인간 피드백 기반 학습은 로봇이 실제 사람과 함께 생활하며 맞춤형 행동을 할 수 있도록 만들기 위한 핵심 기술 중 하나이지만, 실제 적용을 구현하기까지는 여전히 도전 과제가 많다. 그럼에도 연구자로서 내가 느끼는 흥미로운 점이 있다. 이러한 피드백 기반 학습은 로봇을 '더 똑똑하게' 만드는 것을 넘어 '더 사람답게' 만드는 방향으로 작동한다는 점이다. 같은 행동이라도 누군가에게는 편리하고 다른 누군가에게는 불편할 수 있다는 사실을 학습하는 로봇, 나의 선호와 표현을 기억하고 반영하는 로봇은 단순한 도구가 아닌 '상대'가 되기 때문이다.

개인화된 보상 함수 학습

로봇이 단순히 동작을 따라하게 만드는 것과, 그 동작이 '왜' 중요한지를 알게 만드는 것은 다르다. 로봇이 동작을 잘 수행하면 보상을, 잘 수행하지 못하면 페널티를 주는 강화학습에서는 보상 함수를 적절하게 잘 설계하는 것이 매우 중요하다. 특히 특정 사용자를 위한 로봇을 학습시키고 싶다면, 해당 사용자에게 맞춤화된 보상 함수를 설계하는 것이 필요하다.

보상 함수는 로봇이 어떤 행동을 했을 때 얼마나 잘했는지를 수치로 나타내주는 기준이다. 마치 시험에서 점수를 매기듯, 보상 함수는 로봇의 행동이 얼마나 바람직한지를 수치로 평가한다. 이러한 보상 함수는 로봇과 환경의 자유도가 높아질수록 수동으로 설계하는 것이 매우 어려워지기에, 로봇이 어떤 행동이 바람직한지를 스스로 판단할 수 있도록 보상 함수를 AI 모델로 학습하는 보상 학습(reward learning)이라는 분야가 연구되어왔다.

보상 함수는 사람마다 다를 수 있다. 예를 들어 로봇이 사람의 뭉친 어깨를 주물러주는 경우를 생각해보자. 누군가는 로봇이 아주 부드럽고 약하게 주무르기를 원할 테고, 또 다른 사람은 로봇이 사용자가 다치지 않는 선에서 가능한 강한 힘으로 주물러주기를 바랄 수 있다. 즉, 같은 작업이라도 중요하게 여기는 기준이 사용자마다 다르기에 로봇은 이러한 개인적 선호에 맞게 학습해야 하는 것이다.

이를 위해서는 먼저 환경과 로봇의 어떤 구체적인 요소가 그 작업에서 중요한지를 파악해야 한다. 어떤 상황에서는 이동 속도, 컵의 기울기, 경로의 매끄러움 같은 요소가 핵심일 수 있고, 또 어떤 상황에서는 로봇으로부터 사용자까지의 거리나 주변 사물과의 충돌 가능성이 더 중요할 수 있다. 이처럼 상황에 알맞게 중요한 요소를 구별해내고 각각이 얼마나 중요한지를 정량적으로 판단하는 과정이 보상 학습의 핵심이다.

전통적인 보상 학습에는 한 가지 고질적 문제점이 있다. 하나의 AI 모델은 한 명의 사용자, 혹은 동일한 선호를 가진 집단을 대상으로 하는 보상 함수만을 학습할 수 있다는 점이다. 하지만 실제 사람들이 선호하는 바는 매우 다양하기 때문에, 선호하는 바가 다른 100명의 사용자가 있다면 로봇에게 100개의 서로 다른 보상 함수를 학습시켜야 한다. 이는 곧 하나의 모델을 학습할 때보다 100배의 시간과 자원이 들 수 있다는 뜻이기도 하다.

이러한 한계를 극복하기 위한 방법 중 최근 주목받는 접근 방식은 대규모 언어모델을 활용하는 것이다. 언어모델이나 시각-언어 모델(VLM: vision-language model)[2]은 기본적으로 언어를 입력으로 받는다. 때문에 보상 함수를 학습할 때 사용자마다 다른 언어 명령어(language instruction)를 조건(condition)으로 제공하면 하나의 모델로도 다양한 사용자의 보상 함수를 학습할 수 있다.

이 방법은 단일 모델로 여러 사용자의 선호를 표현할 수 있다는 점에서 효율적일 뿐 아니라, 학습 데이터에 존재하지 않는 새로운 명령이 주어졌을 때에도 그것을 유연하게 일반화할 수 있다는 장점이 있다.

가령 사용자가 "로봇이 주변 전자기기에 물을 쏟지 않도록 가능한 한 멀리 떨어져 있으면 좋겠어"라고 말한다면, 설령 이러한 요구가 학습 데이터에 직접 포함되어 있지 않더라도 언어모델은 그 의미를 이해하고 이에 부합하는 보상 함수를 생성할 수 있다.

보상 학습은 로봇이 단순한 행동 모방을 넘어서 '왜' 어떤 행동을 해야 하는지를 이해하도록 만드는 과정이다. 그리고 이는 인간-로봇 상호작용의 핵심 목표와 정확히 맞닿아 있다. 로봇이 사람의 의도와

---

2 이미지나 영상 등의 시각 정보를 텍스트 등의 언어 정보와 함께 이해하는 AI 모델로, 시각 AI·로봇·검색·멀티모달 인식 등의 분야에서 활용된다.

우선순위를 이해하고 그것을 반영하여 행동할 수 있다면, 인간-로봇 상호작용은 한층 더 자연스럽고 협력적인 방향으로 발전할 수 있을 것이다.

신뢰할 수 있는 로봇: 안전성, 명료성, 그리고 불확실성

도입부에서 잠시 언급했듯 로봇이 인간과 가까운 물리 공간에서 함께 일하고 생활하는 시대가 되면서, 이제는 단순히 '로봇이 그 행동에 성공했는가'를 넘어 '사람이 로봇의 행동을 신뢰할 수 있는가'가 중요한 기준이 되고 있다. 특히 인간-로봇 상호작용에서는 물리적 안전성(safety)뿐 아니라, 로봇의 행동이 사람에게 명확하게 전달되는 명료성(legibility)도 핵심적 요소로 부각된다.

명료성은 로봇이 어떤 목적을 가지고 움직이는지를 사람이 쉽게 알아차리게끔 만드는 속성이다. 같은 컵을 잡는 동작이라 하더라도, 로봇이 일정한 속도와 예측 가능한 궤적을 따라 움직인다면 사람은 그 의도를 쉽게 이해하고 안심할 수 있다. 반면 로봇이 갑작스럽고 불규칙한 움직임을 보인다면, 실제로야 안전하다 해도 사람에게는 불쾌감이나 불안함을 줄 수 있다. 따라서 로봇의 행동이 얼마나 자연스럽고, 예측 가능하며, 설명 가능하게 보이는지는 로봇에 대한 신뢰 형성의 핵심이 된다.

이러한 맥락에서 '로봇 학습에서 보상 함수가 무엇을 우선순위로 설계되었느냐'는 결정적 역할을 한다. 만약 보상 함수가 단순히 작업의 빠른 완료만을 최적화하도록 설계되어 있다면, 그 보상 함수를 학습한 로봇의 행동은 사람에게 불편하거나 위험하게 느껴질 수 있다. 따라서 보상 학습의 목표는 단순히 효율적인 행동을 찾는 데 그치지 않고, 인간이 신뢰할 수 있는 방식으로 행동하는 로봇을 만드는 것으로까지 확장되어야 한다.

여기서 중요한 또 하나의 개념이 바로 불확실성(uncertainty)이다. 로봇은 센서를 통해 외부 세계를 관찰하고, 보상 함수를 바탕으로 최적의 행동을 선택한다. 하지만 현실 세계의 정보는 항상 완전하지 않고 보상 함수 자체도 사람이 일부 피드백만 제공한 데이터를 바탕으로 로봇에게 학습되기 때문에, 어떤 상황에서는 로봇이 자신의 판단에 확신을 갖지 못할 수도 있다. 이런 경우에는 로봇이 '지금 내가 무엇을 해야 할지 확실하지 않다'는 판단을 스스로 인식하고, 사람에게 도움을 요청하거나 좀 더 보수적인 행동을 선택하게끔 만드는 것이 매우 중요하다. 이러한 '불확실성 추정(uncertainty estimation)'은 최근 AI 연구에서 활발히 다루어지고 있는 주제이며, 인간-로봇 상호작용에서도 점점 중요해지고 있는 주제이기도 하다.

로봇이 얼마나 확신을 갖고 행동하는지를 평가하는 방법도 중요하다. 예를 들어 로봇이 사용하는 여러 AI가 같은 상황에서 서로 다른 판단을 내리면, 로봇이 스스로 확신을 못하는 상태라고 볼 수 있다. 이런 경우에는 로봇이 사람에게 개입을 요청하거나, 속도를 줄이거나 멈추는 등 위험을 최소화하는 보수적인 방식으로 행동하는 것이 안전하다. 이러한 방법들을 로봇에 적용하면 로봇은 자신의 판단이 불확실할 때 이를 인식하고, 위험을 회피하거나 사람에게 피드백을 요청하는 등 좀 더 안전하고 명확한 상호작용이 가능해진다.

다시 말해 인간과의 협업이 필요한 로봇에게 요구되는 AI는 단순히 '잘 작동하는' AI가 아닌, 자신의 한계를 인식하고 신중하게 반응하는 AI다. 불확실성에 대한 민감한 대응은 로봇이 사람의 신뢰를 얻고, 예측 가능한 방식으로 행동하며, 궁극적으로는 함께 일할 수 있는 협동자 또는 동료로 자리매김하는 데 핵심적 역할을 할 것이다.

AI를 활용한 설계 최적화

_유윤아(UC버클리)

우리가 주변에서 사용하는 물건들 대부분은 공학적 설계를 거쳐 만들어진다. 겉으로는 단순해 보이는 물체라 해도 그 안에는 복잡한 원리와 설계 과정이 숨겨져 있기 마련이다. 특히 자동차나 스마트폰 같은 필수적 제품들은 성능 극대화를 위해 정교한 최적 설계 과정을 거쳐 탄생한다.

설계 최적화란 무엇이고, 왜 필요할까?

그렇다면 '최적화'란 정확히 무엇일까? 우리는 무엇을, 어떻게 최적화하는 걸까? 쉽게 이해할 수 있는 예를 하나 들어보자.

초등학교 시절, 종이를 접어 가장 무거운 물체를 지탱할 수 있는 다리를 만들어본 적이 있을 것이다. 또는 스파게티 면으로 쓰러지지 않는 높은 탑을 세우는 실험을 해봤을 수도 있다. 이럴 때 최적의 설계를 찾는 과정이 바로 '설계 최적화(design optimization)'다. 종이를 어떤 모양과 어떤 각도로 접어야 가장 튼튼한 다리가 될지, 스파게티면을 어떻게 쌓거나 세워야 탑을 높이 올릴 수 있을지, 다양한 방법을 시도하며 가장 좋은 설계를 찾아가는 것이 설계 최적화 과정인 것이다.

이 예시의 경우를 조금 더 깊이 생각해 보자. 우리가 원하는 다리 형태를 컴퓨터 시뮬레이션으로 분석해 그 다리가 얼마나 큰 힘을 견딜 수 있는지 예측하는 작업을 한다고 가정해보자. 이 시뮬레이션을 활용하면 무수히 많은 다리 설계를 빠르게 실험해보고, 그중에서 가장 튼튼한 형태를 찾아낼 수 있다.

그런데 여기서 또 다른 질문이 생겨날 수 있다. '어떻게 하면 이 시뮬레이션의 정확도를 더욱 높일 수 있을까?'나 '방대한 데이터를 활용해 가장 효율적으로 최적의 설계를 찾는 방법은 무엇일까?'와 같은 고민들이 바로 설계 최적화의 핵심이다.

그렇다면 왜 이런 최적화 과정을 거쳐야 할까?

공학에서는 아주 작은 개선이라도 큰 차이를 만들 수 있다. 가령 수치적으로는 단 0.3%에 불과한 성능 향상이라 해도 실제로는 엄청난 영향을 미칠 수 있다.

비행기를 생각해보자. 비행기 자체의 무게만도 이미 상당한데, 추가적인 짐을 실을 때마다 그로 인해 막대한 비용이 발생한다. 이런 점만 보더라도, 만약 공학적 설계를 통해 비행기의 무게를 조금이라도 줄일 수 있다면 경제적으로, 또 효율적으로 얼마나 큰 효과를 가져올지 충분히 짐작할 수 있다.

내가 했던 연구와 좀 더 연결지어 이야기해보겠다. 학부 시절 나는 소프트 로봇(soft robot), 즉 부드러운 재료로 만들어진 로봇을 설계하는 연구를 수행했다. 소프트 로봇은 딱딱한 재료로 제작된 기존 로봇과 달리 사람과의 상호작용이 훨씬 안전하며, 부드러운 특성을 활용해 다양한 물체를 효과적으로 잡거나 조작할 수 있다. 이러한 특성 덕분에 로봇 손이나 의료 보조 장치 같은 분야에서 활용 가능성이 크다.

    나는 이 연구에서 기존과 다른 새로운 작동 원리를 적용해 물체를 집는 시스템을 설계했다. 아이디어 구상에는 1~2주의 시간이 걸렸지만, 그것을 실제 설계로 구현하고 최적의 디자인을 찾기까지 몇 달이 걸렸다. 다양한 설계 변수를 바꿔가며 직접 제작하고 테스트하는 과정이 매우 많은 시간과 노력을 요구했기 때문이다. 하나의 디자인을 만드는 데도 오랜 시간이 걸렸고, 최적의 설계를 찾기 위해 시도해봐야 할 경우의 수가 너무 많아 비효율적이라는 판단이 들었다.

이후로 '시뮬레이션을 통해 이 과정을 좀 더 효율적으로 할 수 있지 않을까?'라는 데 생각이 미쳤다. 내가 디자인한 로봇의 작동을 미리 예측할 수 있는 시뮬레이션을 만들고 그것을 이용해 다양한 설계를 테스트한다면, 하나하나 직접 만들어보지 않고도 가장 좋은 디자인을 빠르게 찾아낼 수 있을 터였다. 그것이 내가 시뮬레이션과 설계 최적화에 관심을 갖게 된 계기였다.

AI는 어떻게 설계 최적화에 활용될 수 있을까?

설계 최적화는 새롭게 등장한 개념이 아닌, 과거부터 이미 오랫동안 연구되어온 분야다. 그러나 최근 이 분야에서는 AI의 발전과 함께 혁신적인 변화가 일어나고 있다. 과연 AI는 어떻게 설계 최적화에 활용될 수 있을까? 이를 이해하기 위해 먼저 최적화의 기본 개념을 살펴보자.

무언가를 최적화하려면 먼저 목적 함수(objective function)를 정의해야 한다. 목적 함수는 우리가 최적화하려는 대상의 성능을 평가하는 기준이다. 예를 들어 자동차 설계에서 목표가 '연비를 최대한 높이기'라면 연비(km/L)가 목적 함수가 된다. 설계의 목표가 하나가 아니라 여러 변수로 구성될 경우, 각 변수에 가중치를 곱해 하나의 목적 함수로 만들기도 한다. 예를 들어 다리 설계에서는 강도(strength), 무게(weight), 비용(cost) 같은 변수에 가중치를 주어 목적 함수를 설정하기도 한다($a \times$ 강도 $- b \times$ 무게 $- c \times$ 비용). 그렇기에 목적 함수를 설정할 때에는 원하는 설계가 어떤 기능적 요구사항을 충족해야 하는지를 충분히 고민하고, 이를 바탕으로 설정해야 한다.

이렇게 목적 함수가 정해졌다면, 그다음으로 해야 할 일은 이 목적 함수를 최대화 또는 최소화하는 것이다. 가령 비용이 목적 함수라면 좀 더 저렴한 설계를 찾기 위해 목적 함수를 최소화하는 것이 목표가 될 것이며, 강도가 목적 함수라면 가장 튼튼한 설계를 찾기 위해 목적 함수를 최대화하는 것이 목표가 될 것이다. 이러한 최적점을 찾는 가장 직관적인 방법은 무작위로 다양한 설계를 시도해보는 것이다. 하지만 이러한 랜덤 검색(random search) 방식은 매우 많은 실험이 필요하며, 최적의 해(값)을 찾을 수 있다는 보장이 없다.

조금 더 정형화된 방법을 생각해보자. 만약 목적 함수가 우물처럼 볼록(convex)한 모양이라면, 우물 옆면의 내리막길을 따라 아래로 내려가는 것만으로도 최저점을 찾을 수 있다[이를 '경사 하강법(gradient-based method)'이라고 한다]. 하지만 현실에서 다루는 최적화 문제들의 대부분은 이렇게 단순한 방법으로 해결할 수 없다. 더구나 많은 경우 우리는 목적 함수의 형태조차 알지 못한다.

AI는 이런 복잡한 최적화 문제를 해결하는 데 활용될 수 있다. 대표적인 방법 중 하나가 '베이지안 최적화(Bayesian Optimization)'다. 이 방법은 단순히 목적함수 값만을 고려해 최적점을 찾는 것이 아니라, 불확실성이 높은 영역을 탐색하면서 최적의 해(값)를 찾는 방법이기에, 대개는 적은 시도 횟수로도 최적점을 빠르게 찾을 수 있다.

또 다른 방법으로는 자연선택의 원리를 모방한 유전 알고리즘(Genetic Optimization) 기법이 있다. 먼저 초기 후보 설계 집단으로 '설계 생태계'를 만든 뒤, 우수한 설계끼리 교차(crossover)하거나 돌연변이(mutation)를 일으켜 변화를 만든다. 이후 그 결과물 중 성능이 좋은 설계를 선택(selection)해 남기면서, 세대를 거듭할수록 설계가 진화하도록 하는 방식이다.

위상 최적화(Topology Optimization)는 주어진 설계 공간 안에서 재료를 어떤 부분에 배치하고, 어떤 부분을 비워야 가장 효율적인 구조가 될지를 탐색하는 기법이다. 단순히 몇 개의 변수로 설계를 표현하기 어려울 때, 즉 복잡하고 자유로운 형상을 만들어야 할 때 특히 유용하다. 예를 들어 로봇 팔 부품을 설계할 때, 무게를 줄이면서도 필요한 강도와 강성을 유지하기 위해 불필요한 부분의 재료를 덜어내고 하중이 집중되는 부분에만 재료를 남기는 방식에 활용된다.

이상의 것들 외에도 다양한 AI 기반 최적화 방법이 있으며, 어떤 방법이 가장 적합한지는 문제의 특성 및 데이터의 크기 등에 따라 달라진다.

지금까지의 내용과 연관해 한 가지 더 언급할 만한 것이 있다. AI를 활용한 최적화를 할 때 아주 유용하게 쓰일 수 있는 도구가 있는데, 바로 앞에서 잠시 언급된 시뮬레이션이다.

시뮬레이션은 컴퓨터를 활용해 분석하고 예측하는 방법으로, 정확하게 구현할 수만 있다면 실험 없이도 결과를 빠르고 효과적으로 얻을 수 있다는 장점이 있다.

최적화를 수행하려면 먼저 다양한 설계에 대한 데이터를 확보해야 하지만, 방대한 양의 모든 데이터를 실험을 통해 얻는 것은 현실적으로 어려운 경우가 많다. 예를 들어 새로운 구조물을 제작하고 강도를 테스트하는 데는 몇 주 내지 몇 달의 시간이 걸릴 수 있으며, 실험 장비와 재료비 또한 상당할 것이다.

하지만 같은 실험을 컴퓨터 시뮬레이션으로 수행하면 훨씬 짧은 시간 안에 결과를 얻을 수 있다. 결국 시뮬레이션은 실험과 AI 최적화 사이를 연결하는 다리 역할을 하며, 이를 통해 우리는 더욱 빠르고 효율적으로 최적의 설계를 찾아낼 수 있을 것이다.

설계 최적화에서의 AI 활용 사례

이제 이론적인 개념에서 벗어나 AI 기반의 설계 최적화가 실제로 어떻게 활용되는지 살펴보자.

가장 먼저, 앞서 언급한 소프트 로봇 분야를 예로 들어보자. 일반적으로 '로봇'이라고 하면 딱딱한 관절로 이루어진 기계를 떠올리기 쉽다. 이러한 전통적인 로봇의 움직임은 그 로봇의 관절 각도만 알면 쉽게 예측할 수 있다. 하지만 부드러운 재료로 만들어진 소프트 로봇은 변형이 자유롭고 유연하기 때문에 로봇의 상태를 추정하거나 작동 시 움직임을 예측하는 것이 훨씬 어렵다. 다시 말해 정확히 시뮬레이션 하기가 쉽지 않은 것이다. 현재는 이러한 불확실성을 해결하기 위한 AI 기반 모델링과 최적화 연구가 활발히 이루어지고 있다.

예를 들어 다음 사진과 같이 어떤 물체에 닿으면 자연스럽게 변형되며, 물체를 집어들거나 잡을 수 있는 소프트 로봇 그리퍼(gripper)[1]를 떠올려보자. 우리가 원하는 모양으로 이 그리퍼가 휘게 만들려면 내부 구조를 어떻게 설계해야 할까? 내부를 기울어진 선으로 채운다고 가정했을 때, 벽(wall)[2]의 두께와 각도는 각각 어떻게 설정해야 적절한 변형이 일어날까? 이러한 문제를 해결하기 위해서는 앞서 언급한 유전 알고리즘이나 위상 최적화 등 다양한 최적화 기법이 활용될 수 있다.

설계 최적화는 소프트 로봇 외 다양한 공학 분야에도 광범위하게 적용된다. 대표적인 예 중 하나가 비행기 날개 형상 최적화다. 이 최적

---

[1] 로봇의 말단에서 물체를 잡거나 집는 집게 혹은 손 부분.
[2] 소프트 로봇 그리퍼의 내부를 구성하는 구조적 요소들 중에서 단단한 것들을 지칭. 벽의 두께는 그리퍼가 휘어지는 정도에, 벽의 각도는 그리퍼가 휘어지는 방향에 영향을 준다.

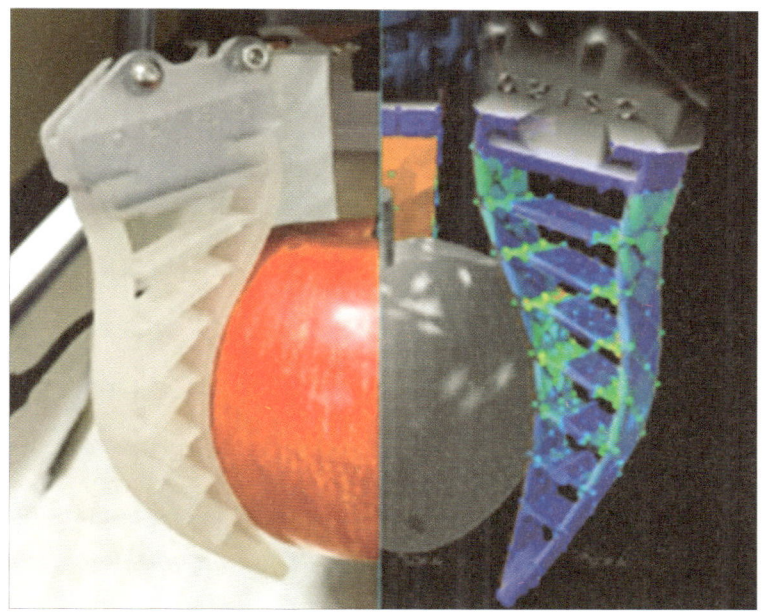

소프트 로봇 그리퍼. 그리퍼가 원하는 모양으로 휘게 만들기 위해서는 설계 최적화 작업이 필요하다. (출처: https://www.csiro.au/en/news/All/Articles/2023/May/Soft-Robotics-blog)

화 과정에서는 시뮬레이션을 통해 다양한 날개 형상의 공기역학적 성능을 예측하고, AI에 기반한 최적화 알고리즘이 이를 바탕으로 최상의 디자인을 도출해낸다. 같은 무게의 날개더라도 형상에 따라 양항비(lift-to-drag ratio)[3]가 달라질 수 있는데, AI를 활용하면 항공기의 연료 효율성을 극대화할 수 있는 최적의 날개 형상을 찾을 수 있다. 비행기 날개뿐 아니라 프로펠러 소음을 줄이기 위한 형상 설계, 잠수함의 표

---

[3] 비행기를 위로 띄우는 힘(양력)의 값을 공기 저항 등 비행체의 움직임을 방해하는 힘(항력)의 값으로 나눈 것. 공기역학에서 비행체의 효율을 나타내는 중요 개념이다.

면을 최적화하여 수중 저항을 줄이고자 하는 설계 등도 AI 기반의 최적화 기법으로 해낼 수 있다.

설계 최적화는 이처럼 기하학적 형상을 최적화하는 데 활용될 수 있을 뿐만 아니라 공정 변수(process parameters) 최적화에도 적용될 수 있다. 대표적인 예가 3D 프린팅이다.

3D 프린팅 기술은 제품 개발의 유연성을 높인 대표적 혁신 중 하나인데, 이 프린팅 과정에서 조정할 수 있는 변수들은 다양하다. 3D 프린터 출력물의 품질은 노즐 온도·베드 온도·프린팅 속도·재료 흐름률 등 수많은 공정 조건을 어떻게 설정하느냐에 따라 크게 달라진다. 따라서 최적의 3D 프린팅 조건을 찾아내면 출력물의 품질을 향상시킬 수 있다.

이와 관련해 최근에는 프린팅 과정에서 출력물 표면의 상태를 실시간으로 모니터링하고, AI를 활용해 그 상태를 분석한 뒤 공정 변수를 자동으로 조정하는 연구도 진행되고 있다.

마지막으로, AI는 재료의 최적화에도 중요한 역할을 한다. 예컨대 복합소재는 두 가지 이상의 재료를 혼합해 만든 재료인데, 헬멧·스키·테니스 라켓 등의 스포츠 장비뿐만 아니라 경량화가 중요한 항공우주·자동차 산업에서도 널리 활용된다.

예를 들어 부드러운 재료 안에 단단한 입자가 포함된 복합소재를 생각해보자. 부드러운 재료만 사용하면 결과물의 강도는 부족하고, 단단한 재료만 사용하면 깨질 확률이 높아질 것이다. 이럴 경우 두 재료를 적절한 비율로 조합하면 내구성과 강도 모두를 확보할 수 있다.

문제는 '두 재료를 어떤 비율로, 어떤 패턴으로 배치해야 가장 효율적인 특성을 얻을 수 있는가'다. 시도해볼 수 있는 재료의 조합과 배치가 방대한 탓에 하나씩 탐색하여 최적의 설계를 얻어내는 것을 기대하긴 어렵다. 하지만 AI 기반 최적화 기법을 활용하면 수많은 조합을 빠르게 분석해 최적의 소재 설계를 도출할 수 있다. 이렇듯 AI는 설계 최적화의 가능성을 획기적으로 확장하고, 그 속도를 비약적으로 증가시키고 있다.

AI와 설계 최적화의 미래

지금 주변을 한번 둘러보면 평소 사용하는 수많은 제품이 눈에 들어올 것이다. 그런데 그 물건들의 디자인은 과연 최적의 것일까? 음료수 병이라면 음료가 좀 더 부드럽게 흘러나올 수 있는 입구, 핸드폰이라면 떨어뜨렸을 때 액정이 깨지지 않게끔 하는 가장 효과적인 디자인과 재료 배치는 무엇일까? 이 모든 것이 AI를 활용한 설계 최적화의 영역이다.

더 나아가 AI는 단순히 기존 설계를 개선하는 것에서 벗어나, 사람이 상상하기 어려운 새로운 형태를 스스로 생성하는 역할도 할 수 있다. 이와 관련해 인상적인 연구가 'MIT 컴퓨터 과학 및 인공지능 연구소(CSAIL: Computer Science and Artificial Intelligence Laboratory)에서 진행된 로봇 디자인 연구다.

연구자들은 처음에는 부드러운 재료로 만든 단순한 직사각형 구조에서 시작해, 특정 위치에 구멍을 뚫어 해당 부위를 구부릴 수 있도록 설계함으로써 스스로 이동할 수 있는 로봇을 만들었다. 처음에는 단순한 사각형 구조의 무작위 디자인이었으나, 최적화가 진행될수록 로봇의 형태가 점점 잡혀갔다. 최종적으로 일부 디자인은 동물과 비슷한 움직임을 보였으며, 일부는 기존에 본 적 없는 완전히 새로운 형태의 디자인이었다.

이 연구의 놀라운 점은, 마치 자연이 수백만 년에 걸쳐 진화를 통해 최적의 생명체를 만들어내듯, AI가 며칠 만에 최적화된 새로운 구조를 설계해냈다는 데 있다. 동시에 '이제 AI는 지금까지의 세상에 존재하지 않았던 최적의 디자인을 개발해낼 수도 있겠구나'라는 생각도 들게 하는 연구였다.

앞으로 AI의 발전과 함께 설계 최적화는 더욱 빠르고 정교해질 것이며, 그에 따라 우리가 접하는 제품과 기술에도 혁신을 가져올 것이다. AI 모델이 계속 발전할수록 이를 실제 문제해결에 활용하는 연구 역시 한층 활발해지고, 두 영역이 서로 영향을 주고받으며 혁신의 속도를 가속화할 것이다. 공학의 여러 분야에서 AI의 역할이 점점 커지고 있는 것으로 보아, 앞으로 AI를 통해 공학 설계의 패러다임이 어떻게 변화할지 기대가 된다.

AI와 재료공학

_오창환(MIT)

AI가 최근 트렌드를 이끄는 최신 학문이라면, 재료공학은 선사시대부터 인류 문명의 트렌드를 이끌어온 오랜 역사의 고전 학문이다. 선사시대는 사람들이 사용하던 재료에 따라 석기시대·청동기시대·철기시대로 나뉘는데, 이는 문명의 발전 정도를 당시 사람들이 활용하던 도구의 재료를 통해 알 수 있었기 때문이다.

신석기 시대에는 사람들이 주로 돌과 나무를 사용했지만, 우연히 발견한 금속을 가공하면서 청동기 시대로 접어들었다. 구리와 주석을 적절한 비율로 혼합해 만든 청동은 기존의 석기보다 강하고 내구성이 뛰어나 농업 도구·무기·장신구 등 여러 분야에서 혁신을 일으켰다. 이어 인류는 기술발전에 따라 숯과 풀무를 이용한 용광로로 철을 제련할 수 있게 되었고, 결국 청동을 사용하던 문명은 철기 문명에게 압도

되기에 이르렀다. 이처럼 인류는 어떤 재료가 왜 특정한 성질을 가지는지(예를 들자면 철이 청동보다 왜 강도가 높은지 등) 그 이유를 이해하려고 했으며, 더 나아가 원하는 물성을 가진 재료를 만드는 방법을 고민하기 시작했다.

결국 우수한 재료를 개발하지 못한 문명은 자연스럽게 도태되었고, 재료에 대한 연구는 문명의 발전과 생존을 결정짓는 중요한 요소로 자리 잡았다.

AI와 재료공학

현대의 재료공학 연구 역시 본질적으로 크게 다르지 않다. 재료공학과는 공과대학 내에서도 가장 다방면으로 연구가 이루어지는 학과 중 하나다. 2000년대에 들어서면서 한국의 여러 대학들은 금속공학·무기재료공학·섬유고분자공학 등을 통합해 재료공학부를 구성했으며, 이를 통해 재료공학은 세상에 존재하는 모든 재료를 연구하는 다학제적 학문으로 자리 잡았다. 따라서 재료공학은 기초학문과 긴밀히 연결되어 있을 뿐 아니라, 재료를 사용하는 모든 응용 분야와도 밀접한 관계를 맺고 있다.

현대의 재료공학은 '구조(structure) – 공정(processing) – 성질(property)' 사이의 관계를 연구하는 학문이다. 원하는 성질을 얻기 위해서는 재료가 특정한 미시적 구조를 가져야 하며, 이를 형성하기 위한 적절한 공정이 필수적이다. 이를 통해 우리가 목표로 하는 적용 분야에서 최상의 성능을 발휘할 수 있도록 재료를 설계하고 최적화하는 것이 재료공학의 핵심이다. 즉, 재료공학은 단순히 새로운 재료를 개발하는 데 그치지 않고, 기존 재료의 성능을 극대화하며, 이를 효율적으로 활용할 수 있는 방법을 연구하는 학문이라 할 수 있다.

AI의 도입은 재료공학의 다양한 연구 분야에 영향을 미쳤지만, 그중에서도 특히 신소재 개발 및 고속 스크리닝(HTS: high-throughput screening)[1] 분야에서 근본적인 패러다임 전환을 이끌어냈다. 전통적으로 신소재 개발은 실험과 계산과학에 기반해 후보물질을 하나씩 평가하는 방식으로 이루어졌으며, 이 과정에서는 시간과 자원이 많이 소요되었다.

그러나 AI는 선사시대부터 축적된 방대한 재료 데이터를 학습해 패턴을 파악하고, 물성 예측과 최적의 소재 선별 과정을 획기적으로 가속화했다. 특히 머신러닝 기반의 AI 모델은 방대한 후보물질을 빠르게 스크리닝해 실험의 우선순위를 정할 수 있게 해주었으며, 이로 인해 실제 실험 및 계산 자원의 부담도 크게 줄어들었다.

최근 재료공학과 관련된 AI 연구는 이제 재료의 성질 예측을 넘어

---

1 매우 많은 실험을 동시에 수행해 그 결과를 빠르게 얻어내는 기술.

합성 가능성과 공정 조건까지 함께 고려하는 방향으로 진화하고 있다. 일례로 대규모 언어모델을 활용한 역설계(inverse design) 접근법은 연구자가 자신이 원하는 성질을 입력하면 모델이 그에 부합하는 소재 구조를 생성하거나 제안하는 방식이다. 기존의 정방향 설계(forward engineering) 패러다임을 뒤집고 있는 것이다. 이러한 기술은 단순한 가속화를 넘어 기존 방법으로는 접근하기 어려웠던 새로운 조성과 구조, 기능을 지닌 소재를 제안할 수 있는 가능성을 열어준다.

온실가스 흡착을 위한 금속-유기 골격 구조체

나는 이 세상에 존재하는 수많은 재료 중에서도 금속-유기 골격 구조체(MOF: metal-organic framework)를 연구한다. MOF는 내부에 수많은 기공(pore)이 있는 규칙적 다공성 구조의 초다공성 재료다. 1그램의 MOF는 축구장 수십 개에 달하는 표면적을 가질 수 있기에, MOF는 세상에서 표면적이 가장 넓은 재료 중 하나로 꼽힌다.[2] 이러한 특성 덕분에 MOF는 기체를 저장하거나 분리하는 기능, 화학 반응을 촉진하는 촉매, 약물을 체내에서 서서히 방출하는 전달체 등 다양한 활용 분야에서 각광받고 있는 물질이다.

---

2 '표면적'은 겉면뿐 아니라 내부에 존재하는 면까지도 포함하는 개념이다. 즉, 어떤 물질 내에 있는 기공이 있다면 그 기공의 안쪽 면까지도 해당 물질의 표면적에 포함되는 것이다. 따라서 내부에 기공이 많은 물질일수록 표면적도 넓다.

MOF는 특히 기후변화 대응과 에너지 문제에 핵심적 역할을 할 수 있는 차세대 소재로 평가받고 있다. 리튬 이온이나 수소와 같은 에너지 운반체를 효율적으로 저장할 수 있어 MOF는 재생에너지 기반의 사회로 전환하는 데 필수적이다. 뿐만 아니라 지구 온난화의 대표적 원인으로 알려진 대기 중 이산화탄소나 메탄가스를 선택적으로 포집할 수 있는 능력 덕에, 온실가스를 직접 줄이는 탄소중립 기술의 중심 소재로도 주목받고 있다. 기후위기 대응과 탄소중립 달성이 전 지구적 과제로 떠오른 지금, MOF는 기존 재료로는 구현하기 어려웠던 선택성과 효율성을 바탕으로 지속 가능한 사회를 설계하는 데 요구되는 전략적 소재로 연구되고 있다.

좀 더 자세히 설명하자면, MOF는 금속 이온과 유기 분자가 결합해 3차원적인 다공성 구조를 이루는 재료다. 쉽게 말해 MOF는 '금속'

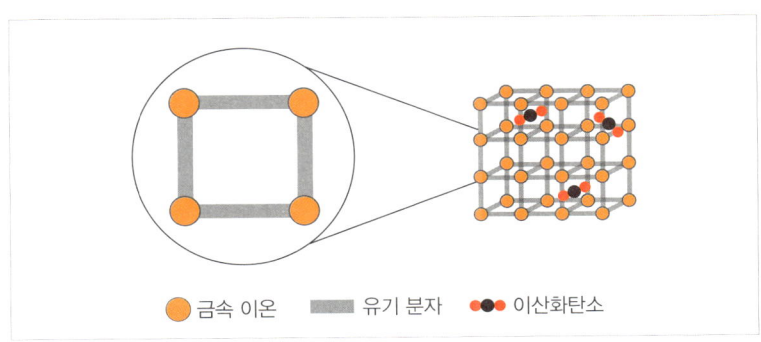

MOF의 구조 모식도. 주황색 원은 금속 이온, 회색 선은 이를 연결하는 유기 분자(리간드)를 나타내며, 이들이 결합해 3차원의 다공성 구조를 형성한다.

에 해당하는 레고 블록과 '리간드(ligand)'[3]에 해당하는 레고 블록의 결합으로 형성된, 구멍이 숭숭 뚫린 3차원 구조체인 것이다.

세상에는 무수히 많은 '금속' 레고 블록과 '리간드' 레고 블록이 존재한다. 또한 이들을 육면체나 팔면체 등 다양한 모양으로 조합하는 방식의 종류도 무궁무진하다. 그래서 단순 계산만으로도 조(兆) 단위의 방대한 MOF 조합이 가능하다.

그런데 구멍이 숭숭 나 있는 내부 구조의 레고 완성품을 떨어뜨린다면 어떻게 될까? 완성품 조립에 사용되었던 개별 레고 블록 모두가 사방으로 흩어져버릴 것이다!

MOF도 이와 마찬가지다. 구조 단위체(building block)[4] 사이의 결합이 다른 물질들보다 상대적으로 약한 탓에, MOF는 고온이나 고압 같은 외부 자극에 쉽게 손상되거나 붕괴되는 등 안정성 면에서의 문제가 있다. 따라서 새로운 MOF를 설계할 때에는 단순히 기체 흡착 성능을 높이거나 새로운 촉매 반응을 유도하는 등의 활용도뿐 아니라 실제 적용 환경에서의 안정성도 함께 고려해야 한다.

모든 신소재가 그렇듯, MOF가 처음 등장했을 당시의 설계 방식은

---

[3] 중심 금속 이온이나 분자에 결합해 복합체(complex)를 형성하는 분자 혹은 이온.
[4] 어떤 복합 구조물에서 반복적으로 나타나는 가장 작은 기본 구성 요소.

철저히 경험적 접근에 기반했다. 다양한 금속 이온과 유기 리간드를 조합해 실험적으로 반응시킨 뒤, 형성된 구조의 거시적 물성을 측정하고 미시적 구조를 분석함으로써 특정 조합이 가지는 기능을 규명해 온 것이다. 이후 계산화학 기법이 발전하면서 고성능 계산을 통해 실험 없이도 물성을 높은 정밀도로 예측할 수 있게 되었지만, 신소재가 가질 수 있는 방대한 화학 공간을 전통적 실험이나 계산만으로 모두 탐색하는 것은 현실적으로 불가능하다.

현재 AI는 이러한 신소재 탐색의 병목을 해소하는 데 획기적인 역할을 하고 있다. AI는 실험과 시뮬레이션에서 얻은 데이터를 학습하고 이를 바탕으로 주어진 재료 조합이 실제로 어떤 물성을 가질지를 빠르게 예측할 수 있는데, 이는 계산 자원과 시간 측면에서 큰 이점을 제공한다. 예를 들어 머신러닝 기반의 AI 모델은 MOF를 구성하는 금속과 리간드 블록의 구조적·전자적 특성을 입력으로 받고, 그것을 바탕으로 해당 조합이 생성할 수 있는 MOF의 물성(기체 흡착 능력, 열역학적 안정성 등)을 정량적으로 추정할 수 있다.

더 나아가 AI는 단순 예측을 넘어 구조-성질관계(structure-property relationship)에 대한 통찰을 제공한다는 점에서 단순한 자동화 도구를 넘어선다. AI가 어떤 블록의 구조적 특징이 어떤 특정 물성에 결정적 영향을 미치는지도 분석해주는 덕분에 재료 과학자들은 그저 '좋은 결과'를 얻는 것을 넘어 '왜 그런 결과가 나왔는가'에 대한 과학적 해석을 이끌어낼 수 있다. 이는 단순히 대체 가능한 예측 모델을 넘어 실질적 연구 설계 도구로서 AI가 갖는 가능성을 보여준다.

궁극적으로, 이러한 분석 능력은 역설계로 이어진다. 즉, 원하는 물성(높은 CO_2 선택성, 낮은 합성 온도 등)을 먼저 정의하고, AI가 이를 만족시킬 수 있는 금속과 리간드 블록의 조합을 제안하게 되는 것이다. 이는 기존의 정방향적 설계(블록 조합→물성 평가) 방식에서 벗어나 '목표 기반의 재료 개발'이라는 새로운 접근을 가능케 한다. 이처럼 AI는 단순 예측 도구를 넘어 재료 설계 과정의 철학 자체를 바꾸는 변화의 촉매로 작용하고 있다.

AI를 이용한 재료 물성 예측

AI를 재료공학에 접목시키려는 가장 기초적인 시도 중 하나는 AI를 통한 재료 물성 예측이다. 특히 실험 결과나 시뮬레이션 데이터를 기반으로 하는 지도학습(supervised learning) 방식은 비용 효율적이고 확장 가능한 물성 평가의 대안으로서 많은 연구자들의 주목을 받아왔다. 잘 학습된 AI 모델을 이용하면 실험이나 시뮬레이션 없이도 물성을 효과적으로 예측할 수 있어 연구 비용과 시간을 크게 절약할 수 있기 때문이다.

그러나 이러한 예측의 기반이 되는 양질의 학습 데이터 확보는 여전히 큰 도전 과제로 남아 있다. 예를 들어 MOF의 합성 가능성을 예측하고자 할 때, 연구자들은 합성 과정에서 으레 수많은 시행착오를 거치기 마련이다. 그러나 학술 논문이나 데이터베이스에는 주로 성공 사례만이 보고되기 때문에 실패 사례에 대한 데이터가 많지 않고, 이에 따라 AI의 학습도 편향되기 쉽다. 또한 MOF 합성은 온도·용매·시간 등의 실험 조건에 따라 민감하게 반응하기 때문에, 이를 시뮬레이션만으로 정밀하게 재현하기도 어렵다.

이러한 데이터 편향과 불균형의 문제를 보완하기 위해 비지도학습(unsupervised learning) 기법이 대안으로 활용되기도 한다. 비지도학습은 정답이 주어지지 않은 데이터를 기반으로, 성공적으로 합성된 MOF 간의 숨겨진 패턴을 파악하거나 새로운 조합이 기존 사례와 얼마나 유사한지를 평가하는 데 유용하다. 이는 불완전한 데이터 속에서도 구조 간 유사성과 잠재적 합성 가능성을 도출할 수 있게 해준다.

AI 모델이 이러한 작업을 잘 수행하게끔 하려면, 데이터를 수집하는 것뿐만 아니라 피처 엔지니어링(feature engineering) 과정이 반드시 필요하다. 즉, 재료의 복잡한 특성을 AI 모델이 이해할 수 있게끔, 수집한 데이터를 연구자 혹은 별도의 AI가 알맞은 형태로 가공해주어야 한다. MOF의 경우 표면적이나 기공 크기 등의 기하학적 특성뿐 아니라 금속-리간드 간의 결합력, 전자 밀도 분포와 같은 화학적 특성도 중요한 입력 변수로 작용하는데, 이러한 특성들을 적절히 추출하고 전처리하는 작업은 AI 모델의 성능을 좌우하는 결정적 요소다.

실제 사례로, 우리는 MOF의 열적·기계적·수분·산/염기 안정성에 대한 문헌 기반 데이터를 수집해 지도학습 기반의 AI 모델을 구축했다. 이를 위해 대규모 언어모델을 활용해 논문에서 안정성 관련 문장을 추출하고, 감성 분석(sentiment analysis)[5]을 통해 정량화된 안정성 지표를 생성했다. 여기에 피처 엔지니어링을 통해 얻은 입력 변수들을 조합해 인공신경망 모델을 학습시킨 결과, 다양한 안정성 조건에 대한 예측 정확도를 크게 향상시킬 수 있었다.

물론 AI가 재료공학의 모든 문제를 자동으로 해결해주는 만능 해결사는 아니다. 높은 예측 정확도만으로는 실제 설계에 필요한 과학적 통찰을 충분히 제공하지 못하며, 어떤 구조적·화학적 특성이 특정 물성에 영향을 주는지를 이해하는 것이 실제 설계에서는 무엇보다 중요하기 때문이다. 이를 위해 피처 중요도(feature importance)[6] 분석이 활용되며, 이 과정을 통해 구조 설계의 핵심 요인을 도출할 수 있다. 이러한 과정을 거친 AI는 단순한 결과 생성기를 넘어, 설계 원리를 밝히고 신소재 개발을 위한 과학적 방향성을 제시하는 파트너로 자리매김하고 있다.

---

5 사람의 의견·평가·감정·태도 등에 관한 정보가 담긴 텍스트를 분석해 긍정/부정/중립 등의 감정 상태를 분류 혹은 정량화하는 자연어 처리 기술.

6 AI 모델이 예측을 할 때 어떤 피처(변수)가 얼마나 중요한 역할을 했는지를 보여주는 값.

AI를 이용한 재료 데이터베이스 구축

AI가 재료공학 분야에서 실질적 역할을 하기 위해서는, 무엇보다 AI가 학습할 수 있는 양질의 데이터베이스가 중요하다. 특히 구조가 복잡하고 조성의 다양성이 큰 MOF 분야에서는 데이터의 질과 다양성이 AI 성능을 결정짓는 핵심 요인으로 작용한다.

MOF는 지난 수십 년간 활발히 연구된 재료군이다. 때문에 실험적으로 합성된 구조들을 정리한 데이터베이스뿐 아니라 이론적으로 가능하다고 여겨지는 수십만 개의 가상 MOF 데이터베이스들도 구축되어 왔다. 그러나 이러한 가상 MOF 데이터베이스는 단순한 양적 확장을 넘어 질적 신뢰성 확보라는 과제에 직면해 있다.

실제로 세예드 모하마드 무사비(Seyed Mohamad Moosav) 팀이 2020년 「네이처 커뮤니케이션(Nature Communications)」에 발표한 논문 「금속-유기 골격체 생태계 다양성에 대한 이해」[7]는 기존 가상 MOF 데이터베이스의 구조적 다양성과 실용성을 체계적으로 분석함과 동시에, 이러한 데이터들이 금속 구성의 편향과 열역학적 안정성 고려의 부재 등 심각한 한계를 지니고 있음을 지적했다. 한 예로 금속 클러스터의 경우 그 종류가 제한되어 있어 AI가 새로운 금속 기반 MOF를 정확히

---

[7] Moosavi, S. M. et al., "Understanding the diversity of the metal–organic framework ecosystem", *Nature Communication*, 11, 4068 (2020).

예측하기 어렵고, 고온·고압 등 실제 응용 환경에서의 안정성 정보가 빠져 있어 역설계로 생성된 구조의 신뢰도 역시 낮다는 것을 들 수 있다.

최근에는 이러한 문제를 극복하기 위해 AI를 활용해 좀 더 현실적인 가상 구조를 생성 및 정제하는 방향으로 연구가 진화하고 있다. 예를 들어 안정성 예측에 특화된 AI 모델을 통해 기존 실험 MOF의 안정도를 사전 평가하고, 이 모델이 높은 안정성을 예측한 구조의 구성 요소들만을 조합하여 새로운 가상 MOF를 구축하는 방식이 제안되었다.

이처럼 신뢰 가능한 블록 기반 재조합과 사전 안정성 필터링을 통해 만들어진 데이터베이스는 기존의 가상 MOF DB와는 명확히 구분되는 두 가지 강점을 가진다. 하나는 실험 기반 구조의 다양성을 반영하여 금속 조성과 구조적 다양성을 확보했다는 것이고, 다른 하나는 AI 기반 안정성 검증을 통해 실제 응용 가능성이 높은 MOF들로 데이터베이스를 구성했다는 것이다.

결과적으로 이러한 '초안정성 MOF(ultrastable MOF)' 데이터베이스는 AI 모델의 학습 정확도를 높이는 데 기여할 뿐 아니라, 역설계의 출발점이 되는 구조적 신뢰도를 강화함으로써 AI 기반 신소재 탐색의 실용성과 확장성을 동시에 확보하는 중요한 발판이 되고 있다.

최종 재료 설계에서의 AI 활용 방식

앞에서 우리는 AI를 활용하여 재료의 물성을 예측하는 모델을 만들 수 있으며, 이를 바탕으로 가상 데이터베이스를 구축할 수 있다는 사실을 알게 되었다.

그다음으로 중요한 과제는 '어떤 재료를 선택할 것인가', 즉 최종 재료 설계의 문제다. 예컨대 안정성이 확보되면서도 온실가스 흡착에 최적화된 MOF는 어떻게 설계할 수 있을까? 이 문제는 단순히 예측 모델의 정밀도나 데이터의 양만으로 해결되지 않는다. 실제로 응용 가능한 재료 설계는 다수의 조건을 동시에 만족시켜야 하고, 이들 조건은 종종 서로 충돌하기도 하기 때문이다.

모든 재료는 상업적 응용을 위해 설계 과정에서 원료의 공급 가능성, 목표 환경(고온, 고압 등)에서의 안정성 유지, 친환경성과 지속 가능성, 그리고 목적에 맞는 물성 등 여러 조건을 충족시켜야 한다.

이러한 조건들은 각기 다른 '목적 함수'로 정의되며, 재료 설계는 이들 목적 함수 사이의 균형점을 찾는 다목적 최적화 문제로 귀결된다. 실제로는 모든 목적을 동시에 극대화하는 것이 불가능한 경우가 많기 때문에, 설계 과정에서는 물성과 실현 가능성 간의 트레이드오프(trade-off)[8]를 정교하게 조율해야 한다.

AI는 이처럼 복잡한 다목적 최적화 문제를 해결하는 데 특히 강력

---

[8] 원하는 특성들 모두를 얻을 수 없을 경우, 하나를 얻기 위해 다른 무언가를 포기함으로써 절충하는 과정.

한 도구로 작용한다. 대표적인 방식으로는 유전 알고리즘(GA)·강화학습(RL)·베이지안 최적화(BO)·신경망 기반 탐색 등이 있으며, 이들은 서로 다른 특성과 강점을 바탕으로 다양한 설계 전략에 적용된다.

예를 들어 유전 알고리즘은 생물학적 진화의 원리를 모방하여 다양한 '설계 해(design solution)'를 생성·교차·선별하는 데 강점이 있고, 베이지안 최적화는 실험 비용이 높은 환경에서 최소한의 시도로 최적의 조건을 빠르게 찾을 수 있다. 강화학습은 설계와 실험의 피드백 루프를 반영할 수 있다는 점에서 실시간 학습 기반의 재료 탐색에 유망하다.

특히 MOF 설계에 유전 알고리즘을 적용하는 경우, 금속 노드와 유기 리간드를 각각 하나의 유전자(gene)로 정의하고, 이를 조합하여 전체 구조를 표현하는 염색체로 구성한다. 초기 세대는 무작위로 생성된 후보 MOF로 구성되며, 각 개체는 안정성, CO_2 흡착 용량, 선택성 등 다양한 기준을 포함한 적합도(fitness)를 기반으로 평가된다. 이후 높은 적합도를 가진 후보들이 선택되어 교차(crossover)와 돌연변이(mutation)를 거치며 세대를 반복할수록 더 우수한 구조로 진화한다. 이러한 알고리즘은 방대한 화학 공간 속에서 유망한 후보를 효율적으로 탐색할 수 있게 해준다.

나아가 유전 알고리즘은 베이지안 최적화나 강화학습과의 하이브리드 접근으로도 결합될 수 있으며, AI 기반의 목적 함수 최적화는 단순한 설계 자동화를 넘어 과거에는 접근하기 어려웠던 혁신적 재료 조합을 탐색할 수 있는 강력한 도구로 발전하고 있다. 이처럼 현재 AI는 복잡한 설계 조건이 얽힌 문제에서 '가능한 최선'을 찾는 전략적 도구로서 자리매김하는 중이다.

AI 시대에 공학자가 갖는 역할

AI를 활용한 재료 연구는 어찌 보면, 선사시대부터 이어져온 물질 탐구의 역사 위에 최신 기술을 적용하는 신(新)과 구(舊)의 조화라고 할 수 있겠다. 사실 AI 자체도 넓은 의미에서는 하나의 '재료'라고 볼 수 있다. 재료공학자들이 재료의 거시적 성질을 위해 미시적 성질을 연구하는 것처럼, 거시적 관점에서 AI라는 재료 또한 미시적 측면을 연구하여 원하는 최상의 성능을 발휘할 수 있도록 설계하고 최적화해야 하기 때문이다.

선사시대부터의 역사를 돌아보면, 우수한 재료를 만들지 못한 문명은 경쟁에서 뒤처지고 사라졌으며, 반대로 새로운 재료의 등장과 함께 산업과 문명이 도약해왔음을 알 수 있다. 지금 이 시대의 AI도 문명 유지의 기술적 토대가 될 잠재력을 갖고 있다. 특히 재료 설계, 물성 예측, 합성 조건 최적화 등에서 AI는 이제 보조적 도구를 넘어 설계와 발견의 핵심 축으로 부상하고 있으며, 향후에는 재료 개발의 방식 자체를 재편할 것으로 기대된다.

하지만 그 과정에서 먼저 해결되어야 할 과제도 분명하다. 학습 데이터의 편향, 시뮬레이션과 실험 간의 괴리, AI가 제안한 후보 소재의 합성 가능성에 대한 검증 등은 기술의 실용화를 위해 반드시 극복해야 할 장벽이다.

또한 일각에서는 재료공학에서의 AI 남용에 대한 우려의 목소리도 내고 있다. 그저 예측 정확도를 높이기 위해 복잡한 모델만 도입하거나 재료의 미시적 특성과 거시적 기능의 연결 고리를 간과하는 경우, AI는 오히려 연구의 본질을 흐릴 수 있기 때문이다.

재료공학은 본질적으로 미시적 구조와 거시적 성질 사이의 인과 관계를 파악하는 학문이며, 이는 AI가 대체하기 어려운 과학적 직관과 통찰이 요구되는 영역이다. 예측 정확도만을 추구하는 것을 넘어 AI로 도출된 결과를 다시 과학적으로 해석하고 그 원리를 규명하는 과정이 병행될 때, 비로소 AI는 진정한 연구 파트너로 기능할 수 있다.

결국 AI는 오늘날 공학자에게 강력한 재료이자 도구다. 과대평가하거나 과소평가할 이유도, 맹목적으로 의존하거나 경시할 이유도 없다. 앞으로 점점 더 많은 공학적 업무가 AI에 의해 자동화될 수 있겠지만, 그때에도 여전히 공학자들은 AI와의 공진화(共進化, co-evolution)를 이끌며 좀 더 고차원의 과학과 새로운 탐색 영역으로 나아가야 할 책임이 있다. 이는 단지 기술의 발전이 아니라, 인간 중심의 과학이 지속되기 위한 미래 전략이기도 하다.